ライナー・ツーゲヘア著

ライン型資本主義の将来
―資本市場・共同決定・企業統治―

風間信隆 監訳

風間信隆・松田　健・清水一之訳

文眞堂

Die Zukunft des rheinischen Kapitalismus
Unternehmen zwischen Kapitalmarkt und Mitbestimmung
by
Rainer Zugehör

Originally published in the German language by VS Verlag für Sozialwissenschaften, 65189 Wiesbaden, Germany as "Rainer Zugehör: Die Zukunft des rheinischen Kapitalismus. 1. Auflage (1st edition)".
©VS Verlag für Sozialwissenschaften | GWV Fachverlage GmbH, Wiesbaden 2003
Japanese Edition © Bunshindo, Inc., Tokyo, 2008
Japanese translation rights arranged with VS Verlag für Sozialwissenschaften | GWV Fachverlage GmbH, Wiesbaden, Germany through Tuttle-Mori Agency, Inc., Tokyo.

目　　次

日本語版への序文 ……………………………………………………………… vii
緒言 ……………………………………………………………………………… xi

Ⅰ　序章 ………………………………………………………………………… 1

1．本書の研究対象 ………………………………………………………… 3
2．本研究対象をめぐるコンテクスト：
　　ドイツ的生産体制のモデル構築と発展動向 ……………………… 5
　2.1　ホールとソスキスによるドイツ的生産モデルのモデル構築 ……… 6
　2.2　1990年代におけるドイツ的生産モデルの発展動向 ……………… 12
3．本書の研究方法 ………………………………………………………… 16
4．本研究の研究サンプル：ドイツ100大企業 ………………………… 19
5．本書の内容 ……………………………………………………………… 23

Ⅱ　ドイツ大企業の投資行動 ……………………………………………… 27

1．はじめに ………………………………………………………………… 27
2．投資行動の次元 ………………………………………………………… 28
　2.1　投資目的：多角化度と事業再編の程度 …………………………… 29
　2.2　投資の時間軸：研究・開発費 ……………………………………… 31
　2.3　投資総額：設備投資 ………………………………………………… 32
3．操作化，データ収集ならびに評価 …………………………………… 32
4．個別投資変数間の関係 ………………………………………………… 36
5．ドイツ大企業の投資行動の変化と連続性 …………………………… 39
6．要約 ……………………………………………………………………… 41

III 資本市場が投資行動に及ぼす影響 ………………………… 43

1. はじめに ……………………………………………………… 43
2. 資本市場 ……………………………………………………… 44
3. 企業の株主とその行動特性 ………………………………… 45
4. 1990年代の株主グループごとの株式所有構造……………… 48
5. 小株主：
    1990年代における機関投資家，個人投資家，従業員株主の役割… 50
6. 大株主：1990年代における銀行，企業，国家の役割 ……… 54
    6.1 「ドイツ株式会社」における企業の役割 ……………… 55
    6.2 「ドイツ株式会社」における銀行の役割 ……………… 59
    6.3 「ドイツ株式会社」における公的機関の役割 ………… 62
7. 企業の投資行動に及ぼす資本市場の影響に関する仮説：
    エージェンシー理論を手がかりにして ……………………… 65
    7.1 資本市場と多角化ないし事業再編 ……………………… 68
    7.2 資本市場と研究・開発費 ………………………………… 70
    7.3 資本市場と投資総額 ……………………………………… 71
8. ドイツ大企業の投資行動に及ぼす資本市場の影響力の実証的測定… 72
    8.1 上場企業（資本市場に晒されている企業）と
        非上場企業（資本市場から隔離されている企業） …… 73
    8.2 多角化企業と専業企業との比較 ………………………… 73
9. 大企業の投資行動に及ぼす資本市場の影響力に関する測定 … 77
    9.1 資本市場と事業再編 ……………………………………… 77
    9.2 資本市場と研究・開発費 ………………………………… 80
    9.3 資本市場と投資総額 ……………………………………… 82
10. 要約 …………………………………………………………… 84

IV 投資行動に及ぼす共同決定の影響 ………………………… 87

1. はじめに ……………………………………………………… 87

- 2．企業レベルの共同決定 …………………………………………… 88
- 3．所有権理論：共同決定と投資行動（仮説構築） ………………… 90
  - 3.1 共同決定，多角化および事業再編 ………………………… 93
  - 3.2 共同決定と投資総額 ………………………………………… 94
  - 3.3 共同決定と研究・開発 ……………………………………… 96
- 4．共同決定に関する実証的研究 …………………………………… 98
  - 4.1 共同決定が行われている企業と共同決定が行われていない企業との比較研究 ………………………………………… 99
  - 4.2 企業の共同決定の強さの調査研究 …………………………101
    - 4.2.1 ヴィッテの研究（Witte, 1980a, 1980b）………………101
    - 4.2.2 キルシュ，ショールならびにパウルの研究（1984年）………107
    - 4.2.3 バンベルクらの研究（1987年）………………………108
    - 4.2.4 ゲルム，シュタインマンならびにフェースの研究（1988年）…110
- 5．企業共同決定の強さを測定するためのインディケータの作成 ………113
  - 5.1 監査役会内の労働者代表のポジション ……………………114
  - 5.2 監査役会における労働者代表の権限 ………………………116
  - 5.3 データ集計と評価 ……………………………………………118
    - 5.3.1 監査役会副会長 ………………………………………119
    - 5.3.2 人事・労務担当役員 …………………………………120
    - 5.3.3 投資委員会における労働者代表の役割 ……………120
    - 5.3.4 同意義務のある業務 …………………………………121
    - 5.3.5 監査役会における労働者のポジションと権限：企業の共同決定の2つの次元？ ……………………125
  - 5.4 企業の共同決定の強さ：インディケータ作成 ……………127
- 6．大企業の投資行動に及ぼす共同決定の影響力の測定 ……………130
  - 6.1 共同決定，多角化そして事業再編 …………………………130
  - 6.2 共同決定と投資総額 …………………………………………134
  - 6.3 共同決定と研究・開発 ………………………………………136
- 7．要約 ………………………………………………………………138

V．事例研究：シーメンス社とフェーバ社 …………………142
1．はじめに …………………………………………………142
2．シーメンスとフェーバの株主構造 ……………………144
3．シーメンスとフェーバの資本市場志向 ………………147
4．シーメンスとフェーバの事業再編措置 ………………149
5．事業再編プロセスにおける企業の共同決定の役割 …153
 5.1　シーメンスとフェーバの共同決定の強さ ………153
 5.2　事業再編プロセスにおける労働者代表の役割 …156
  5.2.1　シーメンス ………………………………………156
  5.2.2　フェーバ …………………………………………159
6．シーメンスとフェーバの企業統治システムの変革 …161
7．要約 ………………………………………………………164

VI．結章 …………………………………………………167
1．ドイツ大企業の投資行動の動向 ………………………170
2．ドイツ資本市場の制度的変化 …………………………170
3．企業の共同決定の制度的安定性 ………………………173
4．ドイツの企業統治システムの発展動向 ………………175
5．資本市場の外的コントロールと共同決定が企業の投資に及ぼす影響 ……………………………………………177
6．生産体制の制度間の直接的関係 ………………………181
7．生産体制の制度間の間接的関係 ………………………183
8．ドイツ的生産モデルの将来？ …………………………184

参考文献 ………………………………………………………189
付属資料 ………………………………………………………205

監訳者あとがき ………………………………………………226
事項索引 ………………………………………………………233
人名索引 ………………………………………………………236

図表目次

表

表-1	Hall/Soskice(2001)とSoskice(1999)の研究アプローチの要約	6
表-2	ドイツ100大企業の部門構成とその変化	20
表-3	100大企業の株式所有構造(1996年)	21
表-4	1990年代中旬までのアングロ・サクソン企業とドイツ企業とにみる投資行動	29
表-5	ドイツ大企業の投資行動の発展動向	34
表-6	事業再編インディケータを決定するための因子分析	37
表-7	ドイツ大企業の投資行動の展開	40
表-8	さまざまな株主グループの行動特性	46
表-9	ドイツ企業における国家株式所有の減少	63
表-10	コングロマリット・ディスカウント	75
表-11	上場企業と非上場企業とにおける,資本市場の影響力と事業再編の程度との関連の算出	79
表-12	資本市場の影響力と研究・開発費の推移との関連の算出	81
表-13	上場企業ならびに非上場企業における設備投資の推移と資本市場の影響力との関連の算出	83
表-14	共同決定に関する実証的研究の重点分野	99
表-15	1976年共同決定法適用の代表的なタイプ	110
表-16	共同決定の影響力の潜在的可能性	112
表-17	監査役会副会長	119
表-18	人事・労務担当役員	120
表-19	投資委員会	120
表-20	同意義務のある業務(Ⅰ)	121
表-21	同意義務のある業務(Ⅱ)	122
表-22	監査役会における同意義務のある業務の割合	124

表-23　監査役会における労働者代表のポジションを明らかにするための
　　　　変数間の相関関係……………………………………………………………126
表-24　16変数の確証的因子分析 …………………………………………………128
表-25　企業共同決定の強さと多角化度の間の関連……………………………132
表-26　企業の共同決定の強さと事業再編措置との関連………………………134
表-27　企業の共同決定の強さと1990年代の設備投資水準の変化との関連 ……136
表-28　企業の共同決定の強さと研究・開発費の変化との関連………………137
表-29　シーメンスとフェーバの1999年の株主構造 …………………………144
表-30　シーメンスとフェーバの資本市場志向…………………………………148
表-31　シーメンスとフェーバの多角化構造と事業再編措置…………………150
表-32　シーメンスとフェーバ（E.ON）の企業の共同決定と事業再編 ……156
表-33　ホールとソスキスの研究と本研究の実証的成果との比較の要約……167
表-34　ドイツ大企業の投資行動…………………………………………………170
表-35　「事業再編度」ランキング ………………………………………………222
表-36　監査役会における人的結合関係（1992／1993年）……………………223
表-37　監査役会における人的結合関係（2000年）……………………………223
表-38　企業の共同決定の強さのランキング……………………………………224
表-39　同意義務のある業務（監査役会における労働者代表の権限）相関
　　　　マトリックス……………………………………………………………225

図

図-1　ドイツ的生産体制のモデル構築（Hall/Soskice, 2001; Soskice, 1999）……　7
図-2　ある生産モデルの制度と企業との関係 ……………………………………13
図-3　ドイツ100大企業の株主グループごとの株式所有構造
　　　（1978年から1998年までの年間平均）（Höpner, 2001）…………………49
図-4　新たな所有者：機関投資家 …………………………………………………51
図-5　資本市場志向的上場コングロマリット企業（100大企業）………………77
図-6　企業共同決定の2本柱 ……………………………………………………113
図-7　シーメンスとフェーバの企業統治システム………………………………162

日本語版への序文

　誰がドイツの企業を支配しているのだろうか？　経営者は自らの意思決定にあたって誰の利益を考慮するのだろうか？　この10年で，ドイツ大企業の「企業統治（Corporate Governance）」のゲームのルールは変化した。その最も重要なトレンドとは，株式利回り，「株主価値重視」への志向が企業政策の中心的論点となっていることである。

　「株主価値重視」という概念がドイツ企業において登場した時，この概念はドイツ・ビジネスにとってはあたかも異物であるかのような印象を与えた。金融的利益だけが全ての企業戦略の目的となるべきものなのだろうか？これは新しいもののように思えたし，また実際そうでもあった。

　株主価値重視戦略は，アングロ・サクソン諸国の資本市場で生まれたものであった。その資本市場で，アングロ・サクソン企業は，株主の金融上の利益に奉仕するために，自社の市場価値をますます高めようと駆り立てられた。しかし，1990年代以降，巨大ドイツ企業もまた，株価上昇に狙いを定め，投資家の金融上の利益を志向する戦略を追い求めるようになっている。職場を創出し，「豊かな社会」を実現することが企業の目的なのか，あるいは投資家の利益を増大させることが企業の目的なのか，という企業の目的をめぐる激しい議論が捲き起こった。

　こうした問いは，企業統治の枠組みの中で判定される。企業統治とは，企業の利害関係者間でのゲームのルールと権力関係を表す概念である。企業の利害関係者とは経営者，従業員，投資家，債権者，競争相手ならびに公的機関である。また経営協議会ならびに監査役会共同決定を通じた，労働者の広範な影響力は，ドイツの企業組織の大きな特徴をなす。

　企業の利害関係者が，どのようなゲームのルールに基づいて相互に影響を及ぼしあっているのかは国ごとにさまざまである。例えば，アングロ・サクソン

圏における少数株主の保護は，ヨーロッパ大陸諸国のそれよりも際立っている。伝統的にドイツ企業にとって株式市場はアメリカ企業や英国企業に比べれば重要ではなかった。それどころか，ドイツ企業は，その所有者構造を資本市場から隔絶させるように作り上げようとすらしてきた。

国際比較という視点からすれば，株式市場を通じたドイツ企業の資金調達の程度は低い。そのため，ドイツ企業の株式は相対的に僅かしか資本市場に流通していない。さらに，多くの株式は，戦略的株主により保有されている。すなわち，企業，家族，財団ならびに政府である。国際比較上顕著な特徴は，株式の多くが，銀行，保険会社ならびに他の企業に保有されていることである。企業間結合や監査役会での人的結合といったドイツ企業の典型的な構造的特徴は，皮肉をこめて「ドイツ株式会社（Deutschland AG）」と呼ばれている。とくに，いわゆるユニバーサル・バンクである銀行は株主であると同時に債権者として，加えて，株主総会で過半数の寄託議決権を利用しうることで大きな権力を保持している。一定の構造は維持されるであろうとしても，近い将来，これまでのような「ドイツ株式会社」は終焉を迎えるであろう。

とりわけ敵対的買収と企業防衛戦略を考慮するようになった1990年代以降，買収のゲームのルールは変わった。1990年代の合併・買収のうねりの中で，株式はますます買収通貨の役割を果たすようになった。これは，自社の企業政策を株価上昇に結び付けようとする経営者にとっては重要な刺激となった。企業買収の際に，買収企業は，自社の株価を高め，その株式を標的企業の株式と交換する。株価が高くなればなるほど，合併・買収は有利になる。実際，株主価値重視企業は，企業買収市場においてもより積極的に活動している。

株主価値重視の風潮は，ドイツにおいても新しいタイプの経営者を生み出している。最近まで，ドイツのトップ経営者は，短期的利益追求の圧力に縛られずに決定することができ，財務的な専門知識より技術的な知識を多く保持した経営者と見なされてきた。今日，経営者のキャリアにおいて，専門職業化のトレンド，より十分な財務上の専門知識とより激しい昇進競争，そしてすぐにプラスの結果を出すように求める，より大きな圧力に晒されているというトレンドが観察される。また今日，ドイツでは大企業の経営者はほぼ全員大卒であるが，1990年では7人に1人が大卒ではなかった。1990年にはほとんど3人に

1人の執行役会会長が事業所内職業教育を受けていたが，現在では6人に1人さえこれを受けていない。さらに今日では執行役会メンバーは以前よりも早く交代する。在職期間は1990年の半分になっている。

ドイツ企業は，その所有者構造において，例えば，株式ファンドのような機関投資家が優位を占めるようになればなるほど，ますます株主志向を強めている。浮動株の株主の影響力はますます大きくなっている。年金ファンドや投資ファンドによる株式保有はますます増えている。これらのファンドは，投資利回りの極大化を超える利益を追い求めることはない。ファンド・マネージャーは，厳密に投資利回りの視点から，自分が管理する株式ポートフォリオを組み，そのポートフォリオの組み換えというメカニズムを介して企業に圧力をかける。ファンドによって株式が大量に保有された場合，敵対的買収リスクも高まる。

ドイツにおいて最初の敵対的買収の第1号となったのがマンネスマン社であった。英国のテレコム企業であるボーダフォン－エアタッチ社と複合コンツェルン企業であるマンネスマン社との間の対決は，マンネスマン社の株主に直接向けられた，企業買収提案であった。何週間にも及ぶ大判サイズの新聞広告で，株主はマンネスマン社の株式を売却せずに保有し続けるよう要請された。マンネスマン社の過半数を越える株主がボーダフォン社会長（CEO）であったクリス・ゲントの提案を受け入れる見通しがはっきりした後で，マンネスマン社の経営陣は態度を和らげた。マンネスマン社は2000年初頭に買収された。

ドイツ労使関係制度は，こうした資本市場の構造的変化に影響を受けずにはおられなかった。労使関係はドイツ大企業において継続的に変化を受けつつある。本書では，実際に，ドイツの共同決定が資本市場の新たな権力といかに係わっているのかが研究される。その核心をなす成果は，監査役会における共同決定の当事者が，資本市場の要求に基づく，巨大コンツェルンの事業再編に協力しているということである。

2008年5月　ベルリンにて

　　　　　　　　　　　　　　　　　　　　　ライナー・ツーゲヘア

緒　　言

　1990年代以降，ドイツ・ビジネスはアングロ・サクソン・モデルに近づいてきている。投資家の新たな影響力行使の可能性が生まれており，敵対的企業買収の可能性が広がっている。またドイツに特徴的な，大企業と銀行との間の緊密なネットワークは緩慢ではあるが解消に向かっており，依然として株式の相互持合いが維持されている場合にも，ますます透明性と「株主価値」の向上が企業経営に要求されている。こうした資本市場の圧力に対処するために，ドイツの巨大企業は，出資者の高まる要求に応えて自らの事業の再構築に乗り出している。こうした変革がどのように進展するのか？　こうした資本市場志向的な事業再編は，高度の調整機能と共同決定によって特徴付けられてきたドイツの労使関係制度とは適合的であるのか？　これはドイツ・モデルに対していかなる影響をもたらすのか？

　こうした問いに対する答えが本書において明らかにされる。本書は，2002年1月にトゥリア大学（Universität Trier）に提出された博士学位請求論文を基に加筆・修正されたものである。博士学位請求論文は，ヴォルフガング・シュトレーク教授（Prof. Dr. Dr. h. c. Wolfgang Streeck）とパウル・ヴィンドルフ教授（Prof. Dr. Paul Windorf）によって審査され，公開討論会は2002年2月21日にトゥリアで行われた。

　本研究は，大型研究プロジェクトのなかで生まれたものである。1999年から2001年までヴォルフガング・シュトレークとアンケ・ハッセルをリーダーとする研究プロジェクト，すなわち「国際化の影響下にあるドイツの労使関係モデル」と名付けられたプロジェクトがケルンのマックス・プランク社会学研究所で行われた。この研究プロジェクトには，この2人のプロジェクト・リーダーの他に，ドイツ学術振興会（DFG）の研究プロジェクトの助成を受けたユルゲン・ベイヤーならびにハンスベックラー財団の博士号取得奨学金を受け

たマルティン・フェプナー，アントゥジェ・クルデルブッシュ，ブリッタ・レーダー，そして私が参加し，さらにはリサーチ・アシスタントのセバスチャン・グリェーベル，カトリン・ホーマイヤー，ヨハネス・リンドナー，クリスチャン・ロシェルダーそしてジルケ・ファーグトが加わった。このプロジェクトにおいて，ケルンのマックス・プランク社会学研究所に大規模な企業データバンクが構築され，このデータバンクに本研究で分析整理されたデータと並んで，本研究以外の，プロジェクトで使用されたデータも組み込まれた。さらにこのデータバンクには，このプロジェクトで実施された，経営協議会と経営者に対するアンケート調査データも含まれている。1999年から2001年にかけて，このプロジェクトの成果はマックス・プランク社会学研究所内での3回のワークショップで公表され，専門家との間で議論された。

　この3年間の研究活動を刺激的で，実り多い時間にしてくれた全ての方々にお礼を申し上げたい。なかでも，ヴォルフガング・シュトレークとアンケ・ハッセルに対して，その非常に卓越した，また手厚いご指導に感謝したい。またマックス・プランク協会ならびにマックス・プランク社会学研究所の理事であるフリッツ・W. シャープフとヴォルフガング・シュトレークに感謝したい。そこで与えられた環境により博士学位請求論文を執筆することができた。また博士号取得奨学金を認めてくれたハンスベックラー財団にも，研究プロジェクトの仲間及びマックス・プランク社会学研究所，とくに図書館，電子データ処理部門そして本部の方々に感謝したい。本研究の原稿はアンケ・ハッセル，マルティン・フェプナー，ミリアム・ナウエルツ，ディーター・シャドウスキー，アルミン・シェーファー，ヴォルフガング・シュトレーク，パウル・ヴィンドルフに事前に読んでもらい，彼らのコメントから大いに示唆を受けた。

　残された全ての誤りや不明確さは全て著者の責任である。

デュッセルドルフ　2002年　夏

　　　　　　　　　　　　　　　　　　　　ライナー・ツーゲヘア

I 序章[1]

「ドイツ型資本主義は存在するのか？それは存続できるのか？」これは製品市場と資本市場の国際化の進展を背景として，ヴォルフガング・シュトレークが発した問いである (1997a; 1999)。シュトレークによれば，グローバル競争はパフォーマンスで劣るアングロ・アメリカ型資本主義がパフォーマンスの高いライン型資本主義を圧倒するという，とんでもない結果をもたらすことが起こりうるものと見なしている (Streeck, 1999, 40頁)。

ドイツ・モデルとは何か？ドイツ・モデルの下で「通常，第二次大戦後からドイツ統一に至るまでの期間に，より独特な，ドイツ固有の社会的諸制度に規制された資本主義的経済秩序を生み出してきた西ドイツ社会が理解されている。この経済秩序は一方での高い賃金水準，生活水準の比較的低い不平等性と，他方での高い国際競争力とを両立させてきた (Streeck, 1999, 13頁, Kommission Mitbestimmung も参照せよ)。ドイツにおいて展開されてきた諸制度は，とくに政治的な調整を受け，社会によっても規制される資本・製品市場，所有者，経営者そして従業員との間の企業内のコーポラティズム的諸関係，労働協約による賃金調整そして二重の職業教育訓練制度を含んでいる(Hall/Soskice, 2001; Streeck, 1997, Soskice, 1999)。

ドイツ・モデルの発展動向をめぐる議論において，個々の企業が重要な役割を演じている。企業，とくに本研究の対象とする大企業は，絶えず，労使関係制度内での規制の形成に係わる存在であると同時に規制される対象ともなる (Hassel et al., 2000)。その際，ドイツ・モデルは，アングロ・サクソン・モデルと比較して，（しばしばコーポラティズムと呼ばれる：訳者注）高度の調整と協調によって際立っている (Hall/Soskice, 2001; Windorf/Beyer, 1995)。第二次

---

[1] 本研究は博士学位請求論文研究プロジェクトから生まれたものである。より詳細な情報は本書付属資料の1に詳しい。

大戦後，共同決定は，長期志向の「我慢強い」投資家を当てにすることができた。安定した所有関係，少数の所有者への出資持分の集中，そして企業財務における銀行借入れの高い割合という状況下で，経営者は経営活動において企業レベルでの出資者と従業員との間の持続的同盟の仲介者として行動することができた。これが一方で短期的な高い配当ではなく長期的な企業価値の向上を，他方では安定した雇用を約束した（Kommission Mitbestimmung, 1998, 67頁）。

今日，しばしば共同決定法適用対象企業が，あまり企業には愛着を感じておらず，妥協しようともしない投資家に適合しなければならないことが論じられるようになっている。こうした機関投資家は資本市場を通じて企業政策と企業収益に関する自らの優先順位を伝えようとしている（Amelung, 1999; Hirsch-Kreinsen, 1998; Höpner, 2001; Kommission Mitbestimmung, 1998; Streeck, 2000; Windorf, 2001）。1990年代半ば以降，しばしば，ドイツ巨大企業の経営者は資本市場が期待する収益率を上げていないがために，投資ファンドのマネージャーによって定期的に厳しい批判の矢面にさらされていることが経済記事において目に付くようになった（Manager Magazin, 2000/6; Financial Times, 1999.9.28.）。ファンド・マネージャーは新たな「グローバルなターボ資本主義」（Manager Magazin, 2000/5）の推進者であると言われている。ドイツの企業を取り巻く環境は，「経済の奇跡」以降かつてないほどの大きな変化を遂げつつある。伝統的なコンツェルンは解体され，新たに再編成されている。あたかも積み木を扱うかのように，企業は買収と合併を繰り返し，事業の一部を買ったり，売ったり，資本参加を行ったり，出資を引き上げたりしている（Der Spiegel, 1999.10.4.）。

【訳者注：「ターボ資本主義」とはアングロ・サクソン流の，規制緩和による市場万能の資本主義のことをさす。】

本研究は，ドイツ・モデルの機能様式とその将来をめぐる議論を取り上げ，これに考察を加えるものである。企業データを用いて1990年代のドイツ資本市場と共同決定の変化と連続性が実証される。さらに（新しい）資本市場と労働者共同決定（Arbeitnehmermitbestimmung）が企業の構造と戦略にいかなる影響を及ぼすのか，が明らかにされる。最後に，アングロ・サクソン・モデ

ルと対比されるドイツ・モデルの発展動向が論じられる。

【訳者注：ドイツでは，「労働者共同決定」なる概念は，労働者代表による企業内意思決定への影響力行使（「経営参加」）を表す概念であり，これには事業所内労働者利害代表機関である経営協議会（Betriebsrat）の経営参加権と監査役会への労働者代表（従業員・管理者・労働組合代表）の参加との双方を含む概念である。本書では主として後者の監査役会レベルでの共同決定が中心に扱われる。】

1. 本書の研究対象

　本書は，資本市場の機能様式と発展動向，共同決定，その企業戦略と企業構造に及ぼす影響を分析することによって生産体制と資本主義のタイプ（「資本主義の多様性」）をめぐる論争に立ち入ろうとするものである。最大の研究関心は，ドイツ的生産体制を支える諸制度がいかに関連付けられ，時代とともにいかに発展してきたのかを明らかにすることにある。

　こうした研究関心から，諸制度の発展動向とその諸制度の関係を記述する，以下の4つの核心的な研究上の問いが導き出されうる。すなわち，

1）ドイツ大企業の企業戦略と構造（例えば，投資行動）は1990年代にどのように展開されてきたのか？
2）1990年代末，資本市場と共同決定はドイツ大企業の投資行動にいかなる影響を与えたのか？
3）ドイツ的企業統治システムにおいて，資本市場のプレイヤーと共同決定のプレイヤーは　いかなる関係にあったのか？（対立か協調か？）
4）ドイツ的生産モデルにおいて資本市場，共同決定そして投資行動の相互関係の強さはいかなる程度であるのか？

　こうした4つの研究上の問いは，以下のように本書では答えられる。すなわち，第1に，1990年代においてドイツ大企業の投資行動の発展動向は変化と同時に連続性によっても特徴付けられる。一面では，上場企業は長年追求してきた自社の多角化戦略を放棄し，徹底した事業再構築プロセスの渦中にある。他面では，伝統的に高い投資総額と長期志向の研究・開発投資は引き続き高い水準に維持されている。こうした投資行動の変化は，何よりもまず外部の資本市場によるコントロールの増大に原因があり，その連続性は共同決定の高度の

安定性に原因があるものと見なされる。

　第2に，ドイツ資本市場はますますアングロ・サクソン的モデルに適応しつつある（収斂化）。企業は銀行と資本結合関係にある企業を通して*内的に*（intern）コントロールされるのではなく，資本市場を通して*外的に*（extern）コントロールされる傾向が強まっている。外部資本市場は，急速に拡大している「我慢強くない」機関投資家集団から構成されている。たとえ制度の*形式*において依然としてドイツ資本市場とアングロ・サクソン資本市場との間には相違が存在するとはいえ（例えば，企業間ネットワークの程度），資本市場の*機能様式*，すなわち株主による企業の外部コントロールはすでにアングロ・サクソンのそれに近づいている。外部の資本市場によるコントロールの増大は上場企業の投資行動にも影響を及ぼしている。すなわち，コングロマリット企業はその多角化戦略を放棄し，自社の投資政策を一層高い効率性基準に基づいて見直している。

　企業の共同決定は，1990年代においてその形式においてほとんど変わっていない。その機能において，一面では外部の資本市場コントロールの増大は「共同マネージャー」としての労働者の理解を促進していることが確認されうる。他面で，労働者利害の保護と事業計画における長期的視野の促進といった，共同決定に帰せられる重要な機能は未だに存在している。ドイツの資本市場がたとえ市場志向的なものに近づいているにしても，企業の共同決定の諸制度は，その形式と機能に関して，高度の連続性によって際立っている。労働者代表は，企業の共同決定規制を通して投資政策に影響力を行使している。すなわち，共同決定が強ければ強いほど，それだけ一層長期志向の投資政策が促進される。これに対して，資本市場志向的な事業再編は労働者共同決定によって組織的には阻止されていない。

　第3に，ごく最近，とくに資本市場の代表者と労働側代表から構成される，ドイツ的企業統治システムの観察可能な変化は，*ハイブリッド化*（Hybridisierung）の概念でもっとも的確に特徴付けられうることが論証されうる（Jackson, 2001; Streeck, 2000; Zeitlin, 2000）。上場企業の多くがこの間にアングロ・サクソン的資本主義とドイツ的資本主義との*双方*の制度的要素を採り入れている。一面では，資本市場志向的企業政策と事業再編を通して株主への譲歩が行

われている。同時に，労働者代表は，もし十分な制度的共同決定規制が存在するならば，企業による資本市場志向の事業再編プロセスに関与している。

最後の4番目に，ドイツが1990年代後半にますます「多元主義体制("regime pluralism")」(Streeck, 2000, 44頁)下にあることが論証される。ドイツ的生産モデルは，(経済的視点からはより効率的な)アングロ・サクソン・モデルに適応しているのではなく，ドイツ内部でますます多様化している。こうして，異なる国の*間*で異なる資本主義タイプが存在するだけではない(Hall/Soskice, 2001)。収集されたデータが明らかにするところでは，*一国内の多様性*が以前よりも大きくなっている。国境よりもますます企業が外部の資本市場のコントロールに晒されているか否かが，企業の生産モデルの多様性を規定している。

2. 本研究対象をめぐるコンテクスト：ドイツ的生産体制のモデル構築と発展動向

本研究は，ドイツ的生産体制のモデル構築と発展動向をめぐる論争を取り上げる。その際，2つの問いが中心となる。すなわち，ドイツ的生産モデルの制度的構成要素は，資本市場，共同決定そして投資行動においていかに強く相互に関連付けられるのか？そして今一つは，ドイツ的生産モデルは，アングロ・サクソン的モデルと比較して製品市場と資本市場における競争の激化に伴い，いかに変容しているのか？（収斂化，拡散化あるいはハイブリッド化か？）

国に基礎をおく，より特殊な各種制度の組み合わせにおいて，各国の独特な生産体制が構想上より良く理解されるようになり，文献上新たな関心も生まれた (Aoki, 1997; Hall/Soskice, 2001; Milgrom/Roberts, 1994; Soskice, 1999; Streek, 1997) まさにそのときに，ますますアングロ・サクソン的市場志向モデルとは異なる，資本主義のそのような変種が，その特殊な国別特徴付けを失うことを示す兆候がますます見受けられるように思われる (Beyer/Hassel, 2001)。

ピーター・ホール (Peter Hall) とディビッド・ソスキス (David Soskice) は，資本市場と労働者が企業パフォーマンスに及ぼす影響力を示す各国別生産体制を説明するための包括的なアプローチを提示した (Hall/Soskice, 2001; Soskice, 1999)。このアプローチ（表-1を参照せよ）は，1990年代のドイツ的モデルにおける資本市場，共同決定そして投資行動の発展動向について検証する，本研究の実証的研究結果と突き合わされて議論される。

表-1　Hall/Soskice (2001) と Soskice (1999) の研究アプローチの要約

研究方法	類型論；静態的モデル：制度の形式の考察
生産モデル諸関係の分析	制度が企業パフォーマンスに及ぼす優先的影響力
企業パフォーマンスの対象	イノベーション戦略
制度補完性の程度	高い
制度の相互結合の程度	強い
ドイツ的生産体制における制度的変更の存在	ほとんどない
ドイツ的生産モデルの今後の展開	経路依存性

2.1　ホールとソスキスによるドイツ的生産モデルのモデル構築

ソスキス (Soskice, 1999) によれば，生産体制とは，市場と，市場に関連した制度とを通して組織される生産の仕組みである。企業，労働者，所有者そして顧客は，現存する制度とインセンティブ・システムの枠内で互いに関係を組織している。ソスキスは，このインセンティブ・システムと，例えば，資本市場，共同決定そして経営者（企業統治）といった制約条件とを，ある国の経済体制における生産サイドの制度的フレームワーク (institutional framework) と呼んでいる。

ソスキスによれば，システム全体，制度的構造全体が脅かされることなしに，一国の生産体制の制度的構成要素は取り替えることはできない。ソスキスは，以下の4つの基本的な制度的支柱について論じている。すなわち，労使関係，企業財務，職業教育そして企業間ネットワークがこれであり，これらはさらに企業のパフォーマンスと戦略を規定する（図-1を参照）。

2. 本研究対象をめぐるコンテクスト:ドイツ的生産体制のモデル構築と発展動向

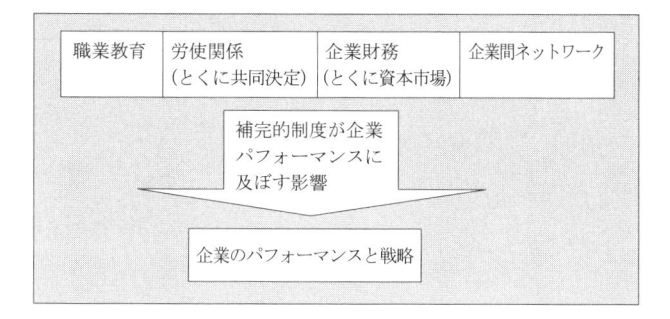

図-1 ドイツ的生産体制のモデル構築 (Hall/Soskice, 2001; Soskice, 1999)

| 職業教育 | 労使関係
(とくに共同決定) | 企業財務
(とくに資本市場) | 企業間ネットワーク |

補完的制度が企業パフォーマンスに及ぼす影響

企業のパフォーマンスと戦略

ソスキスのアプローチの基礎にあるのは,ダグラス・ノース(Douglas North)による制度概念の定義である(North, 1990, 3頁)。すなわち,

「制度とは,ある社会のゲームのルールであり,より公式的には人間の相互作用を形作る,人間により編み出された制約条件である。その結果,制度は,政治的なものであろうと,社会的なものであろうと,あるいは経済的なものであろうと,人間による交換のインセンティブを構造化する。」

それゆえ,「市場」も市場志向的なインセンティブ・システムも制度の定義に含まれる。本書の研究テーマにおいては,4つの制度的構成要素のうち,労使関係と企業財務という2つに絞って考察が行われる。というのも,共同決定と企業財務(ないし資本市場)は文献上企業政策の主要影響要因と見なされているからである(Hall, 1999, 147頁; Hall/Soskice, 2001; Soskice, 1991, 1993; また Blair, 1995; Gerum, 1998; Jackson, 2001; Vitols/Casper/Soskice/Woolcock, 1997 も参照せよ)。

労使関係システムに関して,ソスキスは個々の企業を超えた賃金決定過程と企業レベルの共同決定を区別している。経営協議会(Betriebsrat)と監査役会(Aufsichtsrat)の共同決定が「会社の意思決定において重要な役割を演じている」(Soskice, 1999, 108頁)。ドイツでは,大企業の労働者は労資同権的に企業意思決定に関与している。それゆえ,ドイツ大企業の労働者の影響力は国際比較においては極めて大きいものと評価することができる。

【訳者注：Betriebsrat はしばしば「事業所評議会」とも訳出される。これは，ドイツにおいて「経営体制法」によって，従業員5人以上の事業所に設置が義務付けられている企業内の従業員利害の代表機関であり，法律によってその経済的・人事的・社会的事項についてそれぞれ関与権・共同決定権が規定されている。ドイツでは労働組合は産業別労働組合であり，事業所（企業）外部の組織であるのに対して，この経営協議会は経営参加のための，事業所内部の従業員代表機関である。但し，労働組合にはストライキ権が与えられているのに対して，経営協議会には争議権はなく，労使の間で意見が対立した場合，労働裁判所にその解決は委ねられる。】

　企業財務による制度的特徴は，大企業と小企業との間では部分的に異なっている（Soskice, 1999, 108頁）。小企業が銀行借入れによる資金調達を基本としている一方，大企業は*資本市場*で資金を調達する可能性を持っている。資本市場参加者として，銀行，企業，機関投資家，個人投資家そして国家が問題となる。株主構造は比較的安定しており，とくに銀行と企業は経営者を*内的に*コントロールしている（Soskice, 1999）。ソスキスによれば，敵対的買収は，企業に対する所有者の戦略的利害に基づいてほとんど排除されている（Soskice, 1999）。

　ホールとソスキスは，同様に，ある生産体制の企業財務システムに関連付けて，企業統治システムに関する市場について論じている（Hall/Soskice, 2001, 24頁）。企業統治の概念は，ドイツ語に訳すとすれば，企業に対する指導（Leitung）ないしコントロールとして理解されるであろう（Steiger, 2000）。ドイツ語圏において企業統治に関する統一的定義はない（Schmidt et al., 1997, 15頁）ものの，この用語は，企業体制という法学の研究対象とは異なり，経済学および社会学の視点からは，ある企業内の*内部・外部コントロール*と監視メカニズム全体の上位概念と見なすことができる。企業統治概念には，一般に複数の問題領域が包摂される。その範囲は，所有・資本関係の構造と企業における指導とコントロールのための委員会の人的構成からトップ・マネジメント組織ならびに労働者の共同決定にまで及ぶ（Gerum, 1998; Jackson, 2000）。

　ホールとソスキス（Hall/Soskice, 2001）およびソスキス（Soskice, 1999）が行った，調整された資本主義モデルと調整されざる資本主義モデルとの概念区分に依拠して，原則的にアングロ・サクソン企業における市場志向的（株主志向的）企業統治システムとドイツ企業における関係志向的な（ステークホルダー志向的）企業統治システムとが区別される（Edwards/Fischer, 1994;

Hall/Soskice, 2001; Jackson, 2000; Jürgens/Rupp/Vitols, 2000; OECD, 1998b; O'Sullivan, 1998; Streeck, 2000; Vitols/Casper/Soskice/Woolcock, 1997)。

　市場志向的企業統治システムにおいて，経営者は資本市場を通して*外的に*コントロールされる。企業プレイヤーは，企業価値（株価）の動向を通じて，自らの行為のプラスないしマイナスのシグナルを受け取る。所有者利益のために行動しない経営者は，敵対的買収を通じて解任される。ドイツの関係志向的企業統治モデルでは，銀行，資本結合関係にある企業そして労働者が，とりわけ株主と労働者対等に構成されている監査役会において*内的に*経営者をコントロールする（Edwards/Fischer, 1994; Hall/Soskice, 2001; Jackson, 2000; Jürgens/Rupp/Vitols, 2000; OECD, 1998b; O'Sullivan, 1998; Streeck, 2000; Vitols/Casper/Soskice/Woolcock, 1997）。企業の敵対的買収は，関係志向的企業統治モデルでは原則的に起こらない（Hall/Soskice, 2001）。

　ホールとソスキス（Hall/Soskice, 2001）は，ある生産体制の制度間関係（図-2 の関係 B）をどのように特徴付けているのか？彼らの論証によれば，ある生産体制の制度，例えば企業財務制度と労使関係は相互に補完的な関係にある。一方の制度の存在（ないし効率）が他方の制度の効率を高める場合に，この 2 つの制度の制度補完性が語られうる（Hall/Soskice, 2001: Soskice, 1999 および Aoki, 1994; Milgrom/Roberts, 1994 も参照せよ）。その際，資本市場と労使関係のように，政治経済のさまざまな領域の諸制度が考えられる（Hall/Soskice, 2001, 16 頁）。こうして，諸制度は「制度的適合（institutional fit）」を形成している。すなわち，制度はその作用において総体的効率が高まるように相互に調整される（Hall/Soskice, 2001: Soskice, 1999）。

　ホールとソスキスは，ある制度の特定の特徴の発生が補完的機能を有する制度の形成を結果としてもたらすことを論証している。すなわち，「ある領域の特定の調整様式を生み出してきた国家は，別の領域での補完的慣行を発達させがちである」（Hall/Soskice, 2001, 17 頁）。これは，ある国の制度の成立が偶然に生じるのではなく，通常，特定の制度がセットで出現することに結び付いている。ホールとソスキス（Hall/Soskice, 2001）によれば，西側先進工業国では，それぞれ「制度的適合」をなす，2 つの制度ないし生産体制クラスターが

形成されてきた。一方の体制は高度の「市場インセンティブ (market incentives)」によって特徴付けられ，もう1つは，市場インセンティブによって根本的に決定されない，（例えば，企業間ネットワーク内での）関係志向的制度によって特徴付けられる。市場志向的生産体制は「自由主義的市場経済 (Liberal Market Economy; LME)」と呼ばれる一方，関係志向的生産体制は「調整された市場経済 (Coordinated Market Economy; CME)」と呼ばれ，これらはホールとソスキスのアプローチにおいて2つの異なる資本主義タイプを表すものとされた (Hall/Soskice, 2001; Soskice, 1999)。

それではドイツ的生産モデルの場合，企業戦略に及ぼす補完的な制度の影響（図-2の関係A）はいかなるものであろうか？ホールとソスキス (Hall/Soskice, 2001) は，労働者共同決定の補完的な相互作用の中にこれを認めている。この相互作用によって，高度の熟練資格を有し，影響力の大きな従業員が企業内の協調的関係に統合され，我慢強い出資者（通常，銀行）によって企業戦略の長期的時間軸は推進される (Soskice, 1999, 109頁)[2]。制度的な相互作用があってはじめて長期的に固定される高い研究・開発投資が可能となる。ソスキス (Soskice, 1999) のアプローチでは，何よりもまずイノベーションへの積極的な関与が，ある生産体制の諸制度から演繹可能な，企業の戦略とパフォーマンスをなす。すなわち，「産業部門の主たる従属変数は，製品市場のイノベーション戦略パターンの重要な相違となるであろう」(Soskice, 1999, 112頁)。

「多様化された高品質製品【訳者注：多様な消費者ニーズに応えうる高付加価値・差別化製品】」の生産というシュトレークの構想 (Streeck, 1993, 1999) に依拠して，ホールとソスキスは，ドイツ企業の積み重ねのイノベーション戦略とアングロ・サクソン企業のラディカル・イノベーション戦略とを区分している (Hall/Soskice, 2001, 31頁以下; Soskice, 1999, 113頁以下)。積み重ねのイノベーション戦略は「既存の製品ラインと生産工程に対する継続的であるが小規模な改善」を説明する一方，ラディカルなイノベーション戦略は完全に新し

---

[2] 青木 (Aoki, 1994) は，同様のことを日本のケースについて論証している。すなわち，労働者の企業への長期的統合は，出資者が短期的リターンを求めない資金を企業に提供する場合にのみ機能する。

い製品,製品ラインそして生産方法が新たに生み出されることを意味している(Hall/Soskice, 2001, 33頁以下)。

多様化された高品質製品の生産は,企業が長期的な企業戦略を追求することができることを必要とする。この前提はこれまでドイツの場合には与件とされてきた。

ドイツ企業内部では少なくとも過去において「長期的な投資と企業に統合された労働者の存在」が,「労働者には共同決定によって解雇に代わりうるものを用意させ,経営者には長期的パースペクティブを約束したのであり,これは労働と資本との安定的な取り決めに基づいていた」(Streeck, 1999, 24頁)。

我慢強い出資者,影響力のある労働者そして長期志向の企業戦略が,同様に「投資収益率が長期的であるがゆえに」(Soskice, 1999, 109頁),高度の積み重ねの投資にとって必要である。企業の継続的に高い投資収益率を要求しない資本提供者のみが,事情によっては何年間も経って初めて財務的還流を見込まれうるようなビジネスへの投資も可能にする。

共同決定に関連して,ホールとソスキスは,「会社組織が労働者に雇用保証,徹底したモニタリングからの解放,企業の意思決定への影響力行使機会(・・・)を提供する場合に」,積み重ねのイノベーションがもっとも起こりやすいことを論証している(Hall/Soskice, 2001, 34頁: Soskice, 1999, 24頁)。制度的特徴と企業戦略との関係は,「一国の制度的編成がその国の企業に特定の種類の企業戦略採用に向けての圧力を生み出す」(Hall/Soskice, 2001, 16頁)がゆえに,一国の全ての企業に同じように影響を及ぼす。

ホールとソスキスの研究(Hall/Soskice, 2001)は,生産体制の分析に関する静態的考察に止まっている。しかし,本書のパートⅢで論証されるように,銀行と資本結合関係にある企業による内部コントロールがますます資本市場による外部コントロールに代替されているという指摘が行われている(Amelung, 1999; Höpner, 2001; Kommission Mitbestimmung, 1998; Streeck, 2000; Windorf, 2001)。このように,本研究では制度的変化と関わる必要がある。以下では,ホールとソスキスのアプローチの視点からドイツ的生産システムにとってもたらされる諸帰結が明らかにされる。

2.2　1990年代におけるドイツ的生産モデルの発展動向

　時間の経過に伴い，ある生産体制においていかなるダイナミックな変化が認識されうるのか？制度間の関連性と結び付きをめぐる異なる認識が生み出されうるのか？異なる生産モデルが時間の経過とともに歩み寄るのか？それとも生産体制の変化は伝統的な経路に依存するのであろうか？アングロ・サクソン的生産モデルと対比させてドイツ的生産モデルの発展動向を記述することは，製品市場と資本市場の国際化の高まりの結果，唯一の経済モデルないし「唯一最善の方法」が形成されるのか，あるいは国際化の高まりにもかかわらず，さまざまな資本主義モデルが今後も並存して存在しうるのか，という問題をめぐる論争に立ち入ることでもある (Berger/Dore, 1996)。

　新古典派経済学の人々は，グローバル競争の激化がもっとも効率的なモデルを生み出し，ある国の，さまざまな市場制限的な制度的特徴は長期的には均等化されることを主張している。例えば，労働者共同決定といった制度による市場機能のいかなる制限も，新古典派理論では非効率性の源泉と見なされる (Furubotn, 1978; Pejovich, 1978; Stolper/Samuelson, 1941)。市場効率の制限は豊かさの喪失をもたらし，その結果，グローバル競争の枠組みでは効率阻害的な制度の廃棄をもたらす。この意味でもっとも効率的な経済モデル，すなわち「ベスト・プラクティス」が長期的には勝利を収めるとされる。

　新古典派経済理論とは反対に，「資本主義の多様性」アプローチを主張する人々は複数の「最良の方法 (best ways)」が存在しうると主張している[3]。市場による調整は，原則的に，市場制限的な制度による調整より卓越しているわけではない。ホールとソスキス (Hall/Soskice, 2001) が論証するところによれば，どの国に所属するかに応じて異なる制度に組み込まれている企業は制度の特殊な仕組みに基づいて一定の企業活動において（例えば，高度な研究・開発費による高品質の高付加価値製品の生産において）一定の相対的有利さ（「制度的比較優位性 (comparative institutional advantage)」）を獲得しうる。

---

[3]　ジャクソン (Jackson, 2001b) は，資本主義の諸タイプの歴史的動向を記述し，その異なるアプローチを説明している。

さまざまな制度的特徴の相対的有利さは，生産体制の変更に対する大きな抵抗力が証明される理由である (Hall/Soskice, 2001; Soskice, 1999; しかし，また Aoki, 1994; Milgrom/Roberts, 1994 も参照せよ)。制度は互いに絡み合い，バランスの取れた関係において「相互に連結する制度 (interlocking instituitons) を生み出す。生産体制の高度の安定性と制度的な相対的有利さは，ホールとソスキスによれば，ドイツ的生産体制とアングロ・サクソン的生産体制との制度的収斂化の主張を否定する根拠となる。伝統的な発展経路に依存して，それぞれのモデルがさらに進展することになろう。

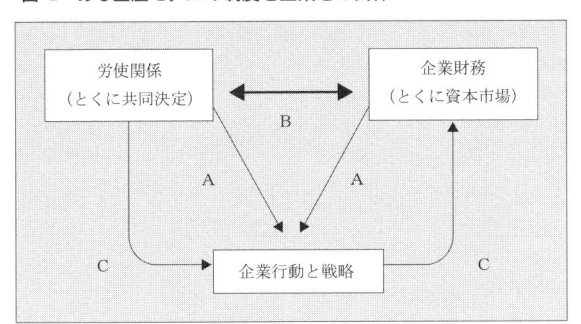

図-2 ある生産モデルの制度と企業との関係

そもそもホールとソスキスのアプローチにおいて制度的変化はどんな役割を果たしているのであろうか？新制度派経済学が主張しているように，もしドイツ的生産モデルを支えている制度全体もしくは個々の制度が「市場主義化する (vermarktlichen)」ならば，あるいはアングロ・サクソン的システムに適応するならば，何が見込まれるのか？ホールとソスキスは，ドイツ・モデルの中に市場志向的インセンティブ・システムが浸透することで以下のような危険があるものと捉えている。すなわち，例えば，ドイツへのアングロ・サクソン的資本市場の移転は最終的にはドイツ・モデルの終焉を意味しており，企業活動に関わっているさまざまな集団間 (何よりもまず株主と労働者との間) での激しいコンフリクトをもたらす危険があるものと見なしている (Hall/Soskice, 2001, 53 頁以下)。ドイツ資本市場の「市場主義化」は，「調整された経済にお

ける会社の戦略と構造に圧力を加え，それによって多くのドイツ企業にとって長い間重要と見なされてきた，他の利害関係者との関係を脅かすものとなる」(Hall/Soskice, 2001, 53 頁；またMilgrom/Roberts, 1994, 5 頁も参照せよ)。ホールとソスキスは，ここでアングロ・サクソンの株主文化とドイツの共同決定との間の関係を綿密に考察することなしに，両者の間のコンフリクトを示唆している。彼らは，なるほど一面ではそれぞれの静態的な資本主義タイプの枠内で制度と企業パフォーマンスとの間の関係を捉えているが，けれどもドイツ的生産体制内での資本市場の市場主義化が企業パフォーマンスに及ぼす影響（図-2 の関係　A）を説明していない。

外部の資本市場の大きなコントロールが企業戦略（例えば，投資）に及ぼす影響可能性はエージェンシー理論（Agency-Theorie）を使って説明されうる。本書のパートⅢでは，エージェンシー理論を用いて投資行動に及ぼす株主の影響力が描かれる。この理論によれば，株主と経営者は異なる利害を追求するものと主張される。もし経営者が株主の利害に反する行動をとれば，いわゆるエージェンシー・コストが発生する。エージェンシー・コストは，株主の所有権が経営者によって制限されることによって受ける，あらゆる形態の損失である。とくに経営者が株主利害に反する行動をしないように，株主が企業の経営者をコントロールするさまざまなやり方が文献において論じられている(Berle/Means, 1999; Fama, 1980; Jensen, 1986)。

本書のパートⅢでの説明を先取りして，ここで概略を述べると，外部の資本市場によるコントロールの増大は，少数のコアの事業領域への集中と――「資本主義の多様性」を主張する文献でしばしば行われる仮定に反して（Black/Wright/Bachman, 1998; Blair, 1995; Bühner, 1997; Gospel/Pendleton, 1999; Hall/Soskice, 2001; Porter, 1997)）――企業の事業計画の時間軸の延長という結果をもたらす。

他方，本書のパートⅣで共同決定が投資行動に及ぼす影響を説明するための仮説を構築するために利用される所有権理論（Property-Rights-Theorie)は，それに対抗する従業員利害を示している。所有権理論の基本的考えとは，他人の意思決定（とくに労働者共同決定）による所有者の意思決定権へのいかなる制限可能性もシステム上の非効率性の源泉をなすという考えを容易に起こ

させる (Futoboton, 1978; Ganske, 1996; Pejovich, 1978)。これは企業のパフォーマンスと投資行動に反映される。本書のパートⅣで提起される命題を先取りして，ここで所有権理論によれば，強力な共同決定が行われている企業は，共同決定が行われていないか，弱い共同決定が確認される企業よりも原則的により広範な分野に多角化しており，また事業計画においてもより短い時間軸を持っていると言うことができる。

上述の2つの理論に従えば，市場志向的な株主と伝統的な労働者代表は企業政策・戦略に反対の方向に影響を及ぼそうとすることになろう。一方の制度の存在（もしくは効率）が他方の制度の効率にマイナスに作用することになろう。こうして，当該生産体制における制度とプレイヤーは相互補完的関係に立ち得ないことになろう。

ホールとソスキスのアプローチでは企業戦略に対する制度的変化の帰結が明確になっていないだけではなく，もしドイツの資本市場がアングロ・サクソン的市場主義化に適応するとするならば，株主と労働者との間で想定されるコンフリクトの性質とメカニズムも同様に明確になっていない（図-2の関係 B）。けれども，企業内の所有者と労働者との間の関係の特徴づけは，同様にエージェンシー理論と所有権理論を用いて評価されうる。

エージェンシー理論と所有権理論は，すでに示唆されてきたように，資本市場の市場志向的プレイヤーと労働者との間の異なる利害を想定している[4]。もしもドイツ的生産体制の枠内でプレイヤーの市場志向が高まっているのだとすれば，*他の事情が同じならば*，プレイヤー間の利害の不一致は増大し，こうして，コンフリクトの可能性も増大することになろう。それゆえ，一方で外部の資本市場のコントロール下にあり，他方で広範な共同決定規制が行われている企業において，株主と労働者との間では高度のコンフリクト可能性が存在していることが予想されうるであろう。

資本市場の制度と共同決定制度との間で支配的な直接的関係と並んで，1990

---

[4] こうした主張を行う人々は，労働者は長期の時間軸を志向し，資本市場の参加者は短期の時間軸を志向しているものと論証している (Black/Wright/Bachman, 1998; Blair, 1995; Gospel/Pendleton, 1999; Hall/Soskice, 2001; Porter, 1997)。こうして，このモデルでは，株主の利害と労働者の利害は対立するものと捉えられている。

年代における資本市場の変化は，同時に，新たな企業戦略を迂回して共同決定の機能様式における変化をも恐らく引き起こしうる（図-2における関係C）。この間接的影響は，制度補完性の性質で説明されうるであろう。すなわち，「こうした補完性によって，経済のある領域の制度の変化が他の領域の変化にも波及するであろうことが見込まれるであろう」(Hall/Soskice, 2001, 55頁）。けれども，ホールとソスキスは，影響の具体的波及メカニズムに言及していない。ある生産体制のある局面，例えば，財務システムにおける制度変化によって成立する新たな企業戦略は，生産体制の他の局面にいかなる影響を及ぼすのであろうか？これまで，「資本主義の多様性」研究において，企業戦略の変更が制度構造に及ぼす影響はほとんど分析されていない。

　結論：ホールとソスキスは生産体制を類型化するために静態的なアプローチを用いている。こうしたアプローチは，起こりうるドイツ生産体制における制度的変化を認識し，分析するためにはあまり役立たないように思える。彼らは，なるほどドイツ資本市場の市場主義化が所有者とそれ以外の企業の利害関係者，とくに労働者との間のコンフリクトをもたらすことを推測しているものの，そこでは制度的変更を引き起こす諸要因，および一面では制度と企業戦略との間の関係（図-2における関係A）と，他面では，ある生産体制を支える制度間の関係（図-2における関係BとC）に対する諸帰結とが明示されていない。

　本書では，ホールとソスキスのアプローチが実証的に検証される。その際，とくに制度的諸関係（（図-2における関係A, B, C）のダイナミズムが研究関心の核心をなす。すなわち，時間の経過に伴う，資本市場，共同決定，企業統治制度の制度的発展動向が分析されることになる。

3. 本書の研究方法

　（生産体制の分析の領域での）「資本主義の多様性」文献においては，基本的に各国固有の諸類型が明らかにされてきた（Hall/Soskice, 2001; Rhodes/van Apeldoorn, 1997; Soskice, 1999; Vitols/Casper/Soskice/Woolcock, 1997)。

これらの文献とは異なり，本研究においては各国ベースの生産体制の類型論が展開されるのではなく，一国内のさまざまな企業の間の多様性が研究される。異なる特徴を有する，資本市場，共同決定の影響そして企業の投資行動の間の諸関係を明らかにすることが重要なテーマとなる。この場合，とくに関心があるのは，そうした関係は存在するのかどうか，その関係の強さはどの程度か，そしてその関係はいかなる*方向*に進んでいるのかである。さらにある時点での関係だけではなく，1990年代においてその関係がどのように推移しているのかが分析される。

本書で分析の中心となるのは企業，なかでも巨大企業である。ドイツの大企業は，上場している場合には資本市場に晒され，通常，広範な共同決定規制を受けている。その上，*定義上*，企業統治システムの議論は企業レベルで行われる。それゆえ，個々の企業を研究対象として用いる十分な理由も挙げられうる。

本研究では，資本市場，共同決定規制そして企業の投資行動の間の関連が以下のような3つのステップで分析される。

(1) 投資行動に与える資本市場の影響

```
資本市場の影響 ——→ 投資行動
```

本書のパートⅢで，企業関連データに基づいて回帰分析を用いながら資本市場がドイツの大企業に及ぼす影響が明らかにされる。資本市場の外部コントロールの程度は独立変数として，投資行動の動向は従属変数として位置づけられる。こうして，本研究では，ある生産体制の制度的特徴によって影響を受ける企業戦略は，企業の投資行動によって描かれる（本書のパートⅡを参照せよ）。投資行動は，企業戦略の時間軸の側面と並んで，どの程度まで企業*構造*が資本市場と共同決定によって影響を受けるのか，という問いも含んでいる。投資行動は，本研究では3つの異なる次元に区分され，操作化され，測定される。すなわち，第1に企業の多角化と脱多角化の程度，第2に研究・開発費の動向，そして第3に投資総額の動向がこれである。

(2) 投資行動に与える共同決定の影響

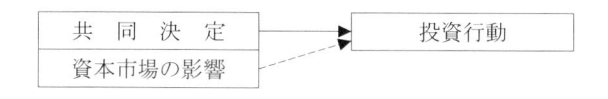

```
┌─────────────┐
│ 共 同 決 定 │ ──────→ ┌──────────┐
├─────────────┤          │ 投資行動 │
│ 資本市場の影響 │ ─ ─ ─→ └──────────┘
└─────────────┘
```

　本書のパートⅣでは，回帰分析を用いて，共同決定が投資行動にどの程度影響を及ぼしているのかが考察される。この分析は，資本市場の影響力を統計的に制御して行われる。すなわち，資本市場が投資行動に及ぼす影響が「算出」される。こうして，共同決定の程度と外部資本市場コントロールの程度は独立変数を，投資行動の動向は従属変数をなす。

(3) 株主，労働者代表そして投資行動の間の関係の定性的分析

```
┌──────────┐               ┌────────────┐
│ 株　　主 │ ←──────────→ │ 労働者代表 │
└──────────┘               └────────────┘
       ↘             ↙
        ┌──────────┐
        │ 投資行動 │
        └──────────┘
```

　本書のパートⅤにおいて，本書のパートⅢとⅣの定量的分析結果を踏まえて，シーメンス株式会社（Siemens AG）とフェーバ株式会社（Veba AG）をケース・スタディとして取り上げて，投資行動（脱多角化行動に焦点を合わせて）に及ぼす資本市場と労働者共同決定の影響を定性的に記述しようと試みる。両社とも，1990年代初頭には同じように幅広い多角化を展開していたが，1990年代末には大規模な事業再編に踏み切っている。しかし，シーメンス社の共同決定は弱く，フェーバ社の共同決定は強い。株主の市場志向の高まりに労働者代表がどのように対応しているのかが明らかにされる。

　ドイツの企業データはアングロ・サクソン的特徴と対比されることになるが，しかし，著者自身がアングロ・サクソン企業の企業関連データを収集したわけではない。アングロ・サクソン的投資行動，アングロ・サクソンの資本市場の役割，そしてアングロ・サクソン企業における労働者の役割は文献上推定されている。こうして，アングロ・サクソン的比較参照モデルは「限界事例（limited case）」

(Jackson, 2001) として利用される。こうした方法は，レイプハルト（Lijphart, 1971, 692 頁）の「逸脱したケースの分析（deviant case analysis）」のアプローチに準えられる（King/Keohane/Verba, 1994 も参照せよ）。

4. 本研究の研究サンプル：ドイツ 100 大企業

　本書で展開される研究は，ドイツ 100 大企業に基づいて行われる[5]。そのベースとなるのは 1996 年以降の独占委員会によって提示されている一覧表である。そこでは，規模とは，売上高ではなく企業の付加価値額で測定されている。こうした措置には，個別産業部門における価格動向の影響を排除するという利点が潜んでいる。加えて，付加価値額は，さまざまな産業部門の垂直的統合度を明らかにするのにより適している。例えば，垂直統合を行っていない，もしくは垂直統合を僅かしか行っていない，商業部門に属する企業の場合，他の企業の場合よりも売上高に占める付加価値額はずっと少ない（Monopolkommission, 1996; 153 頁）。以下において，付加価値額，産業部門そして企業の資本関係が示される。

　100 大企業のリストは，連結ベースの国内事業部門の付加価値額に基づいて算定されている。事業の付加価値額は，ある所与の期間内に企業が生み出す価値増分をなす。この価値増分は，国民総生産（Sozialprodukt）への企業の寄与分を反映する。ここで把握されているのは，製造，販売，サービスによって生み出される全ての価値である。連結ベースの国内事業部門の付加価値は国内総生産（Inlandsprodukt）と対を成すものであり，この寄与分において全体経済的に関係づけられる。この点に関して，グローバルな連結ベースの決算に基づく調査は存在しない（Monopolkommission, 1998; 152 頁）。付加価値額ないし規模において，ドイツ 100 大企業において大きな乖離が見られる。1996 年，ドイツ・テレコムの国内付加価値額はゲーリング・グループの 30 倍も大きかった。ドイツ 100 大企業は，1996 年，ドイツの労働者総数の 15％を雇用

5　データ・バンクは本書付属資料の 2 で詳しく説明される。

し，全ての企業の国内付加価値額の約17％のシェアを占めていた。

　ドイツ100大企業が帰属する部門は，ドイツ連邦統計局の事業部門分類に従って行われている独占委員会の分類に依拠している。1993年，これまでの分類は，欧州共同体の事業部門統計分類（NACE Rev.1）に依拠して修正された。WZ 93に依拠した，ドイツ100大企業の新しい分類は，表-2に見出される。

【訳者注：WZ 93とはドイツ官庁統計において使用されている，1993年版の事業部門（Wirtschaftszweige）分類を意味している】

　独占委員会は，その2年に1度の報告書で，当該企業が活動している事業部門を指定しているが，通常，それはそれぞれの企業の重点活動分野に依拠して行われている。けれども，若干の企業は，重点活動分野を指定することができない。こうしたケースでは，ここで行われている分類は，連邦統計局の指針に基づいて企業の活動分野を特定化しようとする独占委員会の解釈に依拠しているか，営業報告書，新聞報道ならびに企業ハンドブック（Liedtke, 1998）に依拠して重点活動分野を確定している。「その他の工業」もしくは「その他のサービス」に属するのは，明確な重点活動分野が明らかにされなかった（例えば，

表-2　ドイツ100大企業の部門構成とその変化

部門	1986年	脱落企業	新規追加企業	重点活動分野の変更1)	1996年
自動車	6	1	0		5
工作機械	7	1	2	+2	10
化学	12	2	1		11
エネルギー(電力・ガス)	10	3	2	-1	8
自動車部品製造	3	3	2	+1	3
建設	3	1	2		4
電機	8	4	0	-2	2
金属加工	7	4	0	-3	0
その他の工業	22	12	8	+3	21
工業部門合計	78	31	17	0	64
銀行	7	1	4		10
保険	2	1	7		8
商業	8	5	7		10
その他のサービス	5	1	4		8
サービス部門合計	22	8	22	0	36

1) この縦列の数字は，1986年から1996年の間に，その重点活動分野を変更した，100大企業のうちの企業数である。

コングロマリット企業）か，帰属する，その特殊な部門が2社以上にならない場合である。1996年，64社が（1986年：78社）が工業部門に，36社（1986年：22社）がサービス部門に分類された。

工業部門では，工作機械，化学，エネルギー部門に属する企業が優位を占めている。サービス分野では，銀行，保険，商業に属する，それぞれの企業は，ほぼ同程度を占めている。1986年と96年との比較から，この10年間，100大企業の多くがその重点活動分野を変更してこなかったことが明らかとなる[6]。

表-3は，1996年における100大企業の所有構造を表している。ドイツの大企業は，国際比較上，緊密な人的・資本的結合によって際立っている（Windorf/Beyer, 1995; Windorf/Nollert, 2001）。1996年に100大企業のうちの51社が資本結合関係にあった。1企業のみが100大企業のうちの1社に過半数所有されていた。14企業は外国人単独所有に，13企業は公的機関による過半数所有，19企業は単独個人，同族，同族財団による過半数所有であった。27の企業が過半数分散所有であり，5％以上の株式を所有する大株主の支

表-3　100大企業の株式所有構造（1996年）

資本参加状況	企業数（1996年）
100大企業の過半数所有	1
外国人単独過半数所有	14
公的機関による過半数所有	13
単独・同族過半数所有	19
50％以上の分散所有	27
過半数所有なし	21
その他過半数所有	5
合計	100社

---

[6] 例外的ケースには以下の企業がある。メタル・ゲゼルシャフト社とティッセン社は，その重点活動分野を「鉄鋼」から「工作機械」分野に移してきた。RWE社は，1986年には「電力供給」事業が主力事業と見なされていた。1996年までに同社はその事業を広範な業務分野に拡大しており，1996年には明確な主力事業を特定化することはできない。それゆえ，RWE社は「その他の工業」に分類される。同じことは，プロイサーク社についても当てはまる。同社は，1986年には「鉄鋼」を主力事業としていたが，1996年にはコングロマリット企業となっている【訳者注：その後，同社は大胆な事業再編を進め，コア・ビジネスを旅行業として，欧州最大の旅行会社となり，社名も2002年7月，TUIに変更している】。ロバート・ボッシュGmbH（有限会社）とヒューレット・パッカードGmbHの主力事業は，1986年には「電子機器」にあった。その後，ロバート・ボッシュ社の主力事業は「自動車部品製造」となり，またヒューレット・パッカード社はその業務分野を強力に拡張した結果，1996年には「その他の工業」に分類された。

配を受けていない企業であった。21の企業は，なるほど5％以上の株式を所有する大株主が存在するものの，そのいずれの大株主も過半数を所有していない。

1996年に100大企業に属していた企業に対して，外部の資本市場のコントロールの程度，共同決定規制および投資行動の動向を表すデータが蒐集された。可能な場合には，1990年代の動向を示すデータが蒐集された。銀行と保険会社は，工業企業に匹敵するような多角化等の投資行動を行わないがゆえに，投資行動の分析の対象外とした。投資行動，資本市場そして共同決定に関わるデータは本書の定量的研究において利用されている（本書のパートⅡ，Ⅲ，Ⅳを参照せよ）。

【訳者解説：ドイツの企業には，以下の表が示すように，日本には存在しない，有限合資会社（GmbH & Co.KG）や株式合資会社（KGaA）といったドイツ独特の会社形態が存在する。また表が示しているように，日本に比べ，株式会社の数は圧倒的に少なく，合名・合資会社といった人的会社が依然として大きな割合を占めている。その理由として，ドイツでは，法人としての会社は株式会社，株式合資会社および有限会社だけでありその設立と運営についての規制も厳格であること，第2に人的会社形態が日本に比べ積極的に利用される理由は，人的会社が法人格を持たないため税制上の優遇措置（パススルー課税：出資者の直接所得課税）があるとともに，企業レベルでの共同決定法の適用除外となることが挙げられる（以上，海道ノブチカ著『ドイツの企業』森山書店，2005年9月，66-74頁に詳しい）。

また本文の表-3で示されている100大企業の企業形態（1996年）を見ても，大企業でありながら，株式会社以外に有限会社や株式合資会社だけではなく，合名・合資会社といった人的会社が並んでいるのもドイツ的特徴を示している。】

ドイツの企業形態（2005年）

個人企業	2,130,837	70.2%
人的会社	383,358	12.6%
合名会社（OHG）	261,705	8.6%
合資会社（KG）【うち有限合資会社（GmbH & Co.KG）】	121,653 (100,081)	4.0%
資本会社	460,204	15.1%
株式会社(AG)，株式合資会社（KGaA）	7,258	0.2%
有限会社（GmbH）	452,946	14.9%
その他	62,359	2.1%
企業総数1)	3,036,758	100%

1) 17,500ユーロ以上の売上高を有し，付加価値税を納付する義務を有する企業
出所：ドイツ連邦統計局のホームページから作成した。

ドイツ100大企業の企業形態（1996年）

企業形態	企業数
株式会社	71
有限会社	13
株式合資会社	1
合資会社	4
合名会社	1
有限会社	4
個人企業	0
その他（財団・公法上の法人・分類不可能）	7
合計	100

出所：Monopolkommission, Hauptgutachten 1996/1997, Baden-Baden, S.186.

5. 本書の内容

　本書は，6つのパートから構成される。パートⅡからⅤの各パートの最後にはそこで明らかになった中心的研究成果が要約されている。
　序章に続いて，パートⅡでは，定量的データに基づいて，1990年代のドイツ大企業の投資行動が分析される。投資データが示すところによれば，1990年代の多角化の程度は明らかに減少している。同時に，事業売却と事業買収の件数は増加している。同様に研究・開発費と投資総額は増加している。事業再編に関する因子分析から，1990年代の脱多角化は積極的なポートフォリオ・マネジメントと並行して現れていることが明らかになった。同時に，一面で，ドイツ企業の事業再編努力は，アングロ・サクソン企業の投資行動への適応を認識させることが論証される。他面で，研究・開発投資と投資総額の動向は高度の連続性によって際立っている。
　パートⅢでは，企業の投資行動に及ぼす資本市場の影響が分析される。ドイツ的資本市場タイプとアングロ・サクソン的資本市場タイプとの比較では，株式時価総額，分散所有シェアそして小株主と大株主の役割に関して大きな相違が確認される。しかし，1990年代のドイツの資本市場が考察されるならば，変化が起きていることが確認されうる。機関投資家の台頭，企業・銀行・国家との間のネットワークの継続的解消及びそのことから生じる企業支配権市場の出現がドイツ資本市場の変化を促している。ドイツ企業にとって資本市場が果たしていた機能は，ますますアングロ・サクソン的モデルに匹敵するものとなってきている。ドイツ企業のマネジメントは銀行と資本結合関係にある企業によって*内的*コントロールされるのではなく，ますます資本市場の*外的*コントロールを受けるようになってきている。
　外部資本市場のコントロールの増大の結果は，長い間ドイツ企業が追求してきた多角化戦略の終焉に表れている。資本市場に晒されているコングロマリット企業が1990年代末に大規模な事業再編プロセスにある一方，資本市場に晒されていないコングロマリット企業は依然としてその多角化戦略を追求してい

る。1990年代末には経営者と労働者ではなく，所有者が，その株式ポートフォリオによって全般的ビジネス・リスク（破綻リスク）をさまざまな部門に配分する可能性を持つに至っていることが論証される。

　パートⅢで提示されるデータは，資本市場が企業計画の時間軸（例えば，長期志向の研究・開発投資）に大きな影響を決して行使していないことを示している。このことは，研究・開発費が必ずしも企業の効率に影響を及ぼすのではなく，資金の支払いがいつになるか，すなわち，研究・開発から生じる収益が現在価値に割り引かれた資金として今日支払われるのか，将来支払われるのか，という資金支出の時点の問題であるに過ぎない点に根拠付けられることが論証される。資本市場参加者はその投資戦略においてさまざまな時間軸を持ち投資を行っているので，彼らはまとまって企業を1つの方向に駆り立てることはない。

　さらにデータは，同様に，外部資本市場のコントロールの増加を通して設備投資の動向にも大きな影響を及ぼしていないことを裏付けている。設備投資は企業戦略の時間軸と関連がある。もしも資本市場の影響が高まることが短期的行動様式に導くことになるとすれば，長期的設備投資は控えられ，株主へ配当の形で支払われることになろう。けれども，株主が企業を「解体し」ようとしているという主張を示唆するデータは決して見出されない。

　パートⅣでは，企業の共同決定が企業の投資行動に及ぼす影響が研究対象となる。ここでの研究の重点となるのは企業の共同決定の強さのインディケータの作成である。共同決定インディケータは，多変量解析を用いて，共同決定の強さと多角化の程度，事業再編，研究・開発費の変化，投資水準の変更との関連を突き止めるのに役立つ。

　1990年代初頭，共同決定は企業の多角化の程度にプラスの影響を及ぼしてきた。けれども，1990年代末には，共同決定の影響力と多角化度との間にも，共同決定の影響力と事業再編の程度との間にも統計的関連は見出されない。そのことから推論されるのは，労働者は企業の資本市場志向的事業再編を組織的に阻止もしくは妨害することができないことである。

　加えて，パートⅣでは企業の共同決定が投資戦略の長期的時間軸の追求を促進することが明らかにされる。企業の共同決定の強さと長期志向の研究・開発

投資の動向とのプラスの関係が存在している。回帰分析の結果から，企業の共同決定の存在は全般的投資水準の動向にいかなる影響も及ぼさないと結論付けることができる。

　パートVでは，シーメンス社とフェーバ社のケースから，資本市場と労働者共同決定が事業再編プロセスにいかなる影響を及ぼすか，が分析される。分析の重点は，両社の資本市場志向的な事業再編プロセスにおける労働者共同決定の作用に置かれる。ここでは，さらにドイツ企業統治システムの変化に関する考察が行われる。ほぼ1990年代半ば以降のドイツ資本市場の変化によって，シーメンス社とフェーバ社は，企業の確実性，安定性そして成長を強調する伝統的な企業統治システムから離脱するところとなったことが論証される。今では，株主，経営者そして労働者は，資本市場志向的な事業再構築を進めている。株主利害が優位を占める，1990年代末の企業統治システムにおいて，株価に表れる企業価値の向上が企業政策の焦点となっている。

　企業の共同決定は，共同決定規制の程度に関わりなく，資本市場志向的な，企業の新たな方向付けのプロセスに影響を及ぼしている。こうして，例えば，フェーバ社のケースが証明しているように，資本市場の強いコントロールと労働者の強い影響力が見られる場合に，資本市場志向的な事業再構築は，株主，経営者そして労働者の間の合意の下で展開されている。けれども，シーメンス社の場合のように，企業が資本市場の外部コントロール下に置かれ，労働者が事業再構築プロセスに僅かな影響力しか行使できない場合には，労働者と経営者もしくは株主との間でコンフリクトが発生する。労働者は，こうした事業再構築を拒否する。というのも，(例えば，監査役会の同意義務のある業務という) 共同決定規制を部分的に欠いているために，自分たちの労働者利害を経営者の意思決定プロセスに反映させることができないからである。

　パートVIでは，「資本主義の多様性」論争を背景として本書の実証的研究成果が考察される。この場合，何よりもまず，ホールとソスキス (Hall/Soskice, 2001) のアプローチに遡って検討される。ここで論証されるのは，資本市場の場合には市場志向的なインセンティブ・システムと関わっているが，企業の共同決定制度の発展動向は変化というより連続性によって特徴付けられうるという点である。1990年代末のドイツ・モデルは，市場志向的制度と関係志向的

制度との相互作用が自動的に新たな「制度的適合」を排除するものではないことで際立っている。そのことは，新たな制度的編成が必ずしも効率低減的作用を持つのではなく，引き続き，市場に基礎をおく生産モデルに対する相対的優位性を生み出しうることを意味している。

　資本市場の制度と企業の共同決定とが調和的に並存する，ドイツ企業統治システムの観察可能な変化は，ハイブリッド化概念で特徴付けられうる。上場企業の多くは，その間，アングロ・サクソン資本主義とドイツ資本主義との両方の制度的要素双方に対応している。本研究は，資本市場の制度的編成の市場主義化が，ホールとソスキスによって描かれたような，調整された市場経済の終焉および制度上の相対的有利さ（例えば，長期志向の生産様式，高い研究・開発費）の喪失を必ずしも意味するのではなく，ハイブリッド化という形で新たな制度的編成が生まれうることを推定させるものとなる。

【風間信隆　訳】

II　ドイツ大企業の投資行動

1. はじめに

　本パートでは，1990年代のドイツ大企業の投資行動の発展動向が分析される。マイケル・ポーター（Miachael Porter）によれば，投資行動には利害関係者の多様な利害やさまざまな資本市場の際立った特徴が反映される。

　「企業の投資行動は，単純な説明を許さない。これは企業がどのように所有されるのか，資本市場がどのように機能するのか，そして国際競争の世界で企業がどのように経営されるのかという諸問題に関して，まさにその核心に触れる問題であるからである。」（Porter, 1997, 16頁）

　ホールとソスキスは，ある生産体制のその時々の制度的特徴が刻印されている企業戦略を何よりもまず「製品市場のイノベーション戦略パターン」として表わした（Soskice, 1999, 122頁）。この考え方によれば，長期のイノベーション戦略は，熟練技能を持ち，影響力が大きい労働者と同時に，企業に短期的な利回りを要求しない資金を投じる資本提供者を必要とする（Soskice, 1999; 109頁）。本研究において，企業の投資行動は，資本市場と共同決定との従属変数と位置づけられる。投資行動は，企業戦略の時間軸の観点と並んで，企業構造がある生産体制の制度的諸条件によってどの程度影響を受けるのか，という問題も含んでいる。

　投資行動は3つの異なる次元に分けられる。すなわち，多角化の程度【訳者注：以下では「多角化度」と略す】，投資政策の時間軸ならびに投資総額である。

　本パートでは，1990年代に入り，ドイツ企業の投資行動が，脱多角化戦略もしくは事業再編努力の面で，アングロ・サクソン的なモデルにますます近づいたが，しかし（投資政策の）時間軸と投資総額の点については，ドイツ企業

の投資行動にはさらに高度の連続性が際立っていることを論証する。

　企業の投資行動の分析は，企業の営業報告書，独占委員会報告書（1992/93-1998/99），企業ハンドブック（Liedkte, 1993-2000）ならびに財務諸表に関するホッペンシュテッド貸借対照表データバンク（Hoppenstedt-Bilanzdatenbank）から得られた実証的なデータに基づいている。

　本パートは以下のように構成される。第2節では投資行動の3つの次元を提示する。この投資行動の1990年代における発展動向は，本書の次章以降で資本市場ならびに共同決定の影響と結び付けて説明される。第3節では，投資の次元が操作化され，データの収集と評価がなされる。つづけて第4節では個々の投資の変数間の関連が，因子分析により検証される。すなわち，企業の事業再編，すなわち脱多角化と積極的な事業ポートフォリオ・マネジメントを表す変数は，あるインディケータに集約できることが明らかにされる。第5節では投資行動の様々な次元の発展動向が議論される。本パートにおける検討結果は，第6節において要約される。

2. 投資行動の次元

　企業の投資はさまざまな形態をとりうる。すなわち，企業の投資は，土地の購入，新たな建物の建設，機械の購入，他企業の買収，さらには短期の投機的な金融商品までをも含む。さまざまな投資は，とりわけ実行される投資総額，投資期間ならびに投資目的といった点で区別されうる。投資総額は，企業に再投資されるか，あるいは配当という形で株主に分配されるかを巡るフリー・キャッシュ・フローの決定に依存する。投資期間は，通常，その投資形態に依存する。新しい建物への投資や研究・開発に向けた投資は，投機的有価証券への投資に比べてより長期的なスタンスで投資されている。実行された投資目的は，投資行動のもう1つの次元を描き出す。すなわち，企業は企業の破綻リスクを最小化するためにさまざまな事業部門に投資するか（多角化），あるいは場合によっては企業の投資収益率を高めるために大きな利益を生み出しうる事業部門に投資を集中するかである。

【訳者注：キャッシュ・フローとは，「収益（売上）」から「費用」を引いて確定される「利益」とは異なり，「収入」から「支出」を引いたものである。資金収支ともいい，資金の流れ，もしくはその結果としての資金の増減を指す。フリー・キャッシュ・フローとは，企業が債権者や株主など，資金の提供者に対して自由に配分することが可能であるキャッシュ・フローを指す。】

「資本主義の多様性」論争においては，通常，ドイツ企業とアングロ・サクソン企業は，投資総額，期間ならびに目的といった3つの投資次元に関して異なるパターンを有しているものと仮定されている（表-4）(Bühner, 1994, 1997; Davies/Petts, 1997; de Jong, 1997; Hirsch-Kreinsen, 1998; Kommission Mitbestimmung, 1998; Poter, 1997; Shleifer/Vishny, 1990)。以下の2.1節から2.3節において，ドイツ企業とアングロ・サクソン企業との投資行動の相違を簡単に描くことにする。

表-4 1990年代中旬までのアングロ・サクソン企業とドイツ企業とにみる投資行動

	アングロ・サクソン企業	ドイツ企業
多角化	−	＋＋
事業再編	＋＋	−
投資政策の時間軸	−	＋＋
投資総額	−	＋

＋＋＝非常に重要；＋＝非常に重要とは言えないが，重要ではある；−＝重要ではないが，全く影響力がないわけではない。

2.1 投資目的：多角化度と事業再編の程度

労働者と経営者とは，原則的に株主とは異なるリスク選好を持つ (Bühner, 1983; Fama, 1980)。すなわち，株主は確かに株式会社の本来的なリスク負担者であるが，労働者と経営者は，何よりも雇用関係に基づいて企業リスクに関与している。企業の破綻リスクの高まりとともに，経営者と労働者にとって自らの職を失うリスクも増大する。しかしながら，企業の投資はとりわけ企業の破綻リスクを最小化するという目的を実現しうる。それは，企業が事業リスクをさまざまな事業部門に分散させるかぎりでとりわけそうである。従って，ある一つの事業部門における景気動向ならびに今後の成長見通しの悪化が企業にとって倒産リスクを直接意味するわけではない。

コングロマリット企業において，経営者は，コンツェルン内のある事業セグメントにおける不況に伴う業績悪化によって職場を失う労働者に対して，内部労働市場の枠内において他の事業セグメントで代わりとなる職場を提供することができる。労働者は，そうした可能性を通じて多角化した企業に大きな利害関係を持っている。なぜなら，複数の事業部門を包摂する内部労働市場は，従業員全体の雇用の安定性を高めるからである（インタビュー 8）。

アングロ・サクソン企業に比べてドイツ企業の資本市場の外的コントロールは脆弱であるが故に（Hall/Soskice, 2001），ドイツでは経営者と労働者代表は，自らの固有の雇用リスクを軽減する投資政策を促進している。それゆえ，1990年代半ばまで，ドイツの企業は高い多角化度を保持してきた（Bühner, 1993; Davies/Petts, 1997; Fama, 1980; Schwalbach, 1990）。

これに反して，アングロ・サクソン企業の場合には，株主が企業政策に大きな影響力を行使している（Hall/Soskice, 2001; Vitols/Casper/Soskice/Woolcock, 1997）。株主は，原則的にもっとも高い投資収益率をもつ事業領域に事業を絞り込むことに関心を持っている。というのも，株主が自己の株式のポートフォリオを通じて投資リスクを自ら調整することができるからである。従って，株主の大きな影響力は，経営者と労働者の雇用リスクを保護するような多角化戦略の実践を阻止しようとする（Bethel/Liebeskind, 1993; Gibbs, 1993; Jensen, 1986, 1991）。企業政策に及ぼす資本市場の比較的強い影響力によって，アングロ・サクソン企業の多角化度はドイツ企業のそれに比べ低い（Bühner/Rasheed/Rosenstein 1997; Davies/Petts 1997; Poter 1997）。

企業の多角化の動向は，企業の*事業再編*論争のもっとも重要な研究対象と見なされている。この論争は，1980年代に多くのアメリカ企業が株式市場の要求に応じて事業の再構築を行ってきたという現象に関わるものであった（Bethel/Liebeskind, 1993; Bowman/Singh, 1990, 1993; Budros, 1997; Donaldson, 1994; Gibbs, 1993; Hill/Snell, 1988; Liebskind/Opler/Hatfield, 1996; Morck/Shleifer/Vishny, 1990; Rock/Rock, 1990; Shleifer/Vishny, 1990; Singh/Montgomery, 1987）。この事業の再構築は企業の多角化を解消することを目的としていた。同時に，これは大規模な事業買収と事業売却を伴うものであった。エドワード・ボウマン（Edward Bowman）とハビアー・

サイン（Habir Singh）は，アメリカ企業における事業再編努力を以下のように記述している。

　「事業ポートフォリオの再構築は，企業の長期的戦略にとってコアではないと判断された，一連の事業の売却を通じて行われる。……事業再編は，一連のビジネスから成る企業の新しい姿を生み出すために一連の企業買収と事業のスピン・オフをまた必然的に伴うものである。」(Bowman/Singh, 1993, 6 頁：Bühner, et al., 1997 も参照)

こうした定義に従えば，企業の事業再編は脱多角化に関わるだけではなく，積極的な事業ポートフォリオ・マネジメントをともに含んでいる。すなわち，利潤を生み出さない，コンツェルン内の事業部門を場合によっては売却し，投資収益率の高いコア・ビジネスに相応しい事業を買収するのである。従って，事業再編措置が講ぜられるコンツェルン内の事業の出資持分の変動レベルは上昇する。

2.2　投資の時間軸：研究・開発費

　企業政策の時間軸は，「資本主義の多様性」文献の中で大きな議論を呼んできた (Black/Wright/Bachman, 1998; Blair, 1995; Bühner, 1997; Gospel/Pendleton, 1999; Hall/Soskice, 2001; Hirsch-Kreinsen, 1998; Müller, 1997; Porter, 1997; Soskice, 1999)。これらの研究者は，ドイツ企業が原則的に長期志向の戦略を追求する一方，「我慢強くない」投資家が長期の時間軸を一切認めないが故に，アングロ・サクソン企業がしばしば次の四半期ベースの成果を想定してしか計画を立てることができないと主張している。

　企業の時間軸は，研究・開発投資によって評価されうる (Hall, 1994, 112-113 頁; Hansen/Hill, 1991)。この理由は，研究・開発投資の長期的性格にある。すなわち，研究・開発投資は現時点で実行されるものであるが，その結果生み出される収益は大抵はるか先においてのことなのである。

　自社の株主に短期的になるべく大きな配当を支払うことを目指す企業は，事業計画と戦略において長期的時間軸を追求する企業より，研究・開発費の支出額は低くなるであろう。一部の研究者は，1990 年代半ば以降，資本市場がドイツ

企業に企業戦略を短期的志向とするように圧力を掛けているものと推測している (Black/Wright/Bachman, 1998, 29 頁以下; Changanti/Damanpour, 1991; Hall, 1994; Hirsch-Kreinsen, 1998: 220 頁; Kommission Mitbestimmung, 1998, 12 頁)。それゆえ，1990 年代後半における研究・開発投資の発展動向は特に研究上の関心を集めている。

2.3 投資総額：設備投資

ドイツ企業は伝統的にアングロ・サクソン企業よりも高い投資総額を誇ってきた (de Jong, 1997; Kommission Mitbestimmung, 1998, 57 頁以下)。企業のフリー・キャッシュ・フローは，企業内に再投資されるか，配当という形で株主に分配される。株主は何よりまず配当に関心を持つ一方，労働者と経営者は新規投資に関心を持つとすれば，資金の使用を巡る意思決定は集団間でのコンフリクトをもたらすことになる。ドイツ企業における労働者と経営者の強い立場に基づいて，企業内の資金は，資本市場からのより強いコントロールに晒されているアングロ・サクソン企業よりも，再投資により多く割り振られる。

投資総額の発展動向を説明するに当たって，例えば，資本市場のコントロールに晒されている企業は「資産」を減らし，強い共同決定の下にある企業は「資産」を増やすのかどうかという問いが重要となる (Bethel/Liebeskind, 1993; de Jong, 1997)。企業の投資水準は以下では投資総額として用いられる。投資水準は，観念的には，企業の「資産」，すなわち，無形資産，固定資産，金融資産を反映するものである。従って，土地，建物，機械，出資持分ならびに有価証券投資が含まれる。

3. 操作化，データ収集ならびに評価

本研究の対象とする企業は，1996/97 年版の独占委員会報告書における 100 大企業リストにおける工業企業から構成される。従って，銀行と保険会社は

考察対象外となる[7]。

　企業の多角化度を操作化し，測定する，さまざまな方法が存在する。多角化は，各事業部門の相対的な売上高シェア，従業員数シェア，付加価値シェアあるいは利益貢献シェアに基づいて測定可能である。各事業部門の売上高シェアに基づく研究では，決算期末の営業年次の売上高を用いる方法がしばしば採用されている。本研究の基礎ともなっている，この方法が特に優れているのは，売上高の場合には，比較的簡単に，しかも矛盾なく設定され，また法的拘束力のある企業内文書から得られるパラメータが問題となっているところにある。売上高という基準で測定されることで，それ以外の測定変数は考察の対象から外れる（Wolf 1994, 353 頁）。

　（売上高に関する）多角化度についての企業関連データは，独占委員会報告書から引き出されうる。工業部門の区分に際しては，独占委員会は連邦統計庁の分類体系を用いている。すなわち，ある事業部門が総売上高の最低 5 ％を含む場合には，この事業部門は当該企業の多角化事業の一つとして見なされる。ある事業部門の（しばしば化学産業において実践されているような）製品別多様化は，この方法では把握されえない。従って，以下で多角化が論じられる場合には，何よりもまずシナジー効果の低いような多角化（コングロマリット企業の戦略）が考えられている。

　企業の多角化度は平均的にどのように推移してきたのであろうか？ 1994/95[8] 年の独占委員会報告書のデータと 1998/99 年のそれとの間における企業の多角化度の動向が考察された。全体として 60 社について，2 時点での多角化度が明らかにされえた。1996/97 年の独占委員会報告書における企業リストにある 40 社は，1990 年代初頭には独占委員会報告書の「100 大企業リスト」には載っていないので，この時点での多角化度についての記述はない。1994/95 年時点で，企業は平均して 2.38 の事業部門に関わっていた。多角化度の最大値は 10（最低は 1）である。1998/99 年時点では，企業は平均して 2.02 の事業部門に投資していた（最大 9，最低 1）。従って，企業の多角化度は，1994/95 年から 1998/99 年までの間に 15.13％低下していることがわかる（表-5）。

7　銀行と保険会社は，その活動領域により，基本的に工業企業とは異なる投資行動をとる。工業企業が設備として新しい機械に投資をする（借り方）のと，銀行がその顧客に信用供与すること（借り方）とは比較できない。
8　1994/95 年のデータが提示されていない場合，それは 1992/93 年のデータに変更されている。

表-5　ドイツ大企業の投資行動の発展動向

	1990年代中旬以降の投資行動の展開	サンプル数
多角化度	−15.13%	60
出資持分の変動 (事業売買収支残高：貸借対照表上の「取得出資持分」)	+28.3%	45
企業買収の件数	+30.3%	65
投資政策の時間軸（研究・開発費）	+9.2%	38
投資総額	+21.0%	70

それぞれの投資変数については以下の期間を考慮することができた。
多角化度：1994/96年と1998/99年（1992/93年は取扱いなし）；
企業買収（事業買収を含む）の件数：1996/97年と1998/99年；
投資総額、出資持分の変動（事業取得）：1993年、1994年、1995年の平均値と1996年、1997年、1998年の平均値との比較；
投資政策の時間軸（研究・開発費）：1996年から1998年。

　積極的なポートフォリオ・マネジメントの程度は、2つの変数を通じて測定される。この2つの変数とは、事業部門の取得と売却に投じた資金収支残高と企業買収件数である。「出資持分の変動」という変数は、出資持分の取得と売却の資金総額から構成される。1990年代初めの企業の貸借対照表において出資持分の売却についてデータが申告されていないので、1990年代におけるこの変数の推移を明らかにするために、貸借対照表上の項目である「出資持分取得」のみに基づいている。1993年から1998年の期間で45社についてデータが存在している。これらのデータは、ホッペンシュテッド貸借対照表データバンクから取り寄せられた。出資持分の単年度限りの変動を相殺するために、それぞれ3年間の平均値、すなわち1993年、1994年、1995年の平均値と1996年、1997年、1998年の平均値との間の発展動向が相互に比較される。この期間に出資持分売買の資金総額は28.3%上昇している（表-5）。

　独占委員会の100大企業に関する報告は、伝統的に連邦カルテル庁に届け出のあった企業買収もしくは合併リストと関連を持たない[9]。「出資持分の変動」変数の、会計的視点に立った算定が1社だけの企業買収によって成立していないのかどうかをコントロールするために、ある期間内の企業買収件数が突き止

9　独占委員会は事業売却の件数に関して報告していない。

められる。すなわち，積極的なポートフォリオ・マネジメントは，事業単位の買収と売却の非常に多くの件数を前提としている。1998/99年版の独占委員会報告書によれば，「100大企業」の65社が894社の企業を買収し，同じ1996/97年版によれば，この同じ65社が686社を買収した。これは，企業買収件数がこの期間に30.3%上昇したことを意味している（表-5を参照せよ）[10]。

個別企業の研究・開発費に関するデータは極めて不完全な状態である。ほとんどの企業の営業報告書において，その正確な支出は報告されていない。営業報告書と並んで，リューディガー・リードゥケ (Rüdiger Liedtke) の『企業ハンドブック』には，研究・開発のデータが公開されている (Liedtke, 1999)。このデータは，けれども，大部分，企業の営業報告書自体から作成されており，本当に新しい，それ以上の情報源とはならない。それと並んで，エッセンにあるライン・ヴェストファーレン経済研究所において，企業の研究・開発費についてのデータバンクが構築されている。ここでは，新聞報道に基づいてドイツの大企業における研究・開発に関するデータが集められている。

時間的経過の中での研究・開発費の変化に研究関心がある。というのも，ある一定期間の考察の方がある特定時点に焦点を当てた考察よりも研究・開発の効果の影響をより反映するからである。2つの時点における観察により，さまざまな企業の時間の経過の中での割合的変化を相互に比較することができる。割合により表わされる変化は，基本的には企業の規模や事業部門の所属から独立しており，それゆえ，相互比較が可能となる。以下では，それゆえ，1996年と1998年の，研究・開発費における割合的変化が算出される。

全体として，本研究では，38社を対象として1996年と1998年の研究・開発費のデータを集めることができた。非常に不完全なデータ・ベースにより，それ以外の年次については考察の対象外とされた。全体として38社は1996年に360億マルク，そして2年後の98年には393億マルクを研究・開発に支出していた。38社のイノベーション支出の平均上昇率は9.2%にのぼった（表-5を参照せよ）。

---

[10] しかし，企業合併件数は1990/91年と1994/95年の方が1998/90年より多い。1990年代初頭における企業買収件数の高い伸びの理由は，独占委員会報告書によれば，何よりもドイツ統一に帰せられうる（独占委員会報告書 1994/95, 292頁：1992/93, 232頁）。本研究においてはドイツ統一の影響は重要な位置を占めていない。それゆえ，1990年代半ば以降の企業買収の発展動向が考察の対象とされる。

企業は，その企業の貸借対照表に投資資産額を記載する義務を負う。投資水準についてのデータは，全てホッペンシュテッド貸借対照表データバンクから引き出すことができる。投資変数は，1990年代を通じて投資水準がどのように推移してきたか，を描き出すものでなければならない。こうした発展動向を描き出すためには，互いを比較可能にするために最低2時点のデータが要求される。本研究では，1993年から1995年までの期間と1996年から1998年までの期間との，それぞれの平均値が形成され，そしてこの両者の平均値の割合的変化が算出される。平均的投資総額の算出により，単年度だけの変動は平均化される。全体として，この2つの期間内に「100大企業」に属していた70社の投資総額は21%増加している（表-5を参照せよ）。

4. 個別投資変数間の関係

本パートの2.1節において言及された企業の事業再編論争は，1980年代のアメリカ企業の事業再編を研究の対象としていた。事業再編は，脱多角化と積極的な事業ポートフォリオ・マネジメントのプロセスを描き出す（Bowman/Singh, 1993; Bühner et al., 1997）。以下では，ドイツのケースにおいて，個別企業における脱多角化の遂行が積極的なポートフォリオ・マネジメントと結び付いているか否かが考察されることになる。

因子分析を用いて，さまざまな変数の相関関係がテストされうる。因子と個々の変数との関係は因子負荷行列から引き出すことができる。すなわち，大きな因子負荷は，ある変数が，それに対応する因子にとって大きな意味を持っているのに対して，小さな因子負荷は小さな意味しか持たない。この研究においては，バリマックス法により回帰分析をしている。バリマックス法により，軸は回転されるので，その結果，高い因子負荷を持つ変数の数は最小化される。これは一般的に使われる方法であり，とりわけ因子の解釈可能性が高められる（Brosius, 1998; 656頁以下）。

【訳者注：ある「変数」とは，例えば，何かしらアンケート調査をするときは，たくさんの質問項目を用意することになるが，因子分析を行う際には，こうした項目を通常「変数」と呼ぶ。】

4. 個別投資変数間の関係   37

【訳者注：因子分析は，調査項目の背景にある直接には観測できない概念を特定するために役に立つ。ここで取り上げた，「個別企業における脱多角化の遂行」を例にして考えてみよう。「個別企業における脱多角化の遂行」といっても，これは分析対象として一元的な物差で測りきれない多様性を持っている。また，これを規定するための条件そのものも，複数の要素，意味が絡まった形で形成される。こうした内因，外因の多様性，多義性を踏まえながら，多変量の複雑な反応の背後に存在する共通性を取り出す手法として使われる統計手法が因子分析である。具体的には，多変量の相関行列から幾つかの共通性分を取り出すという手法を用いる。因子分析は次の4つの手順で行われる。①すべての変数の相関行列を計算する。②因子抽出の方法，因子の数，及びそれを計算する方法を決める。③回転により因子をより解釈しやすいようにする。④抽出された因子のスコアを計算して応用する。】

【訳者注：因子負荷行列とは，因子分析を行った際に実際に算出されるもので，取り出された共通成分と各変数との相関係数として出力される。】

　因子分析によって事業再編変数の存在可能性が検定されることになる。すなわち，以下の3つの変数が因子分析される。つまり，1990年代の企業の脱多角化[11]，1998/99年の企業買収件数の水準，そして1996年，1997年および1998年の出資持分の取得ならびに売却の平均額がこれである。こうしたアプローチを採用するのは以下の2つの理由からである。すなわち，第一に，1990年代半ば以降実施された，いくつかの企業の脱多角化の遂行が，1990年代後半における出資持分の積極的なポートフォリオ・マネジメントと結び付いているのかどうかが明らかにされうるからである。第二に，1990年代前半のデータが非常に不完全であるため，「企業買収件数（1998/99年）」変数と1996年から1998年の「出資持分変動」変数の水準データが使用される。このことは「欠損値（missing-value）」変数の割合を著しく高めるものとなろう。ここで使用される変数に関して，56社については事業再編変数の完全なデータが得られ，その関係が因子分析において算出された（表-6）。

表-6　事業再編インディケータを決定するための因子分析

変数	第1因子負荷量
脱多角化の規模	0.51***
企業買収の件数	0.87***
出資持分の変動	0.86***

抽出方法：主因子法。第一因子。*** = 1％水準有意。

11　1994/1995年と1998/1999年との間の企業の多角化度の差異が算出される（それぞれの年次の独占委員会報告書を参照せよ）。1998/99年版の100大企業リストにある企業は，事情によっては1994/1995年版の100大企業には属していない。しかし，1992/93年における企業データが存在している場合では，この時点のデータが採用される。

「脱多角化の程度」,「企業買収の件数」ならびに「出資持分の変動」という3つの変数は,因子分析において1つの因子としてまとめられる[12]。こうして,自社のコア・ビジネスに焦点を合わせている企業は,同時に独自のポートフォリオ・マネジメントを行っている。企業の事業再編論争に依拠すれば,3つの変数はz変換され,1つの「事業再編」インディケータに統合される。

【訳者注：z変換とは,この場合,企業の相対的な位置づけを把握するために標準正規分布化する変換である。この変換を通じて,正規分布のなかに企業をプロットすることにより,理解しやすい状態にすることができる。】

このインディケータによって,56社は,事業再編の相対的強弱に基づいてランキングされうる（本書付属資料の表-35を参照せよ）。フェーバ社,RWE社そしてシーメンス社が事業再編ランキングリストの1位,2位,3位を占めている。しかし,このインディケータは,企業間に存在する事業再編強弱の分散が描かれているに過ぎないので,企業の事業再編の絶対的な強弱を表すことができない。それゆえ,事業再編の対象となる広がりの程度が,パートVにおいてシーメンス社とフェーバ社との事例を取り上げて明らかにされる。そこで論証されるのは,シーメンス社とフェーバ社において,すでに実行され,また計画されている事業再編が両社の歴史の中でもっとも徹底した改革を意味するということである。

事業再編インディケータは,どの程度投資総額ならびに投資政策の時間軸（研究・開発投資）と関わっているのであろうか？事業再編インディケータは,投資総額の変化と正の相関（ピアソン相関係数 $r=0.39$）であり,1％水準で有意である（$N=57$）。従って,企業の事業再編は投資総額の増加を伴う。このことは,業務領域の脱多角化に基づいた事業売却よりもコア・ビジネス強化のための新たな買収の方が上回っていることを推測させる。それどころか,企業の資産は事業再編を通じて拡大している。事業再編の程度と研究・開発費の推移との間には如何なる関係も存在しない（$r=0.18$ であり,有意ではない。$N=29$）。事業再編プロセスに晒されている企業は,その事業再編によって投資政策の時間軸を変えることはない[13]。

12　説明される分散の算出は本書付属資料4を参照せよ。
13　設備投資と研究・開発投資の変化の間には,同様に体系的な関係は認められない（$r=-0.07$ であり,有意ではない。$N=38$）。

5. ドイツ大企業の投資行動の変化と連続性

　ドイツの大企業の投資行動は変化と同時に連続性によっても特徴付けられうる。ドイツ企業は一面では多角化度を下げると同時に，積極的な事業ポートフォリオ・マネジメントを推進し，それゆえアングロ・サクソン的な投資行動に近づくことによって事業再編を進めながら，他面では投資総額および投資の時間軸は引き続き伝統的な高い水準で推移している（表-5）。

　ドイツ企業は，1990年代中旬までその国際比較において相対的に高い多角化度によって特徴付けられてきた（Bühner/Rasheed/Rosenstein, 1997; Davies/Petts, 1997; Porter, 1997; Richter, 1997; Schwalbach, 1990）。けれども，こうした投資行動の実証研究は，多くのドイツ大企業の多角化戦略が1990年代の半ば以降，終焉を迎えたことを明らかにした。コア・ビジネスへの集中という新たな絞込み戦略は，積極的なポートフォリオ・マネジメントを伴うものであった。こうして，アメリカ企業の*事業再編*はそうこうしている内にドイツでも見られる現象になった。ドイツ企業の事業再編プロセスにおいて多角化度が下がってきたことは，アングロ・サクソン企業の投資行動への適応として解釈されうる。

　投資政策の時間軸は研究・開発投資の発展動向に基づいて測定される。ドイツ・モデルは，とりわけドイツ企業が企業戦略上長期的な時間軸を追求し，高いレベルの研究・開発投資を行ってきたことで，アングロ・サクソン・モデルとは伝統的に区別されてきた（Hirsch-Kreinsen, 1998; Kommission Mitbestimmung, 1998; Porter, 1997; Soskice, 1999）。

　企業レベル全体では研究・開発費が1990年代後半にむしろ上昇していることが明らかになっている。従って，ドイツ企業の投資政策の時間軸は引き続き長期志向であることが指摘されている。ドイツ企業の政策と戦略の時間軸が，資本市場からの圧力が高まるなかで，短期志向のアングロ・サクソン企業の特徴にますます近づいてきたとする一部の研究者たちの推測（Budros, 1997, 234頁, Hirsch-Kreinsen, 1998, 219頁; Porter, 1997, 11頁）は，本研究のデータ

表-7 ドイツ大企業の投資行動の展開

	アングロ・サクソン企業	ドイツ企業 1990年代中旬まで	ドイツ企業 1990年代中旬以降の展開
事業再編	++	−	+
多角化	−	++	−
投資政策の時間軸	−	++	++
投資総額	−	+	+

++＝非常に重要；＋＝非常に重要とは言えないが，重要ではある；−＝重要ではないが，全く影響力がないわけではない。

からは確認することはできない。

　伝統的には，ドイツ企業は，資本ストック（設備投資）に大きな投資を行ってきた（de Jong, 1997; Kommission Mitbestimung, 1998: 57頁以下.; Nowak, 1998; Poter, 1997: 11頁）。本研究で利用したサンプル企業の平均的設備投資は，1990年代を通じて約21％上昇した。こうして，ドイツ大企業の伝統的に大きな固定資産は，さらに高い水準に上昇したように思われる。アメリカのケースでは，1980年代における企業の事業再編は，ダウンサイジング（投資総額の低下および雇用の削減）を伴っていたことが観察された（Bethel/Liebeskind, 1993, 327頁）。それに反して，ドイツ企業の場合では，事業再編の程度と投資水準の展開との間に正の相関が存在していた。事業再編を断行する企業のコアでない事業領域の投資回収よりもコア事業における買収の方が上回っていた。この点でアングロ・サクソン的投資行動とのもう1つの相違が確認される。

　研究対象とされた投資局面の変化と継続性も，以下のような重要な変化によって説明することができる。すなわち，1990年代半ば以降のドイツ企業の投資行動における市場主義化が増大したことである。高度の多角化は，通常，結果的に低い事業収益しか上げることはできなかった。というのも，多角化は，事業ポートフォリオ上，収益性の高い事業部門と並んで収益性の低い事業部門をも抱えてしまうからである（Bühner/Rasheed/Rosenstein, 1997）。従って，脱多角化もしくは収益性の低い事業部門のスピン・オフは事業の投資収益率を高めることができる。

　それに加えて，多角化された企業は，自らの事業投資を所有者のようには効

率的に管理することはできない。株主は，自己の有価証券の選択を通じて，企業よりもずっと効率的に投資ポートフォリオを管理することができる（Amelung, 1999; Bhide, 1997; Montgomery, 1994; Morgan/Kelly/Sharpe/Whitley, 2000; Porter, 1992）。こうして，ドイツ企業の脱多角化と積極的ポートフォリオ・マネジメントは，より高い投資効率性の発揮と高い事業収益率の実現を指し示すものである。

継続的に大きな研究・開発費と投資総額は，この両者の投資が何よりも企業の効率性と投資収益率を損ねるものではないことから，市場主義化の立論と矛盾するものではない。研究・開発投資の場合には，とりわけ企業収益の分配をいつ行うかが問題となる。すなわち，研究・開発から生じうる獲得可能な収益が割引現在価値として現在支払われるのか，将来支払われるのか，という分配の時期の問題となる。投資総額の発展動向は，その時間軸とも関連がある。すなわち，流動性の高い資金が配当という形で株主に現在価値で支払われるのか，あるいは同じ資金が利益を生み出す事業に再投資されるのかは，なるほど企業の投資水準に影響を及ぼすものであるにしても，企業の効率性と投資収益率に影響を及ぼすものではない。

6. 要約

パートⅡでは，1990年代におけるドイツ大企業の投資行動の発展動向が定量的データに基づいて分析された。ここで獲得された成果が明らかにするところによれば，ドイツ企業の投資行動はますます効率性と収益性基準を志向している一方，投資の時間軸と投資総額の推移は高度の連続性によって際立っている。本パートでの個々の研究成果は以下の通りである。

1）企業データに依拠し，1990年代のドイツ企業の多様な投資局面の発展動向が明らかにされた。多角化度は明らかに低下してきた。逆に，企業買収件数と出資持分変動は増加した。同様に，研究・開発費ならびに全体の投資総額も上昇した。

2）因子分析を使って，3つの変数が1つの事業再編インディケータにまと

められた。すなわち，1990年代における脱多角化の追求は，(企業買収件数および出資持分の変動件数に現れる) 企業の積極的なポートフォリオ・マネジメントを伴う。

　3) 本パートの研究成果は，以下のように「資本主義の多様性」論争に照らして解釈されうる。すなわち，ドイツ企業の多角化度の低下ないしは事業再編努力は，アングロ・サクソン的企業の投資行動への適応と認識されうる。しかし，研究・開発投資ならびに投資総額の動向は引き続き伝統的な高水準で推移している。

　4) ドイツ企業の投資行動の動向は「市場主義化」として特徴付けられることが論証された。相対的に高い効率性と収益性との方向付けは，伝統的に高い多角化度の引き下げと徹底した事業ポートフォリオ・マネジメントをもたらした。研究・開発投資と投資総額は市場主義化の影響を受けていない。なぜなら，こうした投資次元はどちらかと言えば企業政策の時間軸に依存しており，企業の効率性ないしは収益性との必然的な繋がりを持たないからである。

【松田　健　訳】

III　資本市場が投資行動に及ぼす影響

1. はじめに

　「資本主義の多様性」論争において，資本市場の特徴づけは，アングロ・サクソン的経済モデルとドイツ的経済モデルとを識別する際の中心的基準をなす。ドイツ資本市場は，1990年代半ばまで従属的役割しか果たしていなかった。企業，銀行そして国家の間の高度の結合，小株主（とくに機関投資家）の弱い立場そして企業支配権市場の欠落が，資本市場による経営者の外部コントロールを防いできた（Albert, 1992; de Jong, 1992, 1997; Dore/Lazonick/O'Sullivan, 1999; Franks/Mayer, 1997; Hall/Soskice, 2001; Jackson, 1998; La Porter/ Lopez-de-Silamces/Shleifer, 1998; Porter, 1997; Rhodes/van Apeldoorn, 1997, 1998; Soskice, 1999; Vitols/Casper/Soskice/Woolcock, 1997; Windorf, 1994）。

　本パートでは，1990年代半ば以降，ドイツ資本市場によって企業がますます外的にコントロールされるようになってきていることが論証される（Jürgens/ Rupp/Vitols, 2000; Streeck, 2000; Windolf, 2001を参照せよ）。1990年代を通してドイツ資本市場が考察される場合，ドイツ資本市場がますますアングロ・サクソン的モデルに近付いてきたことが確認されうる。機関投資家の台頭，企業，銀行そして国家の間のネットワークの解消，その結果生じる企業支配権市場の成立は，アングロ・サクソン的モデルと類似したものを生み出している。ドイツ企業にとって資本市場が果たす役割は，アングロ・サクソン的モデルにおいて果たす役割にますます近付いている。パートIIIでは，ドイツの資本市場の変化がドイツの大企業の投資行動に及ぼす諸帰結，具体的には，事業再構築，研究・開発投資および設備投資に及ぼす影響が分析される。

　本書では，研究方法上，以下のような措置が講ぜられた。まず1996年のド

イツ100大企業を2つのグループ，すなわち，資本市場の圧力とコントロールに晒されている企業群と資本市場のコントロールから隔離されている企業群とに分けて考察が行われた。その結果，資本市場のコントロールの増大は企業の事業再構築ないし脱多角化を促進させる一方，資本市場のコントロールの増大は研究・開発投資と設備投資には影響を及ぼしていないことが明らかにされた。

　本パートの2節から4節は資本市場の機能様式，すなわち，さまざまな株主グループの行動特性そして1990年代のドイツ100大企業の株主構造が分析される。5節では，小株主グループが分析される。ここでは1990年代において，個人投資家はますます機関投資家によって代替されてきたことが明らかにされる。大株主，すなわち，企業，銀行そして国家の役割が6節で検討される。ここでの中心的成果は，大株主間の人的・資本的結合が1990年代半ば以降解消に向かっていることである。7節ではエージェンシー理論を援用して，企業の投資行動に及ぼす資本市場の影響力に関する3つの仮説が提起される。8節では，資本市場の影響力が操作化され，9節では回帰分析により，提起された仮説の検証が行われる。最後の10節では，本パートの研究成果の要約が提示され，これに評価を加える。

2. 資本市場

　「資本市場」の概念は，上位概念である金融市場の1つのセグメントを表す。金融市場は，有価証券，貨幣，外国通貨そして金融派生商品（デリバティブ）が取引される場である（Beike/Schlütz, 1999, 2頁）。これに対して，資本市場は，有価証券のみ，つまり株式，債券が発行され，取引される。株式は所有権を証明し，企業が将来生み出す利潤への出資持分の権利を証明するものであり，債権は，貸し出された金額の利子の支払いと元本の返済を企業に対して請求する権利を証明するものである。本研究においては，株式が中心となる。というのも，株式保有者，すなわち，株主は企業の所有者となり，これにより企業への発言権と参加権を獲得するからである（Beitz/Schlütz, 1992, 2-3頁以下）。それゆえ，株主は企業統治システムにおいて中心的役割を果たす。

資本市場では，株式が新規に発行され，またすでに発行済みの株式が投資家の間で取引される。発行市場は第1次市場と呼ばれ，流通市場は第2次市場と呼ばれる。第1次市場では，株式の発行を通じて資金を調達したい企業と資金を投資したい投資家とが互いに出会う。これに対して，第2次市場は，もっぱら，株式の売却ないし株式の購入を望んでいる投資家，例えば，投資ファンドや保険会社を結び付ける（(Beitz/Schlütz, 1999, 3頁）。

株式は，資本市場と企業との間で決定的な仲介をなすものである。株主は共同所有者として自己の参加権を通して企業政策に影響を及ぼす。けれども，株主は同質的グループではなく，異なる利害を有し，それゆえ企業に対して異なる行動様式を持つ，さまざまなグループが存在している。

3. 企業の株主とその行動特性

企業の株主には，機関投資家，個人投資家，従業員株主，他の産業企業，銀行そして国家がいる。新古典派経済理論は，企業のさまざまな株主グループを区別せず，あらゆる株主の利害と行動は「完全に同質的」であると仮定している（von Weizsäcker, 1999a, 106頁）。株主は高い株価を望み，その投資方針において長期志向的であると考えられていた。比較可能な投資収益率が，株式を売却するか，保持するかの唯一の決定原理をなすと考えられていた。

株主行動は，ハーシュマン（Albert O. Hirschman）の概念に依拠して，「退出 (exit)」，「発言 (voice)」そして「忠誠 (loyalty)」に区分される（表-8を参照）。それによれば，株主は，企業の発展動向に不満があれば，企業の経営政策に影響力を行使する2つの手段を持っている。つまり，株主は自己の株式を売却するか（「退出」），話し合い，株主総会での抗議や演説（「発言」）といった形で，経営者に株主利害をもっと考慮するように働きかけることができる。ハーシュマンによれば，「退出」ないし「発言」の行使は，企業に対する株主の関係ないし忠誠心の程度に依存している（Hirschman, 1970）。

機関投資家は，ドイツでは急速に台頭している株主グループである。個別具体的に何が機関投資家とみなされうるのかについて一般に妥当性を持つ定義は

表-8 さまざまな株主グループの行動特性

	株主グループ	「退出」	「発言」	「忠誠」
小株主 (分散所有)	機関投資家	++	+	-
	個人株主	-	-	+
	従業員株主	-	+	++
大株主	企業	-	+	+
	銀行	-	+	+
	国家	-	+	+

++＝非常に重要；+＝非常に重要とは言えないが，重要ではある；-＝重要ではないが，全く影響力がないわけではない。

存在しない。本研究では，ドイツ連邦銀行（1997）とOECD（1997）の定義に従い，投資ファンド，年金基金，民間保険会社が機関投資家に分類される（Bundesbank, 1997, 29頁; OECD, 1997, 15頁）。機関投資家は，通常，自己の保有株式により純粋に金融上の利益を追求しており，株式を保有している企業への特別な結び付きないし忠誠心を持たない（Kirchhof, 2000, 42頁）[14]。ファンド・マネージャーは，株式の購入ないし売却に際して，投資対象に対する分析とともに，同業者の行動によって方針を決定する。というのも，誰も市場から離れてただ1人「間違った」側にいたいとは思わないからである（von Weizsäcker, 1999a; Windorf/Nollert, 2001, 66頁以下）。ファンド・マネージャーは，いわゆる「デイトレード」により，株式市場で迅速な購入と売却を行っている。「退出」行動は，他の投資対象と比較して投資収益率の悪化が予測されうる場合には，その不満を表明する投資ファンドの常套手段である（Steiger, 2000）。

機関投資家は，「退出」オプションと並んで，経営者に対してますます「発言」を行使するようになっている。企業の定時株主総会は，投資家にはあまり重視されていないが，ファンド・マネージャーの収益率要求を経営者に認めさせるために，経営者との直接的対話が重視されるようになっている（Steiger, 2000, 157頁）。

---

[14] 投資ファンドと保険会社は，類似しているものの，同じではない投資戦略を追求している。投資ファンドは，何よりもまず企業価値の向上を重視するのに対して，保険会社はそれと同時に高い配当金の分配を求めている（Fraune, 1996）。このことは，ドイツでも有名な投資ファンドであるDWSグループの最高経営責任者とのインタビュー（インタビュー 2）でも明らかになった。

個人株主は，多くの場合，株式を保有している企業への特別な思い入れを持っている (Kirchhoff, 2000, 42頁; Windorf/Nollert, 2001, 63頁)。個人株主は，機関投資家よりも明らかに企業業績基準によって投資方針を決定することはない。個人投資家は通常その株式を長期間保有し，投資利回り見込みが暗雲に見舞われることがない限り「退出」オプションを行使しない (Kirchhoff, 2000, 42頁; Sievers, 2000)。個人株主は株式相場の暴落にもじっと耐え抜くことも厭わない。それにもかかわらず，個々の個人株主は，自己の利害を表明するために経営者と直接に対話しようとしたり，株主総会で発言しようとはしない。

　従業員株主は，その雇用関係に基づいて，自分が働き，また株式を所有している企業への強い思い入れを持っている。いずれにしても，現在の忠誠心が変化するとは思われない (Hirschmann, 1974, 66頁)。その上，従業員株主は，従業員持ち株プログラムでは通常割り当てられた株式の売却が一定期間経過後でないと可能ではないために，長期にわたって株式を保有する（例えば，ティッセン・クルップ社では，その従業員持ち株プログラムでは従業員はその株式を6年経過後でなければ売却することはできない）。従業員株主は「自分」の会社の将来に大きな関心を持っているがゆえに，いくつかの会社では労働者が自分たちの議決権を集めて，企業戦略の方向付けに関して株主総会で共通の立場を主張する場合もある[15]。

　企業，銀行，国家のような大株主は，伝統的にどちらかと言えば，その株式保有に関して金融上の利益よりも戦略上の利益を追求してきた (Jackson, 2000)。というのも，資本結合によって，競争が規制され，市場が守られ，サプライヤー関係が安定化され，敵対的買収が阻止され，経営者の地位が長期的に守られたからである。プレイヤーの戦略上の利益に基づいて，出資比率は株式相場の動向にかかわらず，相互に長期間にわたって維持されてきた。保有株式に関して，企業，銀行そして公的機関の「退出」オプションは，伝統的に僅

---

[15] シーメンス従業員持ち株会のスポークスマンは従業員株主の利害について以下のように述べている。すなわち，「従業員株主は，雌雄同体生物である。彼は，良い労働条件への利害を有している。同時に彼は株主である。株価を高めるための合理化が行われるときに問題が生じる。自己の職場を失う労働者は，合理化による営利追求には大きな声をあげて反対する。我々は雇用を守る長期的な企業政策を必要としている。」(Süddeutsche Zeitung, 2000.2.24.)

かな重要性しか持たなかった。従って,「退出」オプションが制限されている場合に,不満足な株主の反応様式としては「発言」オプションがその高い忠誠心に基づいて,あるいは戦略上の利益によって重要となる(Hirschman, 1974, 28頁)。

　「退出」と「発言」オプションは,企業収益悪化に対する修正メカニズムである。ハーシュマンの見解からすれば,「行動的」株主と「行動的でない」株主の混じりあったものが最良の組み合わせとなる(Hirschman, 1974, 20頁)[16]。「退出」志向の機関投資家は,投資利回りが他の投資案件に比べて悪くなれば,素早く出資を引き上げるのに対して,個人株主と若干の大株主は,企業に対して,企業政策を変更する努力が成功すると思われる場合には,これに必要となる時間と資本を与える(Hirschman, 1974, 20頁)。これに対して,修正メカニズムとしての競争を考えると,同メカニズムを作動させる上で「退出」オプションの行使が前提となるが,他の株主が企業価値の減少に気づかず,あるいはそれを甘受することもまた重要であることが明らかとなる(Hirschman, 1974, 20頁)。全ての株主が,自ら出資している企業の企業価値の実際の動向を他の投資案件の可能性といつでもそして包括的に比較することができるというのであれば,ハーシュマンによれば,「破滅的な不安定性」となって,企業は時に生じる誤りを正すいかなるチャンスも持たないことになろう(Hirschman, 1974, 20頁)。

4. 1990年代の株主グループごとの株式所有構造

　1978年から1998年までの時期において,ドイツ100大企業の小株主と大株主のシェアは変化というよりも継続性によって特徴付けられる(図-3参照)。独占委員会は株主グループにおいて,一方で分散所有(Streubesitz)の小株主と,他方で大株主(外国の単独所有者,100大企業に属する他の企業,公的所有,労働組合,単独個人,同族,財団)とを区分している。

---

[16] ハーシュマン(Hirschman, 1974)が挙げているのは,「行動的な」顧客と「行動的でない」顧客であるが,この顧客の区分は株主にも転用される。

100 大企業の自己資本に占める小株主ないし分散所有の割合は，1990 年代後半に 1970 年代末の水準になっており，1998 年には約 26％であった。使用されている企業サンプルは上場企業が全てではないということが注意されなければならない。未上場企業はその定義によって分散所有の所有者持分を持たない企業と分類されている。それゆえ，平均的分散所有はもっぱら上場企業に関連させて言えば 26％よりもずっと高い。

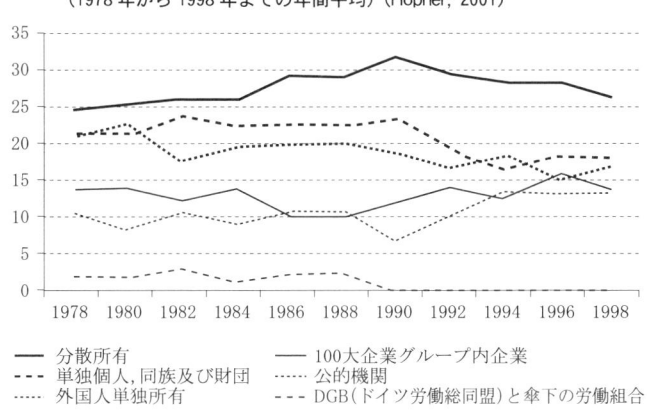

図-3 ドイツ 100 大企業の株主グループごとの株式所有構造
（1978 年から 1998 年までの年間平均）(Höpner, 2001)

―― 分散所有　　　　　　　　―― 100 大企業グループ内企業
--- 単独個人，同族及び財団　　⋯⋯ 公的機関
⋯⋯ 外国人単独所有　　　　　　-･- DGB（ドイツ労働総同盟）と傘下の労働組合

独占委員会がリストアップしている大株主は比較的安定した出資割合を占めている。100 大企業の外国人単独所有のシェアは 15％から 22％の間を動いており，1998 年には 17％であった。100 大企業に属する他の企業の出資シェアは 1978 年から 1998 年までの期間に 10％と 14％の間で推移しているに過ぎず，高い連続性によって際立っている。ドイツ大企業の資本結合の程度は 1998 年には 20 年前の水準のままであった。

公的所有は，一見すると，1990 年代初頭以降，出資シェアを高めているように見える。この計算上の上昇は，ドイツ郵便とドイツ・テレコムの民営化によって生じたものである。民営化以前にこうした企業はすでに公的に所有されていた。しかし，民間の法律形態をとらなかったがゆえに独占委員会の企業リストには登場していなかった。ドイツ郵便とドイツ・テレコムの民営化によっ

て初めて両社は100大企業リストに登場し，しかも両社は依然公的所有シェアが高い。ドイツ郵便とテレコムの新たな評価を考慮しても，ドイツ大企業への公的所有の割合は低下傾向を示しており，1998年に10％以下であった。単独個人・同族・財団の割合は1978年と98年との間で若干低下し，98年には100大企業の株式全体の約18％であった。

5. 小株主：1990年代における機関投資家，個人投資家，従業員株主の役割

「分散所有」という範疇には何よりも機関投資家，個人株主そして従業員株主が入る。この3つの株主グループの出資動向に関するデータは極めて不十分である。企業は，通常，分散所有されている自社の株主構造について確認する手段を持たない。但し，無作為抽出法によるアンケート調査を行ったり，（例えば，シーメンス社のように）株式を記名株式に転換したりする場合は事情が異なる。広く用いられてきた無記名株式と違って，記名株式はある特定個人の名前が記載されている。こうして，所有者は，株式会社の株式名簿に登録され，明白にその身元が確認されうる。

個々の企業の株主グループの出資割合を明らかにする代わりに，機関投資家，個人株主そして従業員株主が総体としていかなる重要性を持っているのか，彼らは1990年代においていかなる役割を果たしてきたのかが明らかにされうる。1990年代初頭まで，投資ファンド，年金ファンドそして保険会社は決して中心的役割を果たしていなかった。1990年代になって，初めてドイツ機関投資家の投資額の飛躍的増加が起こった。1950年には機関投資家は2つしか存在していなかった。1960年には20，70年には172の機関投資家が存在し，100億マルクの資産総額を管理していた。1980年には投資ファンドの数は605になり，その資産総額は470億マルクにもなった。

真のブームは80年代と90年代になって漸く起こった。1990年にはファンドの資産総額は2,380億マルクと80年に比べて5倍になった。1998年末までにファンドの数は3倍以上となり，その資産総額は5倍以上の1兆3,000億マ

ルクに達した（BVI, 1998B, 6頁以下）（図-4参照）。機関投資家の貨幣資産は，主に，公社債，貸付，株式に投じられた。株式に投資されている金融資産シェアは1990年の9％から97年に19％に上昇している（OECD, 1999, 32-33頁）。

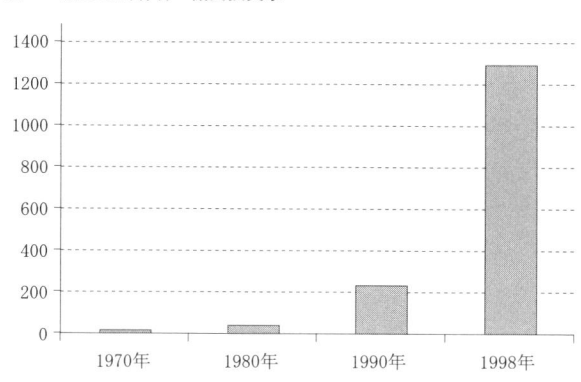

図-4 新たな所有者：機関投資家

ドイツの機関投資家の投資総額（単位10億DM（1970-1998年））
出所：BVI (1998 b).

　株式に投資されているファンドの資金の最大部分はDAX対象企業に投資されている（Mühlbradt/Dirmeier, 1997, 403頁）。1997年には，DAX対象企業には平均して1,105のファンドが係っていた。例えば，トップ・クラスにあるドイツ銀行は1,700以上のファンドが株式を保有していた。DAX対象企業の場合，関係しているファンドの数は600という数字を下回ることはない（Mühlbradt/Dirmeier, 1997, 403頁）。企業の株主資本は機関投資家によってさまざまな割合で保有されていた。例えば，シーメンス社の場合には，株主資本に占める機関投資家の割合は45％であったし，フェーバ社のケースでは70％に達している。両社とも，1990年代になって急速に機関投資家のシェアは増加した。同様に，ドイツ企業における外国人機関投資家のシェアは1990年代において高まった（OECD, 1997）。フェーバ社のケースでは約40％が外国人機関投資家のシェアであった（Liedtke, 1999, 452頁）。シーメンス社については正確な数値は存在しない。

【訳者注：ドイツの代表的な株価指数（インデックス）である DAX とは，Deutsche Aktien Index の略で，ドイツ国内 8 つの証券取引所に上場された銘柄のうち，代表的な銘柄を対象として算出される株価指数である。】

　株主資本に占める機関投資家のシェア上昇とは異なり，個人株主のシェアは低下している (Deutsches Aktieninstitut, 1988, 08.6-4; Gerke/Steiger, 2001; Steiger, 2000, 32 頁以下)。これまで個人投資家の手中にあった株式資産は，1990 年代に入ってますます投資ファンドと保険会社が管理するようになっている。こうして，株主構造における中心的変化は個人株主の機関投資家による代替である。企業の株主資本構造に占める個人投資家のシェア減少と機関投資家のシェア上昇は企業政策に対して大きな影響を及ぼしている。なぜなら，投資ファンドや保険会社は，ハーシュマン (Hirschman, 1970) が提起した，「退出」，「発言」，「忠誠」という範疇に関連付けて，個人投資家とは異なる投資行動パターンを示すからである。

　従業員株主数の動向については，労働者は一定期間後に自己の株式を売却できるから，正確な数字は存在しない。それゆえ，労働者がどれほどのシェアを実際に保持しているのかは不明確である。1990 年代に従業員持ち株プログラムの採用は増えてきたものの，他の株主グループと比較して従業員株主のシェアはどちらかと言えば僅かである (Kurdelbusch, 2001)。こうして，主として，機関投資家と個人株主が相互に代替的関係にある。

　機関投資家は 1990 年代に企業におけるその出資持分を拡大することができた。新たな機関投資家はいかなる投資政策を追求しているのか？マックス・シュタイガー (Max Steiger, 2000) は，その包括的研究において機関投資家の投資行動を研究し，そのドイツ企業に対する影響力を研究している。彼は，1997 年に機関投資家にアンケート調査を実施している。127 の機関に電話によるアンケートを行い，うち 75 の機関が回答した。75 の機関の回答者のうち，58％がポートフォリオ・マネージャー（資金運用者）で，30％がアナリストで，6％が投資コンサルタント，6％がその他であった (Steiger, 2000, 141 頁以下)。回答時点で機関投資家の株式資産の約 70％ が上場最大 100 社 (DAX100) に投資されていた。シュタイガーによれば，機関投資家の株式投資が大企業に集中するのは，機関投資家のその時々の購入・売却決定を僅かな

コストで可能にするために必要な流動性が，このDAX100社にのみ見出されるからである（Steiger, 2000, 145頁）。

　機関投資家は自分たちが投資対象とする企業の価値を高めるという目標を持っている。機関投資家の理解によれば，企業価値の上昇可能性は何よりもまず明確な企業戦略，コア・ビジネスへの集中，マネジメントの質，会計報告の透明性にかかっているものとみなされている（Steiger, 2000, 160頁）。アンケートに回答した全ての機関投資家の80％以上が，こうした基準を企業に認めさせようとしている。

　収益力の高いコア・ビジネスへの企業の焦点付けへの機関投資家の要求は，ファンド・マネージャーが投資リスクを多様化させることを望み，また多様化させることができるという事実に根拠付けられている（Amelung, 1999; Bhide, 1997; Hirsch-Kreinsen, 1998; Montogomery, 1994; Morgan/Kelly/ Sharpe/ Whitley, 2000; Forter, 1992）。ファンド・マネージャーは根本において多角化企業の経営者と全く同様に行動する。両者ともリスク管理を推し進めるために，さまざまな産業部門の他の企業に資本参加したり，それを売却したりする。けれども，両者の決定的な相違は，ファンド・マネージャーが明らかにリスク・収益プロフィールに企業よりもより迅速に適応しうることにある。機関投資家は結局取引所で株式を買ったり，売ったりする注文を出すだけであるのに対して，企業は利益をもたらさない事業領域をスピン・オフすることになる場合には，事情によっては利害関係者，とくに労働者代表との骨の折れる交渉を余儀なくされる（Porter, 1992, 10頁）。コングロマリット企業と比べて効率上の優位性は，機関投資家のポートフォリオ・マネジメントの動きの自由度にある。

　シュタイガーの研究において，企業において利益極大化経営の要求が実現されない場合，機関投資家の「退出」と「発言」の行動様式が記述されている（Steiger, 2000）。経営者の政策に不満がある場合に，異議申し立てによる影響力行使（「発言」）よりも株式の売却（「退出」）がより頻繁に利用されている（Steiger, 2000, 161-162頁）。

　大量の株式の売却によって，企業は，おそらく株価の下落と資本コストの上昇によって「罰せられる」。それ以上に，企業は低い株価による株式時価総額

の減少のため他の企業による敵対的な企業買収にとって一層魅力が高まる (Amelung, 1999; Bhagat/Schleifer/Vishyny, 1990; Jensen, 1988)。この代替案はさらに既存の経営陣には新たな所有者による解任，それによる所得の喪失，そしてとりわけ経営者リクルート市場での自分自身の名声の喪失を意味している (Jensen/Ruback, 1983, 29-31頁)。

第2の代替案は，長期間にわたって投資家によって支えられる経営陣との直接的対話である。資本市場の場面では，機関投資家と経営者との間の会合は，(経営者が機関投資家から厳しく問い詰められることを譬えて—訳者注)「グリル・パーティー」[17]と呼ばれる。結局のところ，機関投資家は「退出」と「発言」を組み合わせて，企業の戦略的方向付けに影響力を行使している。ファンド・マネージャーによる要求を通す力は，機関投資家の株式の売却が信じるに足る脅威となりうることによって高められる。

6. 大株主：1990年代における銀行，企業，国家の役割

ドイツ100大企業の株主資本に占める大株主のシェアは1978年から98年までの期間において高い安定性によって特徴付けられる。相互に保有される資本結合の完全な解消を論じることはできない。けれども，株主として銀行，企

---

[17] 典型的な「グリル・パーティー」は，例えば，「シュピーゲル」誌に掲載された，オランダのファンド会社であるABNアムロ社とSAP社の経営者との対話記事に描かれている。「SAP社の最高経営責任者と面談するために，オランダの金融グローバル企業である，ABNアムロの4人のファンド・マネージャーが彼を早朝にアムステルダムに呼び出した。そのうちの一人のマネージャーは『なぜSAP社の投資収益率は低いのか？』を知りたがっていたし，また別のマネージャーは『なぜ研究・開発にこれほどの資金をつぎ込むのか？』を問い質そうとした。SAP社の最高経営責任者のカガーマンは，とくに1つのことだけは知っていた。つまり自分を売り込まねばならない。ほんの数行の，事実を歪曲した文章，決まり悪そうなためらい，額に浮かべる汗さえも，SAPの株価を危険に晒すことになろう。このテーブルでは，過去の成功はあまり価値を持たず，SAPの将来を説明しなければならない。しかも，可能な限り説得的に，いずれの場合にも情熱をこめて！金融業界における，こうした催しがグリル・パーティーと呼ばれている。若者が，小規模投資家の委託を受けて投資しなければならない，60億ドルを越える資本を意のままに動かしている。彼らは，キャピタルゲインを約束してくれる企業を捜し求めている。経営情報の開示に当たって良い成果を示せない，経営者やその企業は，資本逃避という形で，強大なファンド・マネージャーによって罰せられる」(Der Spiegel, 7/1999, 84頁)。

業，国の行動変化を認識させうるような若干の示唆が存在する。

　1990年代半ばまで，銀行，企業，公的機関は，他社の大量の株式を金融上の観点からではなく，戦略上の観点から保有してきた（Jackson, 1998; Windorf, 1994）。

　1990年代半ば以降，伝統的な大株主は，部分的には自分たち自身が機関投資家の圧力に晒されているがゆえに，資本市場志向的になっている。銀行と企業は，自分たちが保有する株式からより高い投資収益率を実現しなければならない。株式はますます金融投資とみなされる一方，投資先としての標的企業の業務政策へ戦略的に影響力を行使する手段とはあまり見なされなくなっている（Jackson, 2000）。アッペルドーン（Basstian van Appeldoorn）は，大株主の利害状態の変化を，「大株主の金融資本家への転換」と説明している（van Appeldoorn, 2000, 25頁）。伝統的な大株主はますます機関投資家のように行動している。企業，銀行，そして公的機関を一瞥すると，大株主の新たな役割が見えてくる。

6.1　「ドイツ株式会社」における企業の役割

　株式所有構造と企業間結合度におけるアングロ・サクソン企業とドイツ企業の相違は，西側資本主義形態の多様な特徴付けをめぐる論争における中心的な基準と見なされている（Chandler, 1990; de Jong, 1992; 1997; Dore/ Lazonick/ O'Sullivan, 1999; Franks/Mayer, 1997; Gospel/Pendleton, 1999; Hall/ Soskice, 2001; Jackson, 1998; Porter, 1997; Rhodes/van Apeldoorn, 1997; 1998; Soskice, 1999; Streeck, 1997; Vitols/Casper/Soskice/Woolcock, 1997）。

　企業間結合の下でさまざまなタイプの交換関係が理解されている。すなわち，資本参加，人的結合，信用取引関係，サプライヤー関係そしてジョイント・ベンチャーがこれである。体系的情報は，資本参加と人的結合とに関連付けてのみ利用可能である。経済秩序における企業間ネットワークの役割に関するさまざまな論拠は以下のようにまとめられる（Windolf/Nollert, 2001, 55頁）。
——企業間ネットワークは，取引コストを削減する，市場の制度的構造の一部である。企業間結合によって，企業は自己の行動を調整し，競争を規制しうる

(Fligstein, 1996)。
―企業間結合は一連の経済的機能を果たしている。すなわち，情報の非対称性の削減 (Granovetter, 1973)，不確実性の削減ないし信頼の構築 (Uzzi, 1996)，所有者による経営者のコントロール (Berle/Means, 1999/1932)，リスクの再配分，相互の資源依存性の削減 (Burt, 1982)，成功した経営者の選抜と採用がこれである。
―個々の国々では，ネットワークは異なる構造を有している。ドイツと日本では，大企業と銀行がネットワーク関係にある（コンツェルン・系列）。フランスでは，大企業，国家そして金融機関【産業連合体 (groups industriels)】がネットワーク関係にある。いずれの国でも支配的なネットワーク構造は文化，伝統，学習経験の影響を受けて形成されている (Stokman, et. al., 1985; Numazaki, 1996)。
―企業間ネットワークは中間組織（例えば，企業グループ）に擬えることができる。企業間ネットワークは企業の自己組織能力を高める。ネットワークがより包括的になればなるほど，利害調整メカニズムがより効果的になればなるほど，それだけ一層，そのネットワーク内では特定の利害が組織化されることはできなくなる (Offe/Wiesenthal, 1980; Useem, 1984)。また逆にある産業部門に集中しているネットワークはその構造においてカルテルに近づき，特定の利害のみを組織化する。

　チャンドラーは，19世紀末の資本主義の異なる発展動向を特徴付けるために，企業間ネットワークの密度に関して2つの市場調整形態を区別している (Chandler, 1990)。米国に関して，彼は「競争的資本主義」と呼ぶとともに，ドイツを「協調的資本主義」の一例と見なしている。こうした異なる発展動向の理由を，米国では，価格カルテル，「共謀の」取り決め，企業間の高度な結合が処罰の対象とされていたのに対して，ドイツでは1887年に，ドイツ帝国最高裁判所の判決において，カルテルないし企業間結合が，そこに競争制限的行為が契約上取り決められていても，法的に許容されてきたことにチャンドラーは求めている (Chandler, 1990, 72頁)。

　チャンドラーは競争と協調の異なる意味をドイツ企業の輸出志向と米国企業の国内市場志向で説明してもいる (Chandler, 1990)。大量生産とマーケティ

ングは大企業の存続を保証するための重要な2つの戦略であった。アメリカ市場はそうした戦略の成功をもたらすには十分市場規模が大きかったのに対して，ドイツ市場はそうした条件を持たなかった。それゆえ，米国企業はその活動を国内市場に制限しえたのに対して，ドイツ大企業は輸出市場で成功しなければならなかった。カルテルないし企業間ネットワークは対内的には協調的に，対外的には攻撃的にならざるを得なかった（Windorf/Beyer, 1995, 2頁）。ドイツでは，第2次大戦後，カルテルは，規制された競争の最新のあり方をなす企業間ネットワークに引き継がれた（Windorf/Beyer, 1995, 3頁）。

デ・ヨングは，「ゲルマン」諸国と「アングロ・サクソン」諸国における企業支配権市場の比較に取り組んできた（de Jong, 1992; 1997）。彼の理解によれば，企業買収市場は経営者と所有者との「プリンシパル－エージェントのジレンマ」を解消し，経営者を株主利害に縛り付ける機能を果たしている。けれども，ドイツの企業間ネットワークは敵対的企業買収を妨げる（Beyer, 1998; Windorf, 1994 も参照）。これはまた株主による経営者のコントロールを制限するものとなろう。

高度の企業間結合は高度の人的結合と絡み合っている（Windorf/Nollert, 2001）。資本結合と並んで人的結合は，ここでは集権化されたネットワークに入っている，ほとんど全ての大企業が利害を取り交わし，また交渉しうるがゆえに，ドイツ資本主義モデルの重要な要素の一つをなす（Windorf, 2001）。

1990年代半ばあるいは90年代末以降，けれどもドイツの企業間ネットワークにおいて重要な変化が起きている（Windorf, 2001）。企業間の人的結合関係はすでに1990年代半ばには明らかに減少している。ヴィンドルフは，ドイツ大企業15社の，1992・3年と2000年の人的結合の密度を研究している（本書付属資料の第36表と第37表）。15の企業は，ネットワーク分析によれば，ドイツ企業間ネットワークにおいて極めて緊密な人的結合関係を有している。企業間の人的結合はそれぞれの監査役会でのメンバーであることを通じて組織されている。15社の人的結合関係密度の時系列的比較で明らかになることは，92・93年と2000年との間で人的結合は27%減少していることである。ドイツ・モデルにおける人的ネットワークは意味を失っている。

これに反して，1990年代における資本結合に大きな変化は認められない

（図-3）。100 大企業は株主資本の約 15％を相互に保有している。資本結合の解消の時間的ずれと関係しているのであろう。

「企業領域におけるコントロールと透明性に関する法律」（KonTraG と略）と（キャピタルゲイン非課税措置を盛り込んだ）法人税法の計画されている変更が，ドイツ企業間の資本結合を解消させることになろう（Höpner, 2000b; Windorf, 2001）。1998 年に成立した KonTraG はドイツ企業の資本市場志向を推進させる目的を追求している（Bundesjustizministerium, 1998）。一連の規定は監査役会のあり方に係わっている。すなわち，執行役会（Vorstand）の監査役会への報告義務は強化され，株主総会での少数株主の権利が強化され，黄金株と複数議決権は禁止された。銀行による資本参加については，厳しい規制が加えられるところとなった（5％を上回る資本参加についての情報公開とそれと結び付いた寄託議決権行使の放棄）。

【訳者注：ドイツのトップ・マネジメント組織は，会社の業務執行機関である Vorstand とその業務執行を監査ないし監督する監査役会（Aufsichtsrat）とから構成されている。我が国では通常，前者の Vorstand は「取締役会」と訳出されることが多いが，業務執行機関であることを明確にするために本訳書では「執行役会」と訳している。】

資本結合の減少にとってより重要となるのはキャピタルゲイン非課税措置である。「他の」企業の大量の株式を保有してきた企業は，貸借対照表上，非現実的な低い評価額により巨額の含み益を持っていた（Höpner, 2000b, 661 頁）。しかし，従来，売却に伴う巨額の税負担のために企業間結合の解消を難しくさせてきた。2002 年 1 月以降のキャピタルゲイン非課税措置により，現在すでに目に見えて「煽り立てられる」ほどの M&A が生じている（Höpner, 2000b, 662 頁）。

とくにドイツでは 1990 年代半ば以降企業支配権市場が発達してきた。第 1 に，独占委員会報告書によれば M&A の件数が増加している。第 2 に，フェプナーとジャクソンは，（ピレリ社対コンティネンタル社やクルップ社対ティッセン社，ボーダフォン社対マンネスマン社という）ドイツ企業に絡む，3 つの最大の敵対的買収計画ないし実行された買収の比較に基づいて企業支配権市場の成立を明らかにしている（Höpner/Jackson, 2001）。通信会社のボーダフォン・エアタッチ社と当時の複合企業マンネスマン社との間の対決は，株主に向けられた，ドイツ大企業に対する最初の乗っ取り提案であった。2000 年 1 月に，過半数の株主がボーダフォンによる TOB を受け入れるであろうこと

がはっきりした後で，マンネスマン経営陣は 2000 年 2 月に譲歩した。マンネスマンは買収された。この買収に対する従業員の抗議行動はコンティネンタルやティッセンのケースに比べると激しいものではなかった。執行役会，経営協議会，IG メタルの意見表明においてなされた，敵対的企業買収の正当性に対する反対の論拠は，もはやいかなる役割も果たしていない（Höpner/Jackson, 2001）。ドイツにおける敵対的企業買収の発展動向から明らかになることは，1990 年代末には敵対的買収はドイツでは競合企業間の対立における正当な手段と見なされているという点である。敵対的買収に対する，より特殊な保護機能をもった「ドイツ株式会社」は「もはや存在しない」（Höpner, 2000b, 5 頁）[18]。

　大企業の経済的利害を明示し，それを伝える，企業を越えた制度としてのドイツ企業間ネットワークは 1990 年代半ば以降，その意義を失っている。企業が自己の行動を人的結合や資本的結合によって調整しようとしなくなればなるほど，それによって不確実性が高まれば高まるほど，そして経営者が株主によってコントロールされるようになればなるほど，それだけ一層，ドイツ「協調的資本主義」はアングロ・サクソン流の「競争的資本主義」へと近付く。

6.2　「ドイツ株式会社」における銀行の役割

　「資本主義の多様性」論争において，企業と銀行のネットワークは大きな重要性を占めてきた（Soskice, 1999; Windorf/Beyer, 1995）。企業に対するドイツの銀行の影響力は長期的に確保される資金調達を保証し，これが企業に対して企業計画における長期的視野を切り開いてきた（Soskice, 1999）。同様に，銀行は，敵対的買収からドイツ企業を効果的に保護してきたとも言われる（Soskice, 1999）。パウル・ヴィンドルフとユルゲン・ベイヤー（Windolf/Beyer, 1995）は，企業と銀行との結合にドイツ「協調的資本主義」の特殊性を

---

[18] フェーバ社の執行役会会長のウルリッヒ・ハルトマンは，1997 年の化学メーカーのデグサ社を買収した後，以下のように述べている。つまり，「デグサ社の経営権を握るうえで決定的となった我々の資本参加から，銀行や保険会社といった友好的な関係にある金融機関を中心とする株主構造によって企業を防衛するのはもはや無理だということを，全ての人々は学ぶべきである。魅力的な買収提案を持つ買収者が現れたときに，ドイツの金融機関は，価値創造と価値実現を求める自社の株主のことを考えれば，もはや『ノー』とは言えない。」（Hartmann, 1997）

認めている。

　人的結合と資本参加へのドイツ大銀行の企業戦略上の利害は信用供与リスクの削減化から生じる（Beyer, 2001）。監査役会役員就任を通して，法律上要求される公表義務をはるかに超える，企業の状態についての情報が獲得される。資本参加と監査役会会長の地位は危機の状況において企業経営に直接介入するチャンスを切り開く（Beyer, 2001）。結合関係のリスク削減効果の助けを借りて，同様に，長年支配的であったメインバンク制度も説明されうる。結合関係のリスク削減上のメリットは，長期的な債権者・債務者関係が構築される結果，より優遇された利子による信用供与が実行されうることによって，企業側にとってもメリットとなる（Beyer, 2001; Pfeiffer, 1993; Schmidt, 2000）。非常に多くの産業企業との関係に基づいて，産業企業間の競合関係の「調整」ないし「規制」のための戦略的方向付けも大銀行の信用保証利害から生み出されてきた（Beyer, 2001）。

　けれども，1990年代以降，大銀行のコア・ビジネスは，ますます伝統的な与信業務から離れ，投資銀行業務に転じてきた（Breuer, 2000; 2001; Falthauser, 2000; Fokken, 1999; Kohlhaussen, 2001; Krumnow, 2001; Küller, 1997; Löhnert, 1996; Matthes, 2000; Schmidt, 2000）。投資銀行志向によって，銀行は共同企業家的に活動することから解放されるようになった。大企業の外部資本需要は圧倒的に株式市場を通して，あるいは社債の発行を通して満たされるようになったとすると，銀行は純粋な金融仲介者として行動する。リスクは投資銀行によってではなく，企業破綻の場合には自己の資本を失う，株主あるいは民間の債権者によって担われる。それゆえ，産業企業との親密な結合関係は，純粋な投資銀行にとって企業戦略上の意義を決して持たない（Beyer, 2001）。ベイヤーは，銀行の戦略的方向転換，伝統的な信用供与志向からの離脱そして投資銀行業務への取組という，以下で述べる3つの理由を挙げて説明している（Beyer, 2001）。

　第1に，市場リスク，それとともに信用供与リスクは高まっている（Albach et al., 1999; Ziegler, 1998）。ホルスト・アルバッハらの研究が明らかにするところでは，ドイツ株式会社の破綻リスクは，1960年代以降，上昇し続けている（Albach et al., 1999）。「ドイツ株式会社」の原理の本質的要素は，銀行

にとって企業との結合効果が持ちうるリスク削減効果にある。信頼に基づく連携と内部モニタリングが損失リスクを条件付でしか減らすことができず，他のメカニズムも類似した効果を提供することができるのであれば，銀行が企業との結合関係から引き出す競争上のメリットも減少する。その上，アングロ・サクソン諸国での企業の透明性向上に向けての一般的トレンドによっても突き動かされている (Höpner, 2001; Matthes, 2000; Gerke/Steiger, 2001)。それゆえ，内部モニタリングが今なお有するであろうメリットは，ますます小さくなっている。結合関係のリスク削減効果の減少に伴って，銀行にとって安定した信用関係を構築する可能性も減少している。今日では，メインバンクを持つと自ら語るドイツ企業はほとんど存在しない (Fokken, 1999)。

第2に，資金蒐集機能の本源的な対象となる個人顧客ビジネスの費用がますます増大している。銀行の対顧客サービスはずっと僅かしか合理化されえない。それによって，こうした分野の利潤はますます縮小している。外国企業の市場参入は，顧客にますますより高い利子の支払いを行わなければならないがゆえに，ますますこうした作用を強めている。少額の預金者に僅かな預金利子しか保証しない預金通帳を提供する戦略は，長期的には持ちこたえられえない (Beyer, 2000; Fokken, 1999; Schmidt, 2000)。その上，ホーム・バンキングの出現に伴い，厖大な支店網の維持が算定困難な，非常に大きなリスクとなってきている。銀行業務がコンピュータ・バンキングを通して処理されるようになると，近い将来，ドイツだけで45万人の銀行労働者が不要となると言われている (Fokken, 1999; Breuer, 2000; Kohlhaussen, 2001; Mauerer, 2000; Schmidt, 2000 も参照せよ)。大銀行の，これまで確実な利益源泉となっていた「軸足」がこうしてその安定性を失っている。

第3に，伝統的な与信業務に対して投資銀行業務の魅力が高まっている。これを引き起こしてきた重要な発展動向は，企業の成長にとってM&Aがますます重要となっていることである (Beyer, 2001; Matthes, 2000)。1998/99年の期間に最大100社のうちの65社が894社を買収した。1996/97年には同じ65社が買収した企業数は686社であった (Monopolkommision, 1998/99; 1996/97)。これは1990年代後半に，企業買収は，35.7%増加したことを意味している (本書のパートⅡ)。

大銀行の戦略的方向転換はドイツの「協調的資本主義」にとって極めて重要な帰結をもたらす。それはドイツの人的結合ネットワークへの大銀行の包摂を解消させることになる (Bundesverband deutscher Banken, 1995; Mtthes, 2000; Sherman/Kaen, 1997; Windolf, 2001; Windorf/Nollert, 2001)。もっとも多くの産業企業との結合関係を保持してきたドイツ銀行のケースにより，人的ネットワークの変化が明らかにされうる。つまり，1980年には銀行はその執行役会メンバーを最大100社の40の企業の監査役会に派遣していたのに対して，90年には35の企業となり，98年には17となっており，明白な減少傾向にある (Beyer, 2001; Höpner, 2001)。その上，ドイツ銀行は，2000年，ドイツ銀行の代表者が今後監査役会会長を引き受けないことを決議している (Deutsche Bank AG, 2001)。

　銀行の株式保有状況においてその姿は明確ではない。1990年代に銀行資産総額に占める株式保有残高では若干の上昇が記録されえた (Böhm, 1992; Sherman/Kaen, 1997)。10の最大の民間銀行が1994年には1986年と比べて，上場産業企業に対する (10％以上の) 株式保有を明らかに減らしている一方，全ての企業に対する少数株式保有は明らかに増加している (Matthes, 2000, 51頁)。1990年末になって初めて，大抵の大銀行はその株式保有を総体的には減らし始めている (Beyer, 2001; Schröder/Schrader, 1998)。

6.3　「ドイツ株式会社」における公的機関の役割

　1980年代に開始された欧州における民営化の波は，1990年代に入ってドイツにも波及してきた。公的機関は，1990年代初頭以来100大企業へのその株式保有を減らしている (表-9)。

　かつて鉄鋼メーカーであったプロイサーク社は1959年に部分民営化された最初の国有企業であった。プロイサーク社の戦後の歴史において傑出した出来事は，1937年にドイツ帝国の工場としてゲルマン・ゲーリングによって設立されたザルツギッター社の全株式のドイツ連邦共和国による購入 (1989年) であった。1年後，ザルツギッター社の株式はプロイサーク社に転売された。1998年初頭，北ドイツ州立銀行 (Nord LB) とニーダーザクセン州立ハノー

ファー投資会社が，プロイサーク鉄鋼の外国企業による乗っ取りを防ぐために，これまでのプロイサークとザルツギッターのそれぞれの鉄鋼事業を統合して生まれたプロイサーク鉄鋼の株式の100%弱を取得した。プロイサーク鉄鋼の株式取得は，当時のニーダーザクセン州首相のゲルハルト・シュレーダーによる，外国企業による企業買収を挫くという試みであった。その際，国内の雇用を守ることが目的であると説明された。あまり時をおかず，プロイサーク鉄鋼の会社名はザルツギッターという社名に変わった。それにより，新しい企業（ザルツギッター社）とプロイサーク・コンツェルンとの分離が実現されるところとなった。1998年，新しいザルツギッター社の株式の60%が取引所で売却された（Liedtke, 1999, 381頁）。

表-9　ドイツ企業における国家株式所有の減少

企業名	民営化の年	国家の最高株式シェア(%)	2001年時点での国家の残りの株式シェア(%)
ドイツ鉄道	計画中	100.0	100.0
ドイツ郵便	2000	100.0	69.0
ドイツ・テレコム	1995/1996	100.0	73.0
ルフトハンザ	1965-1998	100.0	0.0
プロイサーク	1959	100.0	33.0
ザルツギッター	1990-1998	100.0	40.0
RWE	1998	57.0	25.0
フェーバ（Veba）	1965-1987	100.0	0.0
フィアーク（Viag）	1986-1988	100.0	32.6

出所：van Appeldoorn（2000, 23頁）及び筆者のデータ。

同様に，公的機関は，電力事業部門への関与から手を引き始めている。電力会社であるRWE社は，地方自治体の複数議決権に基づいて公的機関による過半数支配が行われていた。1998年に地方自治体による57%の複数議決権は30%以下に削減された。フェーバ社の場合には，すでに1980年代に公的機関はその関与から手を引いている。かつての公企業は1987年にその株式の上場とともに完全に民営化された。電力会社であるフィアーク社は，1950年代初頭に連邦政府と州政府によって買い取られた。1984年には，「統合産業企業（Vereinigte Industrie-Unternehmungen）」の名称はフィアークに社名変更された。2年後，フィアーク社の株式の40%が連邦政府によって売却された。

1988年にはさらに民営化が進められ，自己資本の32.6％にまで減らされた。

　1994年，連邦議会において第2次郵便改革の枠内で超党派の合意に基づいて決議が行われ，ドイツ郵便から生まれたドイツ・テレコムが1995年1月1日に株式会社に組織変更された。そして「ドイツ連邦郵便テレコム」から「ドイツ・テレコム」に名称変更された。1996年11月に第1次株式売出しが行われ，1999年6月には第2回目の売出しが行われた。ドイツ・テレコムの「株式公開」はドイツ経済史の中でもっとも華々しい民営化であり，もっとも大きな上場であり，これまで世界で存在したなかで最大の株式発行額であった（Liedtke, 1999, 147頁）。

　1998年，ルフトハンザは連邦政府の株式売却によって完全に民営化された。この民営化によって47億マルクが調達された。ドイツ・テレコムの株式公開後はドイツ株式市場で2番目に大きな取引であった（Liedtke, 1999, 263頁）。

　ドイツ郵便は2000年に株式の31％が売却された。同様にここでも連邦政府所有株式の一層の売却が計画されている。

　ドイツ鉄道は，公的機関に100％所有されている，「100大企業」の最後の大企業である。1999年初頭に実現された，鉄道事業の第2次改革により，以前の業務分野は多くの，自立した株式会社に分割され始めている（ドイツ鉄道『営業報告書』を参照）。長期的な目標はもちろん同社の上場である。

　何よりもまず資本関連的・人的結合から構成されるドイツ企業間ネットワークにおいて国はますますそのネットワーク内のプレイヤーの役割から退いてきている。公的機関は，ドイツ大企業へのその部分的に大きな株式保有を通して，（敵対的な）企業買収に対する有効な防衛措置を提供しえた。国の退場とともに，いくつかの企業は真剣に株主のコントロールに晒されているのに気づいている。電力会社のフェーバ社は，すでに1990年代初頭に敵対的企業買収の候補と見なされていた。

　要約すると，ドイツ・モデルについて以下のことが確認されうる。大株主と小株主との間の関係はなるほど1990年代を通して安定したままであった。しかし，より詳細に眺めてみると，根本的変化が明らかになる。機関投資家のシェアは小株主の範疇に入る個人株主のシェアの減少とともに非常に増加しており，いくつかの企業ではこの間株主の過半数を占めるに至っている。機関投

資家は企業に対してより高い収益率を要求し，自らの退出オプション，すなわち，企業がそうした要求に応じないのであれば，その株式をいつでも売却する権利を徹底して活用している。それと並行して，企業，銀行，そして国家の間のネットワークは緩やかな解消に向かっている。こうして，大企業の経営者は敵対的な企業買収の脅威に晒されるようになっており，資本市場参加者の要求を満たすよう求められている。大企業はますます資本市場によって外部からコントロールされるようになっている。

7. 企業の投資行動に及ぼす資本市場の影響に関する仮説：エージェンシー理論を手がかりにして

　機関投資家の台頭と，ドイツ・モデルにとって典型的であった，企業，銀行ならびに国家間のネットワークが綻びはじめたことによって，ドイツ固有の「協調的資本主義」は市場志向のアングロ・サクソン的モデルへと変更を迫られることになった。ドイツ資本市場の変容が企業の投資行動にもたらす諸結果は，プリンシパル-エージェンシー理論により説明される。

　エージェンシー理論は古典派経済学に基礎を置き，もっぱらリスク，コントロールならびに成功の一致が企業の効率性の極大化を保障することができることを前提としている。その結果，企業者的リスクを引き受け，自らの企業において無制限のコントロールを掌握し，企業の成功に関与する所有者だけが，企業ならびに国民経済が最大限の利益を享受するように，企業を指導することができることになる（Smith, 1974, 629-630 頁以下）。こうした古典的・自由主義的な見方が所有者コントロールないし経営者コントロールの帰結の評価に対する出発点として援用されるならば，以下の命題が妥当する。つまり，もし被傭経営者が所有者ないしは株主と同一の行為合理性を持たないのであれば，所有者にコントロールされている企業は経営者にコントロールされている企業とは異なる戦略を採用する。

　エージェンシー理論は，資本市場のプレイヤーないしは株主が企業政策に及ぼす影響力を分析する手がかりを与える。この理論において，株主と経営者と

が異なる利害を代表することが論証される。経営者が株主の利害に反して自己の利害を押し通すことができる場合は、株主にはいわゆるエージェンシー・コストが発生する[19]。エージェンシー・コストとは、プリンシパルたる株主が自らの処分権がエージェントたる経営者によって制限されることによって被る、損失の全ての形態である。

エージェンシー理論は、いかに企業は投資するのか、いかなる基準に基づいて企業は投資するのかといった投資パターンの中に、株主と経営者との間の「闘い」の結果を認める。従って、もし企業内の影響力システムが所有者ないし株主に有利になるように変更されれば、こうした権力変化は、とりわけ企業の投資行動に反映される。アドルフ・バーリ（Adolf Berle）とガーディナー・ミーンズ（Gardiner Means）によれば、株主あるいは経営者のいずれが企業におけるコントロールを行使するのかという問いに対する答えは、所有の集中度ないし小株主と大株主の関係に依存する（Berle/Means,1999/1932）。

バーリとミーンズは1930年代にすでに、アメリカ大企業200社の約半数はそれら企業の所有者によってではなく、むしろ経営者によって統治されていることを明らかにした（Berle/Means,1999/1932）。経営者支配の成立を説明するものは、バーリとミーンズによれば、小株主ないしは分散所有が大きな割合を占めることにあるとされる。すなわち、株式会社において、所有権は多数の小株主（分散所有）に配分されうる。こうした所有権の分散とそれと結び付く株主の影響力の喪失は、経営者資本主義における経営者の官僚的権力が依拠する基盤であるとされる。企業の持分所有が高度に分散し、株式の小口化が進めば進むほど、個々の持分所有者はごく僅かな自己の議決権をますます利用しなくなるとされる。

こうした状況は、オルセン（Olsen）が説明している集合財問題（Kollektivgutproblematik）に相当する（Olsen, 1985）。「発言」（Hirschman,

---

[19] ジェンセンとスミスによれば、エージェンシー・コストは以下のように定義づけられている。すなわち、エージェンシー・コストとは、「契約を構造化し、管理し、そして執行する現金支払いコストと残余損失の合計である。契約執行コストには、監視コストとボンディング・コストの両者が含まれる。これは、契約執行を保証するためにプリンシパルとエージェントそれぞれにより費消される資源である。…残余損失は、契約は最適であるがその執行が不完備であるときに残っている機会損失である。したがって、エージェンシー・コストは、契約コスト、取引コスト、モラル・ハザード・コストおよび情報コストとしてしばしば言及される、あらゆるコストを含む」（Jensen/Smith, 1985, 96頁）。

1974) の行使は，比較的高いコストがかかる。合理的な行動をとる小口投資家は，株主総会での議決権行使において個々の影響力は限界的であるため，コントロール・コストを負担しないであろう (Beyer, 1998：33-34 頁)。小株主（機関投資家，個人株主あるいは従業員株主) らの忠誠のタイプに応じて，「*退出*オプション」をとる傾向が高まる。株式の過半数以上が分散所有されている企業は，この論拠に基づくと，経営者によってコントロールされている。というのも，不満を抱く株主は，経営者に圧力を掛けるのではなく，単に他社の株式に移し換えれば良いだけだからである。

これに反して，株式保有シェアが高まるとともに，発言オプションは魅力的なものになる。大株主は，むしろ自らの大きな株式保有シェアに基づいて，業務政策に介入し，また人事の決定に関わろうとする可能性を持っている。他方で，大量の株式を売却することは，比較的そのコストは大きい。すなわち，企業をコントロールすることができるほどの大量の株式は，株式市場で常時売却することができるものではない。そのような取引は株式相場の下落を招く (Windolf, 1994：83-84 頁)。大株主の影響力に基づいて，こうしたケースは，企業の経営者に及ぼす大株主の影響力に基づいて，所有者ないし株主による支配が論じられる。

分散所有されている企業の「経営者支配」をめぐる新らたな解釈は，ヘンリー・マン (Henry Manne) によって行われた。資本市場を過小評価されるべきではないコントロール機能の出発点とする，というマンの基本的な考え方は，企業の株式保有に占める分散所有の役割について新たな解釈をもたらした (Manne, 1965)。すなわち，分散所有は，機能している企業支配権市場において，無関係の企業による敵対的買収のための侵入口の役割を果たす。実際に，米国では，所有者が自己の権利を再び主張し，しかも敵対的買収の形で権利を主張してきたことが観察されえた。企業内で自らの利益を追求する経営者は解雇され，所有者利害にもっと配慮する経営者と交代させられた (Windolf, 1994，79 頁)。米国において，機能している企業支配権市場により，高い株式分散シェアは経営者の権力をもはや保証するものではなく，今や所有者権力を保証するものとなったのである。

ドイツでは，企業支配権市場が 1990 年代半ば以降発達してきている。ボーダフォンによるマンネスマンへの敵対的買収以来，ドイツでも，競合企業間での対

決における正当な手段として敵対的買収が認められている（Höpper, 2000b）。この理由は，一方では 100 大企業の株主層における機関投資家の重要性が大きくなっているためであり，他方では大株主の行動が変化してきたためでもある。

　株主の「退出」オプションの行使は，企業支配権市場において企業の経営者にとってリスクとなる。なぜなら，株式の売却を通じて企業の株価が下がれば，敵対的買収をしようとする企業にとって魅力的になるからである。従って，経営者は「退出」意思のある株主の要求に応じなければならない。それゆえ，小株主の高いシェアが所有者ないしは株主によるコントロールを高めることはドイツ企業にも当てはまる（Beyer/Hassel, 2001）。企業の株主構成における，大株主の存在と機関投資家の高いシェアは，1990 年代半ば以降，ドイツでも株主による経営者のコントロールを示唆するものと見なされうる。

　以下では，エージェンシー理論の観点から，株主の影響力の増加が事業に関わる投資行動にいかなる帰結をもたらすのかが明らかにされ，その結果，1. 多角化ないしは事業再編の程度，2. 研究・開発投資，3. 投資総額という 3 つの投資局面に関する仮説が設定される。

7.1　資本市場と多角化ないし事業再編

　企業の多角化度と事業再編の程度は，アメリカにおける*企業の事業再編*論争において傑出した研究対象として見なされている。この論争において，事業再編のうねり，すなわち，1980 年代における米国企業の多角化戦略の放棄が中心となっていた（Bethel/Liebeskind, 1993, 1998; Bowman/Singh, 1990, 1993; Budros 1997; Denis/Denis/Sarin, 1997; Donaldson, 1994; Gibbs, 1993; Hill/Snell, 1988; Liebeskind/Opler/Hatfield, 1996; Morck/Shleifer/Vishny, 1990; Rock/Rock, 1990; Shleifer/Vishny, 1990; Singh/Montgomery, 1987）。1980 年代には，米国では約 1,000 社が，自社の事業ポートフォリオを再編した。すなわち，これらの企業は，多角化度を低下させ，事業部門の売却と買収の件数は増加した（Bowman/Singh, 1990）。

　エージェンシー理論の代表的論者によれば，1980 年代の米国企業の事業再編のうねりは，1960 年代と 1970 年代における経営者の事業拡大・多角化努力の見直

しにより説明される (Bethel/Liebeskind, 1993, 15 頁: Gibbs, 1993; Jensen, 1986, 1991)。経営者の多角化戦略の追求と株主による事業再編要求は，互いに異なるリスク選好度により説明される (Bühner, 1983; Fama, 1980)。株主はなるほど株式会社の真のリスク負担者であるとしても，経営者もまた雇用関係に基づいて企業者的リスクに関与している。すなわち，経営者にとって企業の破綻リスクの高まりに伴って，職場を失う危険は高まる。これに対応して，経営者は，自己が握っている自由裁量権を行使する際に，リスク回避的行動をとる。同様に，所有者も確かにリスク回避的行動をとることが想定される。しかし，経営者とは異なり，所有者には株式会社への資本参加と結び付くリスクを減らすことが可能である (Fama, 1980, 291 頁)。自己の貨幣資産をさまざまな企業に振り分けることによって，さらには株式の流動性によって，リスクを削減するポートフォリオ効果が達成されうる。経営者の，より低いリスク選好度は，所有者の観点からすれば，部分最適な意思決定に導くところとなる。

　経営者の地位喪失リスクに基づいて，エージェンシー理論によれば，経営者は，相対的にリスクの大きな投資を控えようとする一方で，自らの地位喪失リスクを低減させる投資政策を目指して努力することが予想されうる。これは，例えば，企業の多角化を通じて達成されうる (Beyer, 1998, 46-47 頁)。それに反して，株主は企業の多角化について限定的な利害しか持たない。というのも，株主はすでに自己の株式投資を分散させることを通じて非常に柔軟な，そして自己の期待に基づくリスク相殺を達成しうるからである (Beyer, 1998, 46 頁; Bühner, 1983; Fama, 1980)。

　エージェンシー理論によれば，経営者は，低いリスク選好度という理由と並んで，経営者の報酬水準と名声がどちらかと言えば収益率の極大化の達成よりも企業規模と倒産の防止と関係していたから，「自分の」企業の多角化を推し進めようとする (Baumol, 1967; Bethel/Liebskind, 1993; Jensen/Murphy, 1990; Marris, 1964)。

仮説 1

　企業において株主利害がより強く顧慮されるようになればなるほど，企業はますます多角化しないようになるか，あるいは（多角化した）企業におい

てますます徹底して脱多角化ないしは事業再編が推進される。

7.2 資本市場と研究・開発費

　エージェンシー理論の観点からすれば，経営者によってコントロールされている企業は，以下の2つの理由から株主によってコントロールされている企業よりも研究・開発への投資が少ない。

　第1の論拠とされるのが，経営者はその低いリスク選好度により，回収に長い年月を必要とし，成果の見込みの低いような投資に対して相対的に低い関心しか持たないことである。しかし，研究・開発投資は，通常，長期にわたって大きな支出を必要としているが，その成功は前もって計算できない。もし株主が企業に対するコントロールを獲得すれば，研究・開発費は増加傾向を示すであろう。なぜなら，株主は複数の企業の株式保有を通して，こうした投資の成功リスクを分散させることができるからである（Fama, 1980：291頁; Hill/Snell, 1988）。

　第2の論拠とされるのが，経営者が，企業計画を設定する際に原則的にはより短い時間軸を持っており，それゆえ，長期的指向の研究・開発投資に対して株主よりもより低い関心しか持たないことである。経営者の時間軸は，エージェンシー理論の考察に従えば，企業における経営者としての地位の在任期間に限定され，それゆえ，資本市場において企業に対する所有権を取得し，また再び売却することもできる所有者の時間軸よりも短いとされる。

　こうして，株主の時間軸は，エージェンシー理論の見解によれば，制限がない。なぜなら，その時々の株価は，実際の企業の収益状態だけでなく，将来にわたる全ての収益期待をも反映しているからである（Jensen/Smith, 1985, 103頁）。株主によって投資がプラスに評価されることにとって，このことは，経営者の時間軸とは異なり，何年も掛かって，場合によれば経営者の在任期間の満了後に初めて生まれる収益にも関心を持つという結論ともなる。企業計画設定時の経営者のより短い時間軸は，長期的な研究・開発投資が控えられる可能性によって，株主にとって，部分最適な投資政策という危険を孕んでいる。

仮説 2

企業において株主利害がより強く顧慮されるようになればなるほど，ますます企業における研究・開発投資は増加する傾向がある。

7.3 資本市場と投資総額

多角化を推し進めることは，エージェンシー理論の見解によれば，企業の最適な効率性と収益性の達成に徐々に悪影響を及ぼす。成長と多角化が経営者サイドでは収益率の極大化の達成よりも優先される。株主が企業内で影響力を強めるならば，経営者の多角化・成長戦略は否定される（Bethel/Liebeskind, 1993, 17 頁）。企業のフリー・キャッシュ・フローは，もっぱら企業価値の向上を目指すという視点から使用される。

獲得された企業のキャッシュ・フロー[20]は，以下の2つの措置を通じて株主の手にわたる。すなわち，キャッシュ・フローは，株主への配当という形をとって分配されるか，自社株買い計画が実施される（Bethel/Liebeskind, 1993, 17 頁）。こうした方式で，企業の手持ちのキャッシュ・フローは，どこに資金を投資するかを自ら決定できる所有者のものとなる。これにより，フリー・キャッシュ・フローの効率的な使用が保証される。もしそうだとすれば，経営者は成長・多角化戦略を実現する可能性を失うことになる。企業において株主の影響力が強まることは，投資総額が厳しい試練に立たされることを意味する。それとともに，株主が自己の利害をますます押し通すことができるような企業群では，投資総額と設備投資は減少することが予想されうる。

仮説 3

企業において株主利害がより強く顧慮されるようになればなるほど，企業の投資総額ないし設備投資額はますます減少する傾向がある[21]。

---

[20] キャッシュ・フロー：ある一期間で獲得された支払い手段剰余を示す資金的フローの大きさ。年次報告書，特に損益計算書のデータから算出される。キャッシュ・フローは，ある企業内の資金調達力を表すインディケータである（Gabler 経済辞典 1997, 771 頁）。

[21] あるいは，株主利害に晒されている企業の方が株主利害に同じように晒されていない企業よりも体系的にその投資規模は少なくなる。

8. ドイツ大企業の投資行動に及ぼす資本市場の影響力の実証的測定

　ジェンセンによれば，企業において株主利害を認めさせうるであろう，以下の4つのコントロール可能性が挙げられうる。すなわち，1) 資本市場，2) 政治的・法的規制，3) 製品・要素市場そして4) 内的コントロール・メカニズムがこれである (Jensen, 1993, 850頁)。その中で，資本市場，製品市場ならびに要素市場を通じた市場仲介的コントロールは大きな効果を得られると信じられている。

　資本市場と関わって「外部監視」は，企業支配権市場が存在することを意味している (Bethel/Liebskind, 1998)。これは，企業が過半数の株式を分散所有されているかどうかにのみ依存しているのではなく，小株主と大株主が敵対的買収を企業間の対決の正当な方法と見なしているかどうかにもかかっている。ドイツの企業と銀行において，他の企業への自己の資本参加への，かつての戦略上の利益は，今日では自己の金融上の利益が優先される結果，影が薄くなっている。こうして，大株主も敵対的買収の成立に当たっての可能なプレイヤーになった。

　ドイツ企業がますます資本市場のコントロールに晒されるようになり，それゆえ，その投資行動を変えているのかどうかを分析するに当たって，株主資本に占める分散所有シェアや大株主の持ち株シェアだけを考察するだけでは十分ではない。所有者にコントロールされている企業，すなわち，例えば単独所有者の手中にあり，上場されていない企業も存在する。こうした企業は，所有者によってコントロールされているが，資本市場による外部コントロールの作用について説明するものではなく，単に内部の所有者によるコントロールの作用について説明するだけである。

　さて，変数の操作化の目標は，それゆえ，体系的に発生する資本市場の影響力の作用を測定するために，他の企業よりも資本市場のコントロールにより強く晒されている企業ないし企業グループを確認することである。以下に述べる2つの方法を結びつけることで企業政策に及ぼす資本市場の影響力を操作しう

ることが論証される。すなわち，第一に，全ての企業サンプルを2つのグループに分けること，つまり，上場し，株式市場に晒されている企業と非上場の，資本市場から隔離されている企業とがこれである。第二に，上場企業のグループ内でも専業企業よりもコングロマリット企業の方がより強く資本市場のコントロールに晒されていることが論証される。

8.1　上場企業（資本市場に晒されている企業）と非上場企業（資本市場から隔離されている企業）

　上場企業と非上場企業との区分は，製品市場における競争の激しさが中心的役割を演じているとする，福祉国家の実証的比較研究に依拠している（Höpner, 2001c を参照せよ）。この研究では，中央集権化された賃金交渉と福祉国家プログラムの履行の定着と侵食において，決定的役割は企業にあるものとされる。企業の利害は，競争の激しさに応じて異なっている。すなわち，一方は，（国際）競争から隔離されている内需セクター（隔離されているセクター）の企業であり，他方は，競争の激しい輸出セクター（晒されているセクター）の企業である（Clayton/Pontusson, 1998; Höpner, 2001; Pierson, 2000, 794 頁; Swenson, 1991, 1997; Swenson/Pontusson, 2000）。

　「晒されている」のと「隔離されている」のとの区分は，以下では資本市場の状況に転用される。すなわち，企業は，（国際）資本市場に晒されているのか，資本市場から著しく隔離されているかどうかに基づいて評価される。製品市場における競争の激しさを操作化するのとは異なり，資本市場に関わる方法は単純である。すなわち，株式を上場しているかどうかに基づいて分類が行われる。上場している企業は，上場していない企業よりもより強く資本市場に晒されているものと仮定される（Ramb, 1998 を参照せよ）。こうした分類は，企業の投資行動に及ぼす資本市場の体系的作用に重要な示唆を与えうる。

8.2　多角化企業と専業企業との比較

　上場企業のグループの中でさらに多角化企業と専業企業との間で区別されうる。

ドイツではコングロマリット企業は，1990年代半ば以降，資本市場のコントロールにもっとも強く晒されている企業のグループに属している（Amelung, 1999; Berger/Ofek, 1996; Hirsch-Kreinsen, 1998; Lang/Stulz, 1994; Picot, 2000; Scharfstein, 1998; Young, 1997）。

特に機関投資家は，株式ポートフォリオの多様化を通じて投資リスクを制御し，いつでもこれを変更する能力を持っているので，多角的事業構造を受け入れない（Amelung, 1999; Bhide, 1997; Hirsch-Kreinsen, 1998; Montgomery, 1994; Morgan/Kelly/Sharpe/Whitley, 2000; Poter, 1992）コングロマリット企業は，しばしば機関投資家によって投資対象としては避けられ，コングロマリット企業の潜在的株価成長は真の企業価値以下にしか評価されない。ドイツのコングロマリット企業は，1990年代以降，いわゆるコングロマリット・ディスカウントを課されるようになった（Amelung, 1999; Lang/Stulz, 1994; Schafstein, 1998）。ドレスナー・クラインボルト・ベンソンのあるファンド・マネージャーは，1990年代のドイツのコングロマリット企業との係り方を以下のように表わしている。

「我々は，社内でいずれの多角化企業に対してもコングロマリット・ディスカウントで評価している。このディスカウントは20％までになりうる。コングロマリット企業は，リスクを分散させ，それによりリスクを最小化しようとするものである」（インタビュー1）。

【訳者注：1970年代以降，機関投資家による株式の売買高あるいはその保有比率が高まった。これを市場の機関化現象と呼ぶ。こうした現象が進展する中で機関投資家は自らの投資ポートフォリオを多角化できるようになったため，コングロマリット企業は機関投資家から投資対象としてあまり評価されなくなり，反対に単一事業を営む企業が投資対象とされるようになった。また多角化によって相乗効果が期待できるというよりはむしろ全体の企業価値が各事業の価値の総和を下回る現象も見られるようになり，事業の多角化が企業価値を低下させていることも指摘されるようになった。これをコングロマリット・ディスカウントと呼ぶ。】

株式市場における多角化企業の過少評価は，ドイツのコングロマリット企業が1996年に被った株価下落の算出を通じて支持される。すなわち，ゴールドマンサックス，メリルリンチ，モルガンスタンレー，ソロモンブラザーズ，UBSならびにウイリアム・デ・ブロウの資料に依拠して，BHF銀行の金融アナリストは，ドイツのコングロマリット企業の真の企業価値と株価との乖離を明らかにしている（表-10）。

表-10 コングロマリット・ディスカウント

企業名	売上高[1]	時価総額[2]	実質的企業価値[3]	差異(%)(コングロマリット・ディスカウント)
RWE	64.3	29.7	39.6	-25.0
Krupp-Hoesch	27.8	5.0	6.2	-19.4
Veba	74.7	38.4	46.9	-18.1
Viag	44.2	15.3	17.3	-10.4
Mannesmann	22.4	19.4	21.5	-9.8
Degussa	14.8	4.5	4.9	-8.2
MAN	19.5	5.7	6.2	-8.1
Thyssen	39.7	8.8	9.5	-7.4
Siemens	92.9	46.8	49.6	-5.6

1) 1996年の評価(単位:10億DM);
2) 1996年6月初旬(単位:10億DM);
3) 1996年の企業の個別事業セグメントの期待純利益×各セグメントが属する業界平均の株価/収益率：合計は企業債務額と時価純資産額により調整(単位:10億DM)。
出所：Capital, 7/96, 57頁。

株式市場での株価下落は，関係する企業にとって，以下の3つの極めて重大な損失をもたらした。

1) 株式相場で余りに低い企業価値しか獲得しなかった企業は，敵対的買収の危険に陥りうる（Amelung, 1999; Berger/Ofek, 1997; de Jong, 1997 : Poter, 1997）。
2) 企業支配権市場の出現によって，企業は，他の企業を買収し，それによって成長を遂げる可能性を与えられる。しばしばそうしたケースでは（例えば，ダイムラー社とクライスラー社，フェーバ社とフィアーク社のように）株式が買収通貨として使われる。低い株価では株式を買収通貨として利用することを不可能にする。従って，資本市場での株価下落は企業の潜在的成長力が奪われる可能性がある（Bühner, 1997; Burckhard/Dill, 2000; Deutsche Bundesbank, 1997; Langner, 1999; Müller, 2000; Picot, 2000; Rappaport/Sirower, 2000）。
3) 国際的格付け機関は，企業の信用調査の際に当該企業の株価も基礎にしている。株式市場での低い評価は，過少評価された企業にとって借入れと債権のコストが上昇することを意味している（Beyer, 1998; Richter, 2000）。

上場コングロマリット企業は，1990年代以降の株式市場での株価下落を通じて現実の危険ないし困難な状況に晒されることに気付くようになった。コングロマリット企業が専業企業より低い収益率しか達成してないが故に，資本市場での株価の値下がりが資本市場の参加者によって「当然」の報いとされるのか，あるいは資本市場での株価の値下がりがただ単にコングロマリット企業への機関投資家の偏見に根ざしているのかどうかは，多角化企業の経営者にとってはあまり重要ではない。経営者は，上記の理由によって引き起こされた株式市場での株価下落を逃れる道を見出さなければならない。従って，上場コングロマリット企業は，他の企業以上に，自己の「退出」オプションを積極的に使用することで資本市場での株価下落を引き起こす資本市場参加者の考えや要求に自社の企業政策を合わせる傾向がある。こうした資本市場の参加者を代表するものが機関投資家である。

上場コングロマリット企業の著しい資本市場志向は，株主価値向上政策の追求の中に現れる。多角化企業の株主価値志向の分析に当たって，フェプナーの研究によって紹介されている株主価値インディケータが用いられる（Höpner, 2001）。その研究では，1990年代後半における，工業および商業部門のドイツ40大会社の資本市場志向度を評価することが問題となっている。株主価値志向インデックスは以下4つの個別尺度から構成される。すなわち，投資家向け広報（IR）活動への取組み，営業報告書の情報の質，経営者報酬のインセンティブ適合性，そして現場の業務方針における収益性基準の使用という4つの尺度に関するデータがこれである（Höpner, 2001）。使用した企業サンプルにおける全ての上場コングロマリット企業は，高い資本市場志向度を有していた。フェプナーは，相関分析において多角化度と株主価値志向度数と正の関連の存在を明らかにしている（Höpner, 2000）[22]。

上場企業の資本市場志向は図を用いて明らかにされうる（図-5）。すなわち，100大企業がその資本市場志向に基づいて分類されるとすれば，上場企業のみが資本市場志向的であることが明らかとなる（上場企業と非上場企業との比較）[23]。上場企業のグループにおいて，上場コングロマリット企業は，専業企

22　多角化度と株主価値の相関：ピアソン相関係数 r=.43, p=.006, n=40 (Höpner 2000)。
23　非上場企業は，原則的に決して顕著な株主価値向上志向を持っていない。

図-5　資本市場志向的上場コングロマリット企業（100大企業）

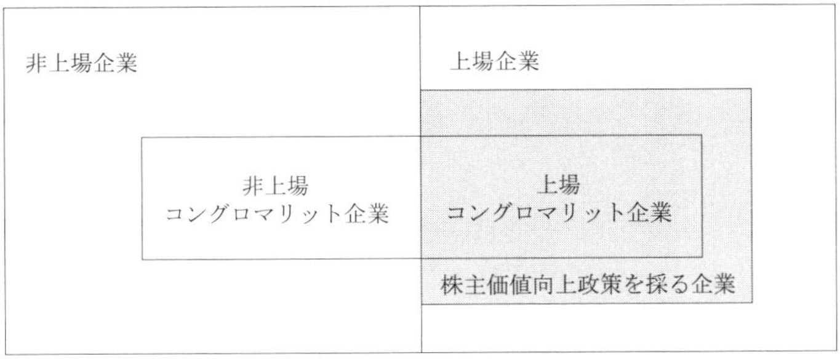

```
┌─────────────────────────┬─────────────────────────┐
│      非上場企業          │      上場企業            │
│                         │  ┌───────────────────┐  │
│         ┌───────────────┼──┤                   │  │
│         │  非上場        │  │   上場            │  │
│         │  コングロマリット企業│  │   コングロマリット企業│  │
│         │               │  │                   │  │
│         └───────────────┼──┤───────────────────┤  │
│                         │  │株主価値向上政策を採る企業│  │
│                         │  └───────────────────┘  │
└─────────────────────────┴─────────────────────────┘
```

業とは異なり，例外なく資本市場志向的な事業方針を志向している。

従って，専業企業よりも体系的により強く資本市場に晒されている企業グループは上場コングロマリット企業ということになる。言い換えれば，企業が多角化を強力に進めれば進めるほど，投資ファンドや保険会社のファンド・マネージャーが要求するように変化することを求める圧力を企業はますます受けることになる。従って，1990年代の上場コングロマリット企業の企業政策の変化に，資本市場からの要求ないしは*制約条件*が読み取られうる。それゆえ，多角化度は資本市場の外的コントロールの強さを示している。

9. 大企業の投資行動に及ぼす資本市場の影響力に関する測定

サンプル企業を資本市場への依存度に基づいて分類するという方法を使って，以下で，事業再編の程度，研究・開発費の発展動向そして投資総額に及ぼす資本市場の影響が明らかにされる。

9.1 資本市場と事業再編

ここで，重回帰分析において，事業再編インディケータ[24]（従属変数）の分

---

24 このインディケータがどのように導き出されたかについては，パートIIを参照せよ。

散を説明することが試みられる。その際,まず初めにサンプル企業は上場企業と非上場企業とに区別される。次に,企業の多角化度[25]は資本市場の影響力の強さを示唆する役割を果たす。回帰分析は,(上場・非上場という)両企業グループにおける多角化と事業再編との関係が算出されるようにモデル化される。

　2つの企業グループを用いる際に,標準化されたベータ値の比較が許容されないことは注意されなければならない。標準化されてないベータ値のみが比較されうるにすぎない。その際,ベータ値が高くなればなるほど,変数はますます重要になることが認められている(Wagschal, 1999, 234頁)。

　9.1節から9.3節までにおいて行われている回帰分析は,統計的に制御される。資本市場の影響を測定しない未知の効果は可能な限り除外される。それぞれ固有の重回帰分析において,企業の属する経済部門と企業規模とがコントロール変数として機能する。

　事業関連的事業再編の取組みの程度は,その事業が関連する経済部門に応じて異なっていることが予想されうる。1990年代のエネルギー部門の規制緩和措置に基づき,RWE社,VEW社,フェーバ社あるいはフィアーク社といったエネルギー・コンツェルン企業において,すでに徹底した変化を観察することができる。

　ここでは,もっぱら大企業のみが問題となっているとはいえ,企業規模もまた統計的制御の対象となる。というのも,100大企業サンプルにおいて最大の企業の規模(付加価値額)は最小の企業より30倍大きいからである。組織社会学において規模の効果は常に重要な役割を果たしている。この点で,規模の大きな企業は規模の小さな企業よりも事業再編を進めなければならないので,企業の規模は一定の効果を持つであろう。

　上場している(資本市場に晒されている)企業のグループでは,全ての回帰式は1％水準で有意である(表-11)。相関もまた,取り入れられた全てのコントロール変数において,変わらぬ高い有意水準で安定している。非上場の(資

25　1994/95年では,100大企業におけるサンプル企業の事業部門の数は1つから9つまで多様である。事業部門数における分散は,非上場企業(1-5)よりも上場企業グループ(1-9)の方がより大きい。

表-11[1]　上場企業と非上場企業とにおける，資本市場の影響力と事業再編の程度との関連の算出[2]

	上場企業の事業再編の程度	非上場企業の事業再編の程度
1994/96年の企業の多角化度	0.38***	0.15
統計的制御の下での以下の項目の多角化度		
旧東独国営企業	0.34***	0.14
工作機械部門	0.39***	0.17
自動車部品部門	0.37***	0.16
商業部門	0.35***	0.16
エネルギー部門	0.32***	0.15
電機部門	0.35***	0.18
サービス部門	0.38***	0.16
化学部門	0.34***	0.15
建設部門	0.38***	0.14
自動車部門	0.37***	0.13
企業規模	0.34***	0.15
N（全ての回帰方程式）	27	25

重回帰分析により，非正規ベータ値が与えられ，有意水準は以下の通りである。
*＝10%水準で有意；**＝5%水準で有意；***＝1%水準で有意である。
全ての使用した回帰変数は，サンプル数（N）の64社。
1) 以上の計算（決定係数，正規ベータ値，t値）については本書付属資料の5を参照されたい。
2) 企業を非上場企業と上場企業とに区分し，それぞれをダミー変数（0/1）とした場合，事業再編の程度（従属変数）と株式上場（独立変数）との間には正の関係が明らかとなった。企業が属する事業部門と企業規模との統計的制御の下では，5％ならびに10%水準での有意な関係が見られた（N=52）。「多角化の程度」の変数の代わりに，「1994/95年と1998/99年の間での事業の絞込み」変数が使用される場合には，上場企業グループにのみ正の相関関係が明らかとなった（N=30）。

本市場から隔離された）企業のグループでは，1990年代半ばの多角化の程度と1990年代末の事業再編の程度との間に相関関係は見られない。

　エージェンシー理論から生み出された仮説1は，回帰分析の結果，証明された。資本市場が企業に強い影響を及ぼせば及ぼすほど，ますます事業再編の程度は高くなる[26]。

26　事業再編の程度と株主価値志向の企業政策の強さとの間には，強い相関関係が見られる（r=0.37, p=0.04, N=31）。ここで使われた株主価値インディケータ（Höpner, 2000）は定義上上場企業にもっぱら限定されているので，非上場企業のコントロール・グループは抜け落ちている。それでもなお，研究結果は，高い資本市場志向がコングロマリット企業の事業再編を推し進めていることを示唆している。

9.2 資本市場と研究・開発費

　以下において，資本市場の影響と研究・開発費の変化との関係を複数の回帰式を使って算出することが問題となる。専門文献において，研究・開発費は，企業の企業政策の時間軸に対する代理変数として使用されている（Hall, 1994, 122頁以下，Hansen/Hill, 1991）。

　とりわけ1990年代半ば以降の発展動向に関心がある。というのも，文献において，資本市場の影響力の高まりが企業戦略の短期志向を強めていることがしばしば前提とされているからである（Black/Wright/Bachman, 1998, 29頁以下，Hirsch-Kreinsen, 1998, 220頁, Monopoll Komission, 1998, 12頁）。

　その際，ある一定期間の考察の方が，ある一時点に絞り込む考察よりも効果の影響をより良く映し出すことから，時間の経過とともに研究・開発費がどのように変化してきたかに関心がある。2つの時点における考察に当たって，割合的変化により表される，さまざまな企業の変化を時間的に相互に比較することができる。割合的変化により表わされる変化は，基本的には企業の規模や企業が属している経済部門とは関係せず，従って相互の比較が可能となる。それゆえ，以下では1996年と1998年の間の研究・開発費における割合的変化が用いられる。データが非常に不十分であることにより[27]，僅か2時点しか考察の対象にしていないことで，回帰分析の結果の妥当性が損なわれる恐れもある。それにもかかわらず，資本市場の影響と研究・開発費との間の何らかの関連を示唆するものが獲得されうる。

　上場企業と非上場企業という，2つの企業グループにおいて，いずれも研究・開発費の推移と資本市場の影響との間に有意な関係は存在しない（表-12）。1990年代半ばに，その株式が上場されていることと高い多角化度に基づいて資本市場の要求に従うことを求める圧力に晒されていた企業は，資本市場から隔離されている企業と同様に，研究・開発費の水準を変更することは求められていない。研究・開発費は企業政策の時間軸の代理変数と見なされる。それゆえ，

---

[27] 研究・開発費に関する個別企業データは，極めて不備な状態にある（パートⅡを参照せよ）。全体として，本研究では，1996年と1998年について38社の研究・開発のデータを集められた。

表-12[1]　**資本市場の影響力と研究・開発費の推移との関連**[2]　**の算出**

	上場企業の研究・開発費	非上場企業の研究・開発費
企業の多角化度	0.83	−0.50
統計的制御の下での以下の項目の多角化度		
旧東独国営企業	0.61	−1.18
工作機械部門	0.75	0.55
自動車部品部門	1.21	−0.22
エネルギー部門	−0.75	−0.18
電機部門	0.73	2.28
サービス部門	1.79	―
化学部門	0.32	1.89
自動車部門	0.78	0.33
企業規模	0.45	−0.88
N（全ての回帰方程式）	20	11

重回帰分析により，非正規ベータ値が与えられ，有意水準は以下の通りである。
＊＝10％水準で有意；＊＊＝5％水準で有意；＊＊＊＝1％水準で有意である。
全ての使用した回帰変数は，サンプル数（N）の 33 社である。
1）　以上の計算（決定係数，正規ベータ値，t 値）については本書付属資料の 6 を参照されたい。
2）　企業を非上場企業と上場企業とに区分し，それぞれをダミー変数（0/1）とした場合，研究・開発費の動向（従属変数）と株式上場（独立変数）との間に有意な関係は見られなかった（N=33）。

仮説 2，すなわち，資本市場の強い影響力は企業計画の時間軸に正の相関をもって作用するという仮説に対していかなる示唆も見出されない。同時に，資本市場のコントロールの高まりがより短期的な企業の行動に導くであろうという危惧（Black/Wright/Bachmann, 1998：29 頁以下，Changanti/Damanpour, 1991; Drucker, 2000; Engberding, 2000; Gospel/Pendleton, 1999; Hall, 1994; Hirsch-Kreinsen, 1998：200 頁，Müller, 1997：50 頁）も退けられなければならない[28]。資本市場への参加者のさまざまに異なる投資戦略に基づいて，どのような時間軸が企業政策において追求されるのかということに関して，企業の利害関係者に曖昧なメッセージが送られる。このことは，経営者，

28　このことは，研究・開発投資の推移と，上場企業の株主価値向上政策の強さとの関係についても言える（Höpner 2000）。両変数の間には，負の，有意な関係は決して存在しない（r=0.22, p=0.27, N=26）。従って，株主価値向上政策が企業戦略においてより短期的な時間軸に導くであろうとする主張は退けられなければならない。

場合によっては労働者が企業計画の時間軸を自ら決定する可能性を切り開くものである。

こうした結果は，ダイムラー・クライスラー社ならびにマンネスマン社の経営者へのインタビューにおいて確認された。ダイムラー・クライスラー社の経営実践において，異なる時間軸を持つ株主グループの間で企業価値向上に関して違いがあることを以下のように述べている。

「将来の収益力と将来の企業価値が重要である。市場志向的な企業政策というのは，その企業の将来に投資する場合にのみ考えられる。当然それには研究・開発投資も含まれる。投資家はそうしたことに注意を払うものである。典型的な投資家あるいはファンドというものは現実には存在しない。あるファンドは四半期ごとの収益を要求し，別のファンドはこうした利回りを将来のために企業内に留保する方を望んでいる。結局のところ，自社の戦略の時間軸については我々が決定している」（ダイムラー・クライスラー社でのインタビュー 3 ）

マンネスマン社における株主の評価も同じことが言える。

「研究・開発費は原則的に OK である。なぜなら，これは将来に向けての投資だからである。それに対応する利回りが期待される場合にはいかなる問題もない。従って，通信事業部門の研究・開発投資は全く何の問題もない。経営者は短期的視点よりも常に長期的視点の方にプライオリティを置いている。キャピタル・リサーチやフィデリティのようなファンドは，マンネスマン株を既に長期にわたって保有しており，長期志向と言える。他のファンドはこれより短い時間軸で利益を上げることを考えているようだ」（マンネスマン社でのインタビュー 4 ）。

9.3　資本市場と投資総額

この節では，1990 年代における資本市場の影響力と投資水準の変化との相関が算出されることになる。2 つの変数は，（上場／非上場という）両企業グループごとに関係付けられる。すなわち，1990 年代における（多角化度に基づく）資本市場の影響力の強さと投資水準の変化がこれである。「投資水準の変化」という変数は既にパート II において論じられた。1993 年から 1995 年の平均値と 1996 年から 1998 年の平均値が明らかにされ，その割合的変化が算出

表-13[1)] 上場企業ならびに非上場企業における設備投資の推移と資本市場の影響力との関連の算出

	上場企業の設備投資の変化	非上場企業の設備投資の変化
企業の多角化度	1.37**	−0.03
統計的制御の下での以下の項目の多角化度		
旧東独国営企業	1.36***	−0.04
工作機械部門	1.25***	−0.08
自動車部品部門	1.21***	−0.17
商業部門	1.24***	−0.01
エネルギー部門	1.42***	1.46
電機部門	1.03**	0.26
サービス部門	1.25***	0.33
化学部門	1.17***	0.06
建設部門	1.26***	0.05
自動車部門	1.28***	0.04
1996年の企業規模	0.41	−1.87
N（全て回帰方程式）	30	32

重回帰分析により，非正規ベータ値が与えられ，有意水準は以下の通りである。
*＝10％水準で有意；**＝5％水準で有意；***＝1％水準で有意である。
全ての使用した回帰変数は，サンプル数（N）の64社。
1） 以上の計算（決定係数，正規ベータ値，t値）については本書付属資料の7を参照されたい。

された。それぞれの3年間の平均値を出すことによって，投資水準における一年限りの変動は平準化される。

　資本市場の影響と投資水準の変化との間の関係は，他の効果を排除するために統計的に制御される。ここでは企業が属する経済部門と規模とが制御変数として機能している。

　資本市場の影響力と投資水準の変化との関係は，両企業グループ（上場／非上場）において企業の規模を統計的に制御すると，有意とは言えない（表13）[29]。1990年代にその株式が上場されていることと広範な多角化度とに基づいて市場からの圧力に晒されていた企業は，資本市場から隔離されている企業と同様に，その投資水準を著しく変更させる必要はなかった[30]。資本市場の影

---

[29] これは以下の回帰分析により確認される。すなわち，企業を非上場企業と上場企業とに区分し，それぞれをダミー変数 (0/1) とした場合，投資水準の動向（従属変数）と市場志向（独立変数）との間に，有意な関係は明らかにされなかった（N=64）。

[30] 上場企業のグループに関して，投資総額の動向と株主価値向上政策の強さとの間に有意な関係は示されなかった（r=0.21, p=0.18, N=40）。

響力が高まると設備投資は減少すると推定する仮説3は証明されえない。

10. 要約

　パートⅢの目的は，ドイツの大企業の投資行動，すなわち，事業再編，研究・開発投資ならびに投資水準の推移に及ぼす資本市場の影響力を分析することであった。具体的な研究成果は以下の通りである。

　1）資本市場プレイヤー，すなわち機関投資家，個人株主，従業員株主，企業，銀行ならびに政府の行動は，「退出」，「発言」そして「忠誠」に関して，著しい相違が見られた。例えば，機関投資家が企業に対する忠誠心を持たず，企業に不満がある場合には圧倒的に*退出*オプションにより反応するのに対して，従業員株主は自分たちの会社に対して非常に高い忠誠心を持ち，また投資収益率に不満がある場合にも退出オプションをほとんど採らない。

　2）100大企業における小株主，大株主の株式保有シェアは，変化というより継続性によって際立っている。小株主（分散所有），個人，家族ならびに財団，外国人株主ならびに資本結合関係にある企業の株式保有シェアは，1978年から1998年までの期間，相対的に安定したままである。ただ公的機関の株式保有シェアだけは低下していた。

　3）小株主のグループの中では，変化が生じていた。機関投資家，すなわち投資ファンドと保険会社は，1990年代に，かつては個人投資家が所有していた株式をますます手中に収めてきた。企業の自己資本における個人投資家の株式保有の低下と機関投資家の株式保有の上昇とは，企業政策の変化を示唆する核心をなす。なぜなら，機関投資家は「退出」，「発言」そして「忠誠」のカテゴリーに関連して，個人投資家とは異なる投資行動を示すからである。

　4）ドイツの大株主，すなわち銀行，企業ならびに公的機関の間の伝統的ネットワークはゆっくりと，しかし継続的に解消に向かっている。こうした解消傾向は，資本結合よりも人的結合の減少や戦略の変化に基づいて認識できる。銀行は，1990年代に，他の企業の監査役会における銀行関係者を引き上げている。同じことは，産業企業の相互の人的結合関係についても当てはま

る。ドイツ企業の経営者は，ほぼ1990年代半ば以降，敵対的買収の脅威に晒され，また資本市場によるコントロールを受けるようになっている。

　5）資本市場が企業に対して強い影響力を行使するようになればなるほど，事業再編あるいは脱多角化や出資持分の変動の程度は強くなる。回帰分析の結果，上場コングロマリット企業は1990年代末に徹底した事業再編圧力を受けたのに対して，非上場で，従ってまた資本市場の影響から隔離されていたコングロマリット企業は，事業再編を迫られることはなかったことが明らかになった。製品市場での競争の一層の激化あるいは経営者のイデオロギーが，企業の事業再編プロセスを推進してきたとする論拠は，本研究結果とは一致しない。製品市場における競争と経営者のイデオロギーは，上場企業と非上場企業との区分には止まるものではない。企業の事業再編を推し進めているのは，何よりもまず1990年代におけるドイツの資本市場の変化なのである。

　6）全般的なビジネス・リスクをさまざまな部門を通じて分散させる経営者の可能性は，ますます所有者の方に移っている。特に機関投資家は，投資リスクそれ自体を多様化させることを望み，またこれを可能とするよう要求している。資本市場プレイヤーは，多角化企業に対してもっとも収益性の高い事業部門に集中するように圧力をかける一方，自分自身は，自分に適したリスク・プロフィールを達成するために，（さまざまな産業部門に属する）さまざまな企業の株式を購入している。従って，企業の命運は，ただ1つの事業セグメントの成長可能性に委ねられている。事業破綻リスクないし職場喪失リスクの増大は経営者と従業員に移っている。

　7）資本市場は，研究・開発投資の動向に証明可能な影響力を行使していない。研究・開発投資がもつ長期的性格に基づき，こうした投資は，企業計画の時間軸に関する手がかりを与える。その限りでは，株主利害は原則的に長期的に方向付けられていると主張するエージェンシー理論も，株主の影響力の増大が企業政策の短期的な方向付けを強要することを危惧する議論も共に支持されない。その理由は，研究・開発費が何よりも企業の効率性に関係するものではなく，ただ，現在価値に割り引かれて現時点で配当として支払われるか，研究・開発投資から生まれる収益となって将来支払われるかという，資金の支払い時期の問題であることに求められるであろう。

支払い選好性は株主グループの間で異なる。例えば，保険会社は，自己の投資の約定利回りを達成するために，ある一定時点で生まれる追加的資金需要に応えねばならない状況に陥ることがあり，資金を長期的に投資するのではなく，企業の資金の一部を資本所有者に分配するように迫ることがある。これに反して，投資ファンドは，配当金の支払いよりも将来の収益力の成長の方に関心がある場合がある。このような場合，ファンド・マネージャーは企業に研究・開発投資を迫る。資本市場への参加者は，従って，企業政策の時間軸に関して企業に曖昧なシグナルを送っている。

8）企業政策の時間軸には企業の投資水準の推移が関係している。増大する資本市場の影響力は，短期志向の企業行動を促し，設備投資を控えさせ，その代わり株主への支払いが重視されることになるのであろうか？短期的な企業政策は，こうした事情の下では企業の設備投資の低下をもたらす。しかし，研究・開発投資と同様に，資本市場の影響力の高まりと企業の投資水準の推移との間に体系的な関係を証明するものは決して見出されていない。その上，株主は企業を「解体し」ようとするという命題を支持するような手掛かりも見出されていない。

9）ドイツの資本市場とアングロ・サクソンの資本市場とを比較すれば，そこにはなるほど著しい構造的相違が明らかとなる（株式市場による資金調達の程度，企業の分散所有，小株主と大株主の役割）。しかし，1990年代におけるドイツの資本市場が考察されるならば，ドイツの資本市場がアングロ・サクソン的な資本市場にますます近づきつつあることが確認されうる。すなわち，機関投資家の台頭と企業・銀行・政府の間のネットワークの解消，そしてその結果生まれている企業支配権市場がこうした事態を生み出している。ドイツの大企業の経営者は資本市場による外部コントロールに晒されるようになっている。従って，アングロ・サクソン的モデルとドイツ的モデルにおける資本市場の役割に関して，アングロ・サクソン・モデルへの適応が論じられうる。

【1～6節　風間信隆　訳；7～10節　松田　健　訳】

Ⅳ　投資行動に及ぼす共同決定の影響

1. はじめに

　一方における企業と事業所レベルでの共同決定と他方における協約自治 (Tarifautonomie) 体制での事業所を越える賃金調整とは，ドイツ労使関係制度を特徴付ける核心部分をなすものと説明されている (Komimssion Mitbestimmung, 1998; Soskice, 1999; Streeck, 1992)。このドイツ・モデルは，1990年初頭までは不変のものと思われてきた。しかし，1990年代半ば以降，共同決定はますます批判に晒されるようになっている。とくに，共同決定がドイツ企業の資本市場志向的事業再編の妨げになっているものと批判されている。こうした批判は所有権理論の研究者によって強く主張されている。

　【訳者注：ドイツでは，賃金・労働条件を決定する労働協約の締結にあたって国家・政府の介入が排除され，産業別に組織される労働組合と使用者団体との労使が自主的に労働協約を締結する権利を有しており，これを協約自治ないし協約高権 (Tarifhoheit) と言う。】

　本パートでは，ここで導入される所有権理論の観点から，とくに企業の投資行動に及ぼす共同決定の作用が説明される。所有権理論によれば，労働者は株主の意向に反して企業の多角化を推進し，コア・コンピタンスへの事業の絞込みを阻止しようとしているものと主張される。その上，共同決定は投資を削減させ，投資の時間軸を短縮化させているものと主張されている。本書のパートⅣにおいて，所有権理論によって予想される，共同決定が及ぼす，企業の投資行動への作用が実証研究により検証される。

　ドイツ大企業における企業の共同決定の強さを測定する方法が構想される。ドイツの大企業111社へのアンケート調査により集計された，共同決定規制を特徴付ける企業間連データを用いて，本研究では，企業の共同決定の強さをランク付けするインディケータが開発される。このインディケータを用いること

によって，投資行動に及ぼす共同決定の影響力の定量的な測定が可能となる。

　本研究において獲得された研究結果は所有権理論の定説とは矛盾している。すなわち，共同決定は企業の資本市場志向的な事業再編を組織的に妨害するものではない。また労働者代表は株主の意向に反して企業をばらばらに解体しようとはしないし，さらに企業の共同決定は投資計画の長期的な時間軸の追求を促進させるものでもある。

　本パートは以下のように構成される。すなわち，第2節と第3節では，ドイツの共同決定に関する一般的かつ理論的な議論が行われる。企業の共同決定と投資計画との関係について所有権理論の観点から命題が導き出される。第4節では，長い伝統を有する共同決定の実証研究と，企業の共同決定の多様なあり方を測定しようとしてきた主要な研究が検討される。こうした成果に基づいて，第5節では，企業の共同決定の強さを測定するためのインディケータが提示され，第6節でそのインディケータを使って第3節で提示された命題の妥当性が検証される。最後の第7節は本パートの研究成果を要約し，これに評価を加える。

2. 企業レベルの共同決定

　企業の共同決定と投資行動の強さとの関連を分析するにあたって，何よりもまず監査役会の共同決定が検討されなければならない。その理由は明白で，執行役会において，しかも監査役会のコントロール下において企業全体の戦略的な投資が話し合われるとすれば，事業所ないし事業部門レベルでは執行役会で決議された方策の実施が問題とされるに過ぎないからである（Paul/Schnell, 1981; Sadowski, 1997, 80-81頁）。労働組合の観点からも個別企業ないし企業グループ・トップでの労働者の共同決定は，労働組合にとって「しばしば企業を越えて大きな影響を及ぼす，企業者的意思決定に対して影響力を行使する際の最も重要な出発点となる」（Schulte, 1996, 305頁）。それゆえ，労資同権の1951年モンタン共同決定と労資同権には達していない1976年共同決定が本研究の中心となっている。本研究は，ドイツ100大企業を研究サンプルとして使

用しており，1952/1972年の経営体制法（Betriebsverfassungsgesetz）に基づく，3分の1労働者代表による共同決定は，従業員500人から2000人に該当する資本会社にしか適用されないために考察の対象外としている。

モンタン共同決定はもっとも進んだ共同決定形態である。このモデルによれば，それぞれ同数の出資者代表と労働者代表ならびにもう1人の「中立のメンバー」が監査役会を構成する。【訳者注：監査役会11名モデルでは】2名の労働者代表は経営協議会によって選出され，3名は労働組合から送り込まれる。出資者代表と（「11番目の男」と呼ばれる）「中立のメンバー」は，監査役会役員の提案に基づいて出資者総会【訳者注：株式会社の場合には株主総会】において選出される。さらに同一権限を有する執行役会メンバーと考えられている人事・労務担当役員（Arbeitsdirektor）は，過半数の労働側代表の同意なしには選任することも解任することもできない（Müller-Jentsch, 1997, 282-283頁以下）。

【訳者注：株式法では最低2名以上の執行役会メンバーの任命を義務付けているが，共同決定法ではこの執行役会メンバーのうち1名は人事・労務を所管事項とする人事・労務担当役員を任命することを求めている。】

1976年共同決定法に基づく企業の共同決定は，モンタン共同決定に対して以下の2つの理由から労資同権には達していない。すなわち，第1に出資者側によって任命される監査役会会長は第二票権を持っていること，第2に労働者代表に最低1人の管理職代表が含まれていることである。法律がその設置を規定している人事・労務担当役員は，監査役会の過半数の労働者代表が反対しても任命される。1976年共同決定法に盛り込まれた，もう1つの重要な違いは，労働者代表のグループ内では労働組合代表も選挙で選出されねばならないという点にある。この法律の規定では，認可された労働組合の，同一企業出身の名誉職の代表者もまた労働組合代表として候補者になれるようになった（Funder, 1995, 13頁）。

アンケ・ハッセルとノルベルト・クルーゲは，企業レベルにおける共同決定の普及度について研究している（Hassel/Kluge, 1999）。1976年共同決定法の適用対象企業と異なり，モンタン共同決定法適用対象企業の量的意義は著しく減少している。モンタン共同決定法適用対象企業の数は，1951年の同法発効以降継続的に減少している。1970年に共同決定政府委員会はモンタン共同決

定適用企業数を114社としている。1986年では31社，そして1997年には（ドイツ再統一の影響により）モンタン共同決定法の適用を直接に受ける企業は45社であった。この適用を受ける企業で働く従業員数は約40万人であった。適用対象企業の数は，ティッセン・クルップ社とクレックナー・ヴェルケ社の経営統合により生まれた持ち株会社がモンタン共同決定法の適用除外となったことによってさらに減少している。その導入以降の50年から読み取ることができるのは，今後，石炭・鉄鋼産業の衰退に伴い，モンタン共同決定はさらに適用対象企業を減らしていくであろうということである（Hassel/Kluge, 1999, 170頁）。

今日，企業の共同決定にとって最も重要なセクターこそ，1976年共同決定法が適用される企業である。ドイツの売上高上位500社の多くはこの適用を受ける企業に入る。1997年にはこの共同決定法の適用対象企業の数は約700社を超え，1978年よりその数は約50％増えている。1976年の共同決定法発効から最初の10年間，共同決定される監査役会を持つ企業数にはほとんど変化はなかった。1985年には1978年より2倍に増加し，476社に適用されていた。しかし，その後，76年法の適用を受け，共同決定される監査役会をもつ企業は，絶えずまた急速に増加していった。ドイツ再統一の1990年には544社に増加し，その2年後には700社超に増加した。この新たに加わった150社の企業のうち102社は旧東ドイツ連邦州の会社であった。この数は，旧東ドイツ地域の非常に多くの大企業が90年代を通じて衰退していったにもかかわらず安定している（Hassel/Kluge, 1999, 171頁）。

【訳者注：2000年代に入っても，1976年共同決定適用対象企業数は2001年末の750社から2004年末の746社とほぼ安定的に推移している。Mitbestimmung, 2005年5月号, 63-4頁参照。】

3. 所有権理論：共同決定と投資行動（仮説構築）

所有権理論は，特に本研究アプローチの独立変数と従属変数との関係に係わっており，それゆえ企業の投資行動に及ぼす共同決定の影響可能性に示唆を与えうる。以下では，所有権理論の観点からドイツ企業の投資行動に及ぼす労

働者共同決定の影響に関する仮説が生み出される。ここで何よりもまず問題となるのは，理論を実証的研究成果と対決させることではなく，共同決定と投資行動（多角化，事業再編，時間軸そして投資総額）とを相互に結び付けるメカニズムの多様性を提示することのみである。

所有権理論は，ほぼ1960年代半ば以降，米国の経済学者（Furubotn/Pejovich, 1974）によって生み出されたものであり，ロナルド・コースの研究（Ronald Coase, 1937）に基礎を置いていた。「企業の理論」は，所有権理論の1つの主たる応用分野となっている（Alchian/Demsetz, 1972; Fama, 1980; Furubotn, 1988; Jensen/Meckling, 1979）。その理論的基盤は（本書パートIIIで論じている）エージェンシー理論と同様に，新古典派ミクロ経済学に基づいている（Gotthold, 1983）[31]。所有権理論の基本的思考によれば，（とくに労働者共同決定に関して）第三者による意思決定への関与により制限される，所有者の意思決定権へのいかなる可能性も所有権を希薄化させるものであり，非効率性の体系的源泉をなすという表象が当然生まれてくる（Furubotn, 1978; Ganske, 1996, 21頁; Pejovich, 1978）。業務方針を一緒に決定する，共同決定体制への労働者代表の参加は，所有権理論の論者の主張によれば，少なくともそれが法律上の規定に基づくものであるとしても，経済的な損失を引き起こすものであり，それゆえ拒否されねばならない（Jensen/Meckling, 1979）。

こうして，エージェンシー理論における経営者と同じように，所有権理論における労働者は効率を引き下げる機能を果たし，この経営者と労働者という2つの集団は事情によっては所有者固有の所有権を制限するものとして捉えられている。それゆえ，所有権理論において，労働者は，エージェンシー理論における経営者と同様の利害を持つものとされている。こうして，経営者と労働者の利害は，例えば，効率性そして収益性の上昇よりも企業の成長の方に力点が置かれることになろう。さらに，この2つの利害関係者集団は，企業倒産が起きれば両者の職場も破壊されるであろうがゆえに，ビジネス・リスクの削減には絶えず大きな関心を持つことになろう。

---

[31] 新古典派と比較して，所有権理論においては利潤と効用とは区別されない。所有権理論に従えば，人間は，常に，所有者または経営者としてだけでなく，労働者，消費者，他のあらゆる生活境遇にある人々も全て効用極大者（Nutzenmaximicrer）として行動するものとして捉えられている（Gotthold, 1983, 617-618頁）。

所有権理論が企業の共同決定の法律制定にあたって関心を示す唯一の基準は，この規制の効率性である。この理論に従えば，もし市場参加者がマーケット・メカニズムに基づく交換による自己の法的立場の変更を迫られ，このことが法的に起こりうるとするならば，法律による規制は効率的ではないことになる（「自由意思による交換テスト」）。ジェンセンとメックリングは共同決定に関して以下のように主張している（Jensen/Meckling, 1979, 474 頁）。すなわち，「株主が共同決定を法律によって受け入れるよう強制されねばならないという事実は，逆に株主がこの法律によって影響されている最良の証拠である。」

　新古典派経済学と所有権理論は完全合理的な人間像を想定している（Ganske, 1996, 115 頁）。これらの理論の観点からすれば，監査役会における労働者代表に共同決定権を割り当てることによって企業資産の利用をめぐるコンフリクトの危険を生み出す。すなわち，その利害が出資者の利害と大きく異なる労働者は，自己の意思決定がもたらした不都合な結果に対して自ら完全に責任を引き受けることなしに企業に対する処分権を獲得することになる（Pejovich, 1978, 19 頁）。それゆえ，所有権理論を主張する人々は，広い意味での（法的に定められた）共同決定がパレート最適を達成できないと結論付けている（Jensen/ Meckling, 1979; Furubotn, 1978, 1985, 1988, 1989; Pejovich, 1978; Monissen/ Wenger, 1978）。というのも，すべての参加者の異なる目的関数を仮定すると，権力行使集団の拡張（そして広い意味での共同決定は最終的にそれ以外の何者でもないが）が効率の上昇を予想させないからである（Sadowski, 1997, 25 頁を参照）。

　企業収益は効率的な経済活動ないし投入資金の効率的な配分のアウトプットである。資金をどのように使うかという問題は企業の投資行動と呼ばれている。共同決定の効率性を問う際に，常にまた資金利用ないし実行された投資の効率の程度が問題となる。こうして，経済的に効率的な企業体制モデルは投資行動にも表れる（Benelli/Loderer/Lys, 1987 を参照）。それゆえ，優先的に共同決定が企業の効率性ないしパフォーマンスに及ぼす作用に取り組む理論は，投資行動に及ぼす共同決定の作用に重要な示唆を与える。

　投資行動の分析に当たって，とくに投資決定において顧慮される，あるいは顧慮されない，所有者と労働者の利害が問題となる。企業の利害関係者が投資

決定において基礎を置くパフォーマンス基準とリスク基準が問題となっている。投資行動に及ぼす共同決定の作用を分析する研究はごく僅かしか存在しない。ここに従来の研究の欠落部分があり，この欠落部分こそ草分け的な研究領域をなす。

所有権理論の観点から，もし共同決定制度によって所有者の意志決定権が制限されるならば，企業の投資行動に対してどのような結果が生じるのであろうか？所有権理論によれば，強い共同決定の下にある企業は弱い共同決定の下にある企業よりも，より広範に多角化し，根本的に投資額はより少なく，そして企業戦略の追求に当たってより短い時間軸を持っているとされる。以下でこれを根拠付けよう。

3.1 共同決定，多角化および事業再編

所有権理論は，労働者が所有者よりもリスク嫌悪的であるとする仮定を基礎としている。なぜなら労働者は通例，固定的報酬を要求し，株主は企業の残余利益分配請求権を持つからである (Benelli/Loderer/Lys, 1987; Sadowski, 1997)。こうして，事業リスクの高まりと企業収益の増加は，株主と比べて労働者にとっては相対的に引き合わない。そのため労働者は，監査役会において予期されうるリスクを減らし，そのリスクが総計額のうちの，自分たちに帰属する固定部分に影響を及ぼさないように影響力を行使するであろう。市場リスクから企業を防衛する，もっとも重要な形態は，全般的ビジネス・リスクをさまざまな産業部門に割り当てることである (Bethel/Liebeskind, 1993; Gibbs, 1993; Jensen, 1986, 1991; von Weizsäcker, 1999b, 101頁)。

換言すれば，労働者は，所有権理論に従えば，企業の多角化を促進するか，あるいは経営者または所有者サイドによって脱多角化戦略が追求されようとするならば，多角化を守ろうとする利害を持っている。すなわち，株主は，自己の残余請求権に基づいて，労働者に比べ不釣合いに大きなビジネス・リスクを引き受けようとする。それゆえ，株主は最も収益性の高い事業に集中するように企業に圧力をかける。要するに，強い共同決定の下にある企業は，傾向として労働者が企業戦略に影響を与えることができない企業よりも，より広範に多

角化すると言えるであろう。

仮説 1
　ある企業において共同決定の影響力が強ければ強いほど，企業はより広範に多角化しているか，収益性の高い事業部門への集中を選好する出資者の要求に反して多角化はより徹底して防衛される。

　この命題に対する経験的証拠は非常に少ない。ベネリ等は，自らの研究において，特に監査役会内の労働者影響力は（多角化度ではなく，投資収益率の変動性に基づいて測定される）リスクの低い投資に向けて行使されるものとする命題を提示している（Giuseppe Benelli, Claudio Loderer, Thomas Lys, 1987）ものの，意味のある実証的成果を生み出していない。1954年から1976年までのドイツ企業の投資収益率が比較され，その際，オーストリア，ベルギー，フランスそしてスペインの企業データがコントロール・グループとして使われている。

3.2　共同決定と投資総額

　さらに所有権理論の主張者たちは，労働者が，自分たちの利益を追求する結果，事業所内の賃金を最大化させ，それによって企業を「解体」させてしまうことになろうと主張している（von Weizsäcker, 1999a, 182頁; Jensen/ Meckling, 1979も合わせて参照）。労働者が共同決定規制を通じて企業の意思決定に影響を与えることができるならば，年間キャッシュ・フローが新たな投資に回るよりも従業員に配分されることを労働者は支持する（Weizsaecker, 1999a, 182頁）。その結果，投資率と投資総額は，弱い共同決定の下にある企業よりも強い共同決定の下にある企業の方が低くなるであろう（Meckling/Jensen, 1979）。

仮説 2
　ある企業の意思決定に及ぼす共同決定の影響力が強ければ強いほど，投資水準が減少する可能性はより高くなる（企業は「解体」される）。

この仮説に関して，ドイツのケースについて（監査役会ではなく，経営協議会に係わっている）実証的研究が存在し，それ以外にアングロ・サクソン企業に関する研究も存在している。アディソンらの定量的研究は，経営協議会の存在が実物資本投資規模に及ぼす影響に取り組んでいる（John Addison/Kornelius Kraft/Joachim Wagner, 1993）。その際，ドイツのケースについては，ニーダーザクセン州とバーデン・ビュルデンベルク州の企業データを使用しているハノーファー大学の研究チームの予備的研究が重要である。このデータは，インタビューとアンケートに基づいてインフラテスト世論調査研究所（Meinungsforschungsinstitut Infratest）によって1990年と1991年に蒐集された。調査の結果，投資率に経営協議会の存在自体がマイナスの影響をもたらすことが確認された。しかし，この研究成果は意味のあるものではなく，大きなインパクトを及ぼすものではなかった。

　ドイツ企業に関する研究と並んで，米国企業に関する一連の研究は，例外なく，労働組合によって組織されている企業の方が，労働組合のない企業よりも設備投資額は低いことを明らかにしている（Bronars/Deere, 1993; Hirsch, 1990, 1990）。米国のケースはドイツ企業に単純に転用することはできない。なぜなら，第1に企業がそこで働く労働者に支払う賃金については米国の場合にはローカル・ユニオン（組合支部）が交渉しているからであり，第2に合意に達しない場合にはストライキ権を持っているからである（Sadowski, 1997, 65頁）。それにもかかわらず，この研究は，投資総額に及ぼす共同決定の作用についての示唆を与えうるものであろう。

　バリー・ハーシュは，企業関連データから，労働組合によって組織されている米国企業は労働組合の影響を受けていない企業に比べてその投資水準が約10％から14％が少ないことを明らかにしている（Barry Hirsch, 1990, 1991）。投資水準に及ぼす労働組合のマイナスの影響という命題は，米国サンプル企業667社についてステファン・ボロナースとドナルド・デアの研究も立証している（Stephen Bronars/Donald Deere, 1993）。労働組合のプレゼンスの程度は設備投資と研究・開発投資に強い負の，そして有意の相関関係にあった。

3.3 共同決定と研究・開発

　所有権理論の主張者たちは，さらに企業内で働く労働者は短期的利害を追求するであろうと主張している (Jensen/Meckling, 1979; von Weizsäcker, 1999a, 183頁)。すなわち，この理論からすれば，今日，企業で働く労働者は，企業全体の長期的な繁栄には反するものであったとしても，自分たちの現状の報酬水準を最大化させるように行動するであろう。従業員の次の世代のことなどは考えていないとされる (von Weizsäcker, 1999a, 183頁)。この論証の枠内では，労働者は，研究・開発への投資のように，今日その投資が実行されるが，その投資利益は将来的にしか期待されないような，長期志向の投資について関心はないと考えられている。

　他方，労働者とは異なり，所有者は，将来的利益可能性に強い関心を持ち，企業政策における長期の時間軸を追求しているとされる。株主は，今日の配当金の支払が将来の利益チャンスを犠牲にして過度に高まることには関心がないものとされる。なぜなら，それは株式相場の動向にマイナスに作用し，それにより現在の株主には損害を与えるからとされる (von Weizsäcker, 1999a, 181-182頁)。しかし，所有者が自己の意思決定権を労働者によって制限されるならば，これは企業戦略上の計画時間軸の短縮化をもたらすことになろうとされる。要するに，労働者が業務意思決定に影響力を行使すればするほど，ますます長期的投資は行われなくなるとされる。

　仮定3
　　ある企業における共同決定の影響力が強ければ強いほど，ますます企業政策の時間軸は短くなるし，ますます長期的投資，特に研究・開発への投資は行われなくなる。

　定量的なデータを基礎とした実証研究は，ほとんど例外なしに，企業の業務政策に対する労働者の影響力が研究・開発への長期志向投資を減少させるという結論に到達している (Bronars/Deere, 1993; Connolly/Hirsch/Hirschey,

1986; FitzRoy/Kraft, 1990; Hirsch/Link, 1987; Hirsch, 1990, 1991)。

これまでにドイツの企業に関連した定量的な研究が存在する。しかし，この研究は事業所レベルでの共同決定に焦点を当てている。すなわち，フィッツロイとクラフトの研究（Felix FitzRoy/Kornelius Kraft, 1990）は，1979 年に西ドイツの金属産業における中小企業 57 社を対象として調査している。この研究は，イノベーション行動と経営協議会の存在との間に有意な負の関係を見出している。

ドイツ企業についての研究と並んで，米国企業の研究・開発投資に及ぼす労働組合の影響力について研究した文献がある。ロバート・コノリーらの研究は，米国工業部門の労働組合の強さと企業特殊的な研究・開発投資との間に負の関係が存在していることを見出している（Robert Connolly, Barry Hirsch, Mark Hirschey, 1986）。この研究は，1977 年の米国「フォーチュン 500 社」にランキングしている 367 社からのデータに依拠している。

バーリー・ハーシュとアルバート・リンクの研究も同様の結論に達している（Barry Hirsch/Albert Link, 1987）。彼らは，1985 年，米国企業 315 社を対象にアンケート調査を実施し，労働組合によって組織されている企業におけるイノベーション親和性は労働組合に組織されていない企業よりも低いことを発見している。

その後，ハーシュは，共同決定と研究・開発の企業間連データを利用して，労働組合の強い影響を受けている米国企業が，労働組合のない企業に比べ，研究・開発投資額が約 25％から 30％少ないことを明らかにしている（Hirsch, 1990, 1991）。

同様に，上述のボロナースとデアの研究においても，企業の労働組合組織率と研究・開発支出との間には負の関係を見出している（Bronars/Deere, 1993）。こうして，実証的研究からは，共同決定が企業政策上短期的時間軸に導くという，所有権理論の命題を確証していることが示唆されている。

以上のように，所有権理論から，以下での定量的研究に関わる 3 つの命題が構築された。後に投資変数との関係を算出するために，個々の企業における共同決定の強さを測定することを可能とする方法が開発されねばならない。ドイツ企業の共同決定の概念を操作化するという目標をもった，研究の諸アプロー

チと方法を確認するために，共同決定の実証的研究の歴史を一瞥しておくことが役立つであろう。

4. 共同決定に関する実証的研究

　共同決定に関する実証的研究は，振り返って見ると，この間40年以上の伝統を有している。1945年以降，共同決定研究の波は，その多くが共同決定法の公布に対する反応としてか，あるいは新しい法規制に先行して行われた研究として理解されうる。共同決定研究の最初の一団をなすのは，モンタン共同決定法の施行に続いて1955年頃に行われた，一連の産業社会学的研究であった (Blume et al., 1962; Blumenthal, 1960; Pricker, et al., 1952; Voigt, 1962)。
　企業の共同決定の拡張をめぐる，社会での幅広い議論と並行して，1960年代にはそれぞれの利害を反映した，活発な研究活動が展開されてきたが，それは1970年代初頭の共同決定政府委員会の報告書とブリンクマン－ヘルツの研究でそのクライマックスを迎えた (Brinkmann-Herz, 1972; Mitbestimmungskommission, 1970)。
　1972年の経営体制法と1976年共同決定法の成立後，1990年代初頭までに及ぶ，第3の研究の波が起きた。ベルテレスマン財団とハンスベックラー財団の共同決定委員会は，1990年代末に最新の大規模なドイツの共同決定に関する研究を行っている。同委員会は，特に共同決定の発展動向を明らかにするために，共同決定の実践状況と共同決定に関する研究成果をまとめ，評価するという目標を掲げている (Kommission Mitbestimmung, 1998, 21頁)。
　マリア・フンダーは，1950年以降1990年代半ばまでの入手可能な全ての共同決定研究を対象にその評価を行っている (Maria Funder, 1995)（表-14を参照せよ）。同期間に実施された，（世論調査を除く）69の共同決定研究のうち，18の研究はモンタン共同決定を研究対象とし，19の研究は1976年共同決定法と係わっていた（個々の研究の複数回集計を含む）。こうした共同決定研究の研究対象は大抵の場合監査役会である。
　1951年経営体制法には21の研究が係わっている。中心的研究テーマが事業

表-14 共同決定に関する実証的研究の重点分野

研究の波	企業レベルの共同決定		事業所レベルの共同決定		その他法的規則	直接的経営参加（従業員参加）	その他のテーマ	合計
	モンタン共同決定	1976年共同決定法	経営体制法	経営協議会				
1950年代	11	—	7	3	1	—	1	16
1970・80年代	7	18	13	10	3	8	—	48
1990年代	—	1	1	3	—	—	—	5
合計	18	19	21	16	4	8	1	69

出所：Funder, 1995, 19頁。

所レベルの共同決定（経営協議会）と認められる研究の数は16点と少ない。共同決定についての大抵の実証研究は，産業社会学と経営社会学に分類される（50の研究）。それ以外の研究は，19の研究が経営経済学的研究ならびに法学の研究である一方，全体のうち7つの研究はアンケート調査である（Funder, 1995, 18頁）。

　共同決定の定量的測定に基づいた全ての研究は，2つのグループに大別されうる。第1の研究群では，共同決定が行われている企業が共同決定の行われていない企業と比較され，さまざまな従属変数との関係性が検討されている。第2の研究群は，個別企業における共同決定の強さの多様性を捉えようとするものである。両者の方法論について，それぞれの研究方法のメリットとデメリットを明らかにするために，以下で考察が行われる。

4.1　共同決定が行われている企業と共同決定が行われていない企業との比較研究

　共同決定の実証的研究において，共同決定が行われている企業を共同決定が行われていない企業と比較しようとする研究アプローチがしばしば採用されている（Benelli/Loderer/Lys, 1987; FitzRoy/Kraft, 1993; Gorton/Schmid, 1996; Gurdon/Rai, 1990）。これは，特に研究デザインが単純明快にアレンジされるためでもある。基本的に，この研究デザインでは，2つの企業群が相互に比較される。一方の企業群は共同決定下に置かれ，他方の企業群はそうでは

ない企業であり，それにより前者の研究対象企業群における共同決定は，後者の企業群に比べて企業政策に労働側がより強い影響力を及ぼしている。実証研究における算定上，共同決定が行われている企業は1，共同決定が行われていない企業は0とカウントされる。

両企業群における企業政策ないし企業業績の上で差異があるとすれば，これは共同決定に原因があるものとされる。しかし，こうした研究手法は多くの問題を孕んでいる。すなわち，両企業群は共同決定体制が成立しているかどうかだけではなく，企業規模によっても区別されるからである。これは，挙げられる全ての研究において変数間の関係の統計的検定に歪みをもたらす可能性がある［この点については，シャドウスキーの共同決定研究全体に対する批判的検討を参照せよ（Sadowski, 1997, 32-46 頁）］。

共同決定の効果とその作用の測定に関して，多くの問題点がドイツでは指摘されている。その問題点とは，シュトレークによれば，一部は方法論的問題であり，また一部はこの研究手法の本質自体に根ざす問題である（Wolfgang Streeck, 1996, 21 頁）。すなわち，共同決定は法制度であるので，それはドイツでは常に至る所で存在するものなのである。経営協議会を持つ，あるいはそれを持たない事業所の経済的パフォーマンスの統計的比較は，一定規模以上の事業所のほとんど全ては1つの経営協議会を持つという困難にぶつかるからである。経営協議会の存在と結び付く経済的パフォーマンスの違いは，それゆえ，同様に事業所規模にも起因するものと見なされうる。

シュトレークによれば，監査役会において共同決定を行っている大企業と共同決定を行っていない大企業との比較は，監査役会内共同決定を持たない大企業が存在しないが故に，そもそも不可能である。文献上，一連の，「こうした困難を克服しようとする，技法的には部分的に極めて野心的な試み」が知られている。「しかし，またどんなに最良の試みと言えども，組織規模と共同決定との間の『多重共線性』（Multikollinearität）という現実の問題を上手く処理できたとは主張できない」（Streek, 1996, 21 頁）。

【訳者注：「多重共線性」とは，独立変数（説明変数）内の相関が高いことを言い，この場合，組織規模と共同決定との相関が高く，パラメータの分散が大きくなり，その信頼性が小さくなるという問題が生じる。説明変数としての信頼性が低くなることを意味している。】

企業規模の重大な作用は，同規模または類似規模の企業の相互比較によって，もっとも良く最小化することができる。大企業では原則的に共同決定が行われているが故に，共同決定が行われている企業群における*共同決定の具体的あり様*の違いを突き止めうる研究デザインを開発することが試みられねばならない。こうしたアプローチは，これを理論的に根拠付ける上でも，実証的研究においても，はるかに複雑で，要求の多いものとなる。

本研究においては，ドイツの大企業が研究対象となる。こうした全ての企業は，共同決定の行われている監査役会を持っている。こうして，共同決定が行われていない対象群は存在しない。そこで企業の共同決定の強さの多様性を突き止めるための第2のアプローチが用いられねばならない。

4.2 企業の共同決定の強さの調査研究

これまでに少数の研究者のみが企業の共同決定の具体的あり様を突き止めることに取り組んできた。監査役会における労働者代表が業務政策に対して及ぼしている影響を明らかにし，この影響を企業間連データに依拠して測定しようとする，4つの実証研究が1980年代に公表されてきた（Witte, 1980a, 1980b; Kirsch/Scholl/Paul, 1984; Bamberg/Buerger/Mahnkopf/Martens/Tiemann, 1978, Gerum/Steinmann/Fees, 1988）。この4つの研究が以下で提示され，論じられる。

4.2.1 ヴィッテの研究（Witte, 1980a, 1980b）

エバーハルト・ヴィッテ（Eberhard Witte）は，共同決定の影響力の測定に集中的に取り組み，この研究分野で重要な先駆的業績を上げてきた。彼は，自分の研究において，従業員2,000人以上の，企業グループを形成していない株式会社を対象とした調査を行っている。第1次調査の実証的研究成果は，工業部門の株式会社82社の執行役会と経営協議会への質問表を用いたインタビュー調査と労働組合代表者と銀行代表者による専門家ランキングに基づいている。ヴィッテは，共同決定は実際に企業政策に影響を及ぼしているのか，そしていかなる共同決定規制に影響力が読み取られうるのか，という問いに対し

て実証的に答えようと試みた。ヴィッテは，第1段階で共同決定の6つの次元，すなわち，正当性，ポジション，支援，資源，職業資格そして労働組合を定式化・記述し，第2段階としてこの次元を操作化しようと試みた（Witte, 1980a, 4頁以下）。

正当性（Legitimation）：影響力行使の正当性は，法律，契約そして慣習法的な要求に基づいている。ヴィッテによれば，労働者の関与に関する，法的および契約上の全ての取り決めの内容と定式化は，潜在的な影響力の承認を示唆している。ここでは，労働者の法的影響力を拡張する，企業レベルの取り決めを研究することが問題となる。

例えば，フォルクスワーゲン社には1976年共同決定法が適用されている。この法律によれば，人事・労務担当役員は，監査役会の労働者代表の同意なしに任命することができる。それにもかかわらず，VW社では人事・労務担当役員を決定することを労働者代表に認めている規制が存在している。ここでは，労働者側に有利になるように法的な規制が拡張されている。テュッセン社においても，人事・労務担当役員の任命に関する手続きはVW社と同じである。しかし，テュッセン社はモンタン共同決定法適用対象企業である。こうして，監査役会の労働者代表は，人事・労務担当役員を事実上任命する法的権利を有している。

人事・労務担当役員が監査役会の労働者代表によって任命されているのか，そうでないのかの単純な比較は，多様な法律の規制を受けている，多様な企業について同じことを意味しているわけではない。正当性という次元では，法的最低基準を越える，労使という社会的なパートナー間の規制と取り決めが重要となる。株式法を越えて共同決定法の拡張は，ヴィッテによれば，以下のような事態と関係しうる（ヴィッテの研究は1976年共同決定法導入*以前*の時期に関係している）。すなわち，

―監査役会副会長ないし監査役会内の幹部委員会（Aufsichtspräsidium）への労働者代表の任命
―監査役会内各種委員会への労働者代表の選任
―労働者代表の了承の下での，人事・労務業務を所管とする執行役会メンバーないし人事・労務担当役員の任命

―経営者と労働者代表との間で取り決められた定期的な会合回数，以上である。

　1976年共同決定法導入以降，監査役会副会長への労働者代表の任命が定められている。ここでは実践上，法律上の最低限の規定を拡張する，いかなる規制も存在していない。1993年の連邦最高裁判所の判決以降，監査役会内に設置される委員会の仕事に労働者代表を参加させなければならなくなった。ヴィッテは，経営者と労働者代表との間での対話を共同決定の影響力を示唆するものと考えている。正当性次元の枠内では，経営者と労働者代表との対話が行われ，この対話が定期的に行われているという事実ではなく，対話が定期的に行われることが公式に取り決められていることのみが決定的に重要と見なされる。

　ポジション（Position）:「ポジション」という次元は，正当性次元とは異なり，株式法を通じた共同決定権の拡張を描き出すものではなく，公式的規制如何にかかわらず共同決定体制における事実的諸関係を描写するものである。ヴィッテによれば，「ポジション」次元は以下の局面を含んでいる。すなわち，
―監査役会における労働者代表のポジション，すなわち，監査役会内で労働者
　代表が占める割合; 監査役会内に設置される全ての委員会に労働者代表が占
　める割合; 監査役会幹部委員会に労働者代表が占める割合
―監査役会の労働者代表と経営協議会における労働者代表との人的一体化
―事業所における共同決定の各種機関の存在，以上である。

　「ポジション」という局面において重要となるのは，公式的規制ではなく，「ポジション」変数の現実の具体的あり様である。ヴィッテは，一部の企業が，法律によって指示されることなく，法的・事業所内共同決定規制を公的な基盤を持つことなしに拡大していることに注目している。同様に「監査役会の労働者代表と経営協議会における労働者代表との人的一体化」という局面も重要な役割を演じるものと捉えている。なぜなら，経営協議会メンバーと監査役会メンバーの人的一体化によって，立法者が注意深く目論んできた，経営体制（Betriebsverfassung）と企業体制（Unternehmensverfassung）との分離が取り消されることになるとヴィッテは考えているからである。ヴィッテは，人的一体化が生まれるや否や，人的に分離している場合よりも，労働者側の，より大きな共同決定影響力を予期している。

　「事業所における共同決定の各種機関の存在」という局面では，事業所内部

の共同決定機構がどの程度明確に構築されているかが表現されている。ヴィッテの推測するところでは，事業所内の共同決定機構が十分発達していない企業よりも，経営協議会の力量を有する全ての単位が実際に1つの経営協議会を持っているような企業において，より大きな共同決定影響力を持っている。

支援（Rückhalt）：労働者代表がある企業内の労働者全員から受ける支援は，共同決定の強さを示す第3の次元と見なされている。以下の3つの基準が労働者代表への支援を描き出している。
―経営協議会委員選挙への参加
―事業所従業員総会（Betriebsversammlung）への出席
―全社経営評議会の交渉代理権

【訳者注：事業所従業員総会とは，経営協議会の活動報告を中心として事業所の従業員が参加して開催される。】
【訳者注：複数の事業所を持つ企業の場合，全社経営協議会が，企業グループ（コンツェルン）レベルではコンツェルン経営協議会が設置される。】

選挙への参加はここでは選挙権を有する従業員の割合に表れる。しかし，「代議員（Wahlmänner）」選出を使って経営協議会委員を選出している企業の場合には，名目上，代議員の100％の参加が生じる。このため，さまざまな選出手続きを持つ，さまざまな企業における選挙参加を比較することは可能ではない。

事業所従業員総会への出席の場合にも，通常，出席回数は記録されていないので問題が生じる。「全社経営協議会の交渉代理権」の局面は，個別事業所の経営協議会によって全社経営協議会に「上方へ」何が委譲されているかを表している。ヴィッテは，ここで10項目を選び出している。すなわち，賃金，福利厚生，職業教育，年金，提案制度，人事計画，職場保証，法律問題，管理者の問題そして投資がこれである。

資源（Ressorcen）：共同決定の影響力の，この次元の操作化において，労働者代表が，自己の業務に対して，以下のような自由に利用可能な人的資源にヴィッテの関心は集中している。すなわち，
―従業員資源：従業員数に対する専従の経営協議会委員の数，従業員数に対する職場委員の数
―労働者代表の資源：全社経営協議会メンバーの絶対数，経営協議会の下で働

く職員の絶対数
―労働者代表の専門化：全社経営協議会レベルでの委員会制度活用の程度，全社経営協議会レベルでの人的専門化の程度，以上である。

以上の3つの個々の次元の操作化は，変数の定式化から明らかとなる。「委員会制度活用の程度」と「人的専門化の程度」という両変数にも，ヴィッテがすでに上述の「全社経営評議会の交渉代理権」において提示した，同一の10項目が問題となっている。

職業資格（Qualifikation）：共同決定の影響力に関する第5番目の次元として，共同決定機関で活動している人々の職業資格が含まれている。すなわち，
―企業内での労働者代表の経験：労働者代表の平均勤続年数，共同決定機関へ関わっている労働者代表の平均所属年数
―職業上の資格：労働者代表の仕事内容プロフィール，労働者代表数に比べ労働者代表のうちの職員の割合（Angestelltenanteil）
―他の企業の監査役会または経営協議会に所属する労働者代表の絶対数，以上である。

「企業内での労働者代表の経験」に関する変数を測定するのは，それぞれ別の観点の下にある，企業の勤続年数と共同決定機関の所属年数である。仕事内容プロフィールは，経営協議会委員として専従になる以前の職業を表している。同じように，共同決定システムにおける労働者代表の経験は，どの位多くの労働者が他の企業の監査役会と経営協議会に所属しているのかで測定されうることになる。

労働組合：共同決定の影響力は，ヴィッテによれば，企業の外部からも強化されうる。実証的共同決定研究において，労働組合組織率の増大に伴って企業政策に及ぼす労働者共同決定の影響力が増大する事情について意見の一致が存在している（Banberg, et al., 1987; Blume, 1964; Schnabel/Wagner, 1992 も参照せよ）。ヴィッテは「労働組合」の次元を以下の変数で測定している。すなわち，
―工場労働者の労働組合組織率
―職員の労働組合組織率
―労働組合の潜在的影響力，すなわち，全従業員の労働組合組織率，その所属が従業員である労働者代表の労働組合的機能，監査役会規模に比して監査役

会における外部の労働者代表の数，以上である。

　ここで挙げられている，大部分の観点は，変数を掲げることで理解可能である。「その所属が従業員である労働者代表の労働組合的機能」という変数は，従業員を兼任している，内部出身の労働者代表が労働組合の中でより大きな働きをし，それにより事業所を越える体験から生まれる，幅広い情報を持ち，優れた論拠を提示することができるという事実を意味している。共同決定に及ぼす影響力の労働組合の最後の変数として，外部の労働者代表の数が挙げられうる。1976年共同決定法において，監査役会における外部の労働者代表の数は3名を越えることはできない。しかし，同様に，労働組合代表は，当該企業の出身者でも良い。

　ヴィッテは，個々の次元や変数のうちどれがもっとも強く共同決定の影響力を表しているのか，という問いに答えようとしている。彼は，共同決定に関与している人々がいかにその影響力を知覚しているのか，という影響力の直接的な実証的測定に注意を向けている。現実の影響力を把握するために，経営協議会委員，執行役会メンバー，労働組合幹部そして大銀行の経営者たちの主観的な評価が利用された。

　ヴィッテは，6つの次元の個々の変数を関係者の評価により定めている。正当性，ポジションそして労働組合という3つの次元が，共同決定の影響力の評価に関して，質問を受けた利害関係者集団の評価と一致している。けれども，法的最低基準を超える共同決定拡張のための規制を表す「正当性」次元は最も強い相関を表している（ピアソン相関係数 r＝.64, 有意水準 ≦ 0,001）。

　「この観点（共同決定の拡張）の下で高い潜在的影響力を有する企業において，労働者の現実の影響力は，あるスケール・ポイント（0.84）まで高められている。その統計的相関は非常に強いので，『法的要件を上回ること』はまさしく労働者の現実の影響力のインディケータとして見なすことができ，その結果，追跡研究のために経営協議会委員や執行役会メンバー，労組幹部そして銀行経営者という，4つの利害関係者集団に対する，費用のかかる専門家アンケート調査は企業内の協定の直接的な測定によって代替されうる」(Witte, 1980b, 552頁)。

　エバーハルト・ヴィッテによって獲得された研究成果は，共同決定の実証的研究の中で非常に明快である。企業政策に及ぼす労働者の影響力を測定するためには，以下の3つの制度的規制で十分である[32]。すなわち，

―監査役会副会長ないし監査役会内に設置される幹部委員会への労働者代表の任命

―監査役会内各種委員会への労働者代表の選任

―人事・労務業務を所管とする執行役会メンバーないし人事・労務担当役員の任命，以上である。

これにより，ヴィッテによって挙げられた全てのインディケータを調査することはもはや必要ではない。というのも，共同決定の拡張のための規制は労働者の影響力をすでに十分描写しうるからである。

4.2.2 キルシュ，ショールならびにパウルの研究（1984年）

ヴェルナー・キルシュ（Werner Kirsch），ヴォルフガング・ショール（Wolfgang Scholl），ギュンター・パウル（Günter Paul）の研究は，企業政策的意思決定プロセス，特に人事計画と人事政策並びに投資計画と投資政策に及ぼす共同決定の影響について検討している（Kirsch/Scholl/Paul, 1984）。この研究は，1978年に従業員500人以上を擁する全ての資本会社に対する筆記式アンケート調査に基づいている。このアンケート調査の回収率も相対的に低いものであった。すなわち，601通のアンケート用紙送付のうち，経営評議会からの回収率は36%，経営者サイドからのそれは16%であり，両者同時の回答は9%にとどまった。

経営者と経営協議会は，労働者が企業の意思決定プロセスに及ぼしている現実の影響力について尋ねられた。この研究の中心的成果として確認されうるのは，労働者の影響力の程度が3つの法的枠組み，すなわち，モンタン共同決定法，1976年共同決定法そして経営体制法と密接に関連しているということである。モンタン共同決定法は他の2つの共同決定法と明白に異なっている。第1にモンタン共同決定法の下にある監査役会は全般的により大きな権限を保持していること，第2にモンタン共同決定が適用されない他の企業よりも労働者代表が意思決定プロセスに強力に介入していることである。中心的資本利害に

---

32 ヴィッテの研究（Witte, 1980a, 1980b）は1976年共同決定の導入前の時期に係わっているので，次のステップではこの3つの変数は法律上の共同決定規制に適応させられねばならないことになろう（本パートの5節を参照せよ）。

係わる投資案件の場合にも，モンタン共同決定法が適用される企業の監査役会における労働者代表に対する出資者側の影響力の優位性は相対的に小さい (Kirsch et al., 1984, 114-115 頁)。

　経営体制法と 1976 年共同決定法との間では，この研究によれば，重大な差異は認められない。投資分野を例外として，1976 年共同決定法が適用される企業の監査役会における労働者代表の影響力は 1952 年経営体制法に比べ多少大きいものと評価されている（Kirsch et al., 1984: 145 頁）。しかし，ここでは，このアンケート調査が 1976 年共同決定法の導入直後に行われたことを考慮しなければならない。この時点では，1976 年共同決定法の影響力を評価することは非常に難しい。それゆえ，この研究結果の妥当性には疑問の余地がある。

　共同決定の影響力を分析する際に，もっぱら法律条文に限定することは，同一の共同決定法の適用を受ける企業の共同決定の多様なあり方を見逃してしまうことになる。それゆえキルシュらが選んだ研究方法論的デザイン（Kirsch, et al., 1984）は，企業政策に及ぼす共同決定の作用を条件付きでしか立証できない。

　共同決定の影響を測定する際に生じる方法論的困難性は，従属変数（投資計画）の測定の際にも生じるところとなる。この研究で企てられているのは，投資計画に及ぼす共同決定の影響力に関する言明である。投資計画は，この研究においては，5 つの局面から構成される，1 つの全体インディケータによって表現されている。5 つの局面とは「投資の種類」，「時間軸の延長」，「計画情報」，「情報探索」そして「投資計算方法」という変数であり（同書，308 頁），これらの変数が 1 つのインディケータにまとめられている。しかし，個々の変数間に正の相関関係が存在しているかどうかは検証されていない。

　その上，投資計画についてデータの欠如は評価値によって補充されている。それ以上に，重要な投資決定は監査役会において労働者代表のコントロールと関与の下で行なわれているにもかかわらず，常に投資計画と投資決定に及ぼす経営協議会の影響力が突き止められている（Sadowski, 1997）。経営協議会体制に限定することは，投資計画と投資決定に及ぼす共同決定の影響力を根本的に誤って評価することになるであろう。

4.2.3　バンベルクらの研究 (1987年)

　バンベルク，ビュルガー，マーンコプフ，マルテンスならびにティーマンの研究は，1976年共同決定法の発効後10年の，監査役会における強化された労働者参加の具体的な影響力について調査している (Bamberg/Buerger/Mahnkopf/Martens/Tiemann, 1978)。彼らは，この段階で支配的な，共同決定制度の各プレイヤー間の関係を概観する，労働者参加の類型論を展開している。この類型化は，45社の，(部分的に定性的な) 実証的なデータに基づいており，こうした企業について詳細な問題分析も行なわれた。

　共同決定の影響力を確定することはヴィッテによる先行研究では行われていない。彼らは監査役会の類型化のための独自の基準を開発している。すなわち，共同決定に対する経営者の態度 (共同決定親和的，－中立的，－敵対的)，労働組合の事業所政策 (弱い 対 強い)，情報入手と処理，監査役会における公式的規制，監査役会における労働者の共同決定行動，そして企業における意思決定プロセスへの彼らの影響力がこれである (Bamberg et al., 1987, 59頁以下)。

　監査役会における同意義務のある業務は，彼ら自身の研究では調査されておらず，1979年のゲルムとシュタインマンの研究 (Gerum/Steinmann, 1980) のデータに依拠している。企業の意思決定プロセスに及ぼす労働者の影響力はここでは定量的に確定されておらず，労働者代表へのインタビューから聞き出されている。そこでの陳述はほとんど自己評価に基づいている。

　この研究プロジェクトの重点は，研究依頼者である労働組合が求める，監査役会の共同決定の実践に関する情報の収集にあった (Funder, 1995, 55頁)。これと関わって，新しい共同決定法に基づく手続き (選出方法，各種委員会の組織と構成，規約と服務規程および情報入手，情報活用そして情報交換の方法) の現状調査が行われた。

　1976年共同決定法の実効性を全体としてバンベルクらは僅かなものと評価している。こうして，ドイツの共同決定の場合，主として情報公開法 (Informationsgesetz) と係わる問題であり，その際，自発的に与えられる企業情報は，しばしば労働者にとっては僅かな意味しか持たないものとされることが確認されている。しばしば利害代表体制の情報処理と十分な協力のための構想と意思決定プロセ

表-15　1976年共同決定法適用の代表的なタイプ

現実のタイプ	所与の条件	企業の意思決定への影響	企業数	比率(%)
タイプ1：「共同決定は自社の流儀には合わない」	「共同決定敵対的」（多国籍企業の子会社と有限会社）	プロセス随伴的な共同決定のためのいかなる手掛かりも労働者代表にはない。	11	24
タイプ2：「共同決定は共同責任をも意味している」	「共同決定親和的」（株式会社、持株会社、国家の影響）	労働者代表の密度の濃い，早期の参加，影響力行使のチャンス。	6	13
タイプ3：「共同決定は事後決定機関における社会的良心である」	広範囲に分散	労働者代表の共同決定のための手掛かりは部分的に存在するが，あまり利用されていない。社会的諸帰結をもたらす事項（執行役会における人事問題）への労働者代表の自己制限。	17	38
タイプ4：「より多くの情報とコントロール-しかし、真の共同決定ではない」	「共同決定中立的または親和的」（株式会社、持株会社、またはモンタン子会社、国家による資本参加）	労働者共同決定の手掛かりは体系的に利用されているが，影響力行使の機会は制限されている（長期的戦略計画のケースでは稀）。	8	18
タイプ5：「戦いの場としての監査役会」	「共同決定中立的」（株式会社、多国籍企業の子会社ではあるが、「完全支配下にはない」会社）	労働者共同決定の手掛かりは体系的に利用され，労働者代表の影響力行使の頻繁な試みは時に成功している。	3	7

出所：Bamberg et al. (1987).

スへの従業員の包摂とが欠如しているものとされる。監査役会は，彼らの見解によれば，従業員，大部分の，名誉職的な労働組合幹部そして多くの経営協議会メンバーにとっては「非常にかけ離れた，評価しがたい行為レベル」を表しており，決して利害対決の新たな舞台を表すものではない (Bamberg, et al., 1987, 333頁)。

　バンベルクらの共同決定研究において，なるほど監査役会の構造に関する多くのデータが蒐集されている。けれども，このデータは，企業実践の諸事例を定量的に根拠付けることを目的として，共同決定の強さと企業政策との統計的関係を突き止めるために使用されたわけではなかった。

4.2.4　ゲルム，シュタインマンならびにフェースの研究（1988年）

　エルマー・ゲルム，ホルスト・シュタインマンならびにヴェルナー・フェー

スの研究は，ヴィッテの先行研究（Witte, 1980）を踏まえ，監査役会の共同決定の強さを捉えようとする包括的な研究を行っている（Elmar Gerum/Horst Steinmann/Werner Fees, 1988）。彼らは，ヴィッテが名づけた公式的影響力の潜在的可能性，すなわち，制度的規制に自己の研究計画を対応させることによって，ヴィッテの先行的実証研究に関連付けて自己の研究努力を説明している。すなわち,

> 「それゆえ，全体として，共同決定が行われている企業の理論と経験的事実にとって公式的な影響力の潜在的可能性の中心的位置価値が確認されなければならない。従って，制度的規則に基づいて現実の影響力を明らかにすることは全く許容されうるし，十分根拠付けされる」(Gerum, et al., 1988, 31頁)。

ゲルムらは，制度的規制のさまざまな形式を，監査役会における労働者代表の権限とポジションという2つのグループに区分している。これによって，ヴィッテの研究（Witte, 1980）と比較して，制度的な要因は，ある企業における多数の同意義務のある業務にも拡張されている。すなわち，監査役会における労働者の権限は，事前同意義務のある業務があるかどうかに依存している（Gerum, et al., 1988, 71頁; Koestler, et al., 1999, 238頁）。特定の業務における同意留保権によって，立法者により，監査役会には経営者の意思決定に直接介入することが認められている。それゆえ，企業政策に及ぼす労働者の，最も重要な影響力行使の可能性をこの同意留保権から推測することは正当であるように思われる（Gerum/Steinmann, 1980, 42頁）。

同意義務のある業務の仕組みに基づいて発生する企業者的権限が付与されることによって初めて，監査役会は，執行役会ないし経営者に対する予防的コントロール（拒否権）によって，出資者と労働者の利害を守ることができる。執行役会の業務執行の自律性は無制約なものではない。すなわち，その自律性は監査役会における出資者・労働者双方の利害を守るべく同意留保の制約を受けている（Gerum, et al., 1988, 64頁）。同意義務のある業務の存在とその具体化は偶然に生じるものではない。ゲルムらによれば，監査役会による同意留保権のある業務の数とその具体化の程度は密接に相互依存している。

「ある企業グループにおいて同意留保事項が多ければ多いほど（少なければ少ないほど），同意義務のある業務の数と質も，それによる監査役会の影響力可能性は一層大きくなる（一層小さくなる）。こうした実証的関係が教えることは，監査役会の企業政策的権限の具体的展開は完全に意識的に行われるということである」(Gerum, et al., 1988, 84頁)。

監査役会における労働者代表のポジションは，企業共同決定の強さを測定するための第2の構成要素をなすものである。労働者代表の監査役会内の各種委員会構成についての法的規則問題は，ともかく最終的決着が付けられていない。この問題の中に，企業独自の形成余地が切り開かれている。監査役会の規約によって，企業内で実践されている規制によって，労働者はそのポジションを強めているのか，あるいは弱めているのかが識別されうる。

ゲルムらの研究（Gerum, et al., 1988）に従えば，企業の共同決定の強さは，監査役会における労働者の権限付与と労働者のポジションとの組み合わせから明らかにされる（表-16を参照せよ）。多少単純化して言えば，彼らのモデルの論理からすれば，監査役会において高い権限付与と強いポジションを持つ企業には，それぞれ"1"という値が付与される。このような企業の場合，共同決定の強さは最も高い。いかなる同意義務のある業務もなく，しかも労働者が各種委員会に弱い代表機能しか持たない企業には　その権限とポジションにはそれぞれ"0"という値が付与される。

これによれば，監査役会における同意義務のある業務の幅広い一覧表は，共同決定の潜在的可能性を完全に発揮するためには不十分である。もし労働者が監査役会内各種委員会において強力なポジションを占める場合にはじめて，企業における強い共同決定が論じられうる。

表-16　共同決定の影響力の潜在的可能性

意思決定プロセス　　　　　権限	権限(K)0	権限(K)1
意思決定プロセス(E)0 意思決定プロセス(E)1		

出所：Gerum, et al., (1988) の表を筆者が簡略化した。

ゲルムらは，監査役会における労働者の権限またはポジションのいずれかを描き出す個々の変数が一般に正の相互関係ないし相関関係にあるのかどうかについて検証することを怠っている。もしこれがそうでないならば，企業における共同決定の権限とポジションという2次元区分は疑わしいものとなろう。このことは権限とポジション次元間の関係についても当てはまる。労働者の権限とポジションとの間に高い正の相関関係が存在する場合に，企業の共同決定の強さを描き出す1次元的インディケータを形成することができることになろう。

以下では，これまでに紹介されてきた研究，なかでもヴィッテの研究 (Witte, 1980) とゲルムらの研究 (Gerum, et al., 1988) から引き出されうる多くの先行業績の助けを借りて，ドイツ100大企業における企業の共同決定の強さが突き止められる研究方法が開発される。

5. 企業共同決定の強さを測定するためのインディケータの作成

ヴィッテの研究は，制度的諸要因，例えば，監査役会において労働者代表が果たす公式的規制に焦点を合わせている (Witte, 1980)。ゲルムらの研究は，労働者代表の権限である，監査役会の同意義務のある業務にポジション変数を拡張している (Gerum, et al., 1988) (4.2.4節を参照せよ)。

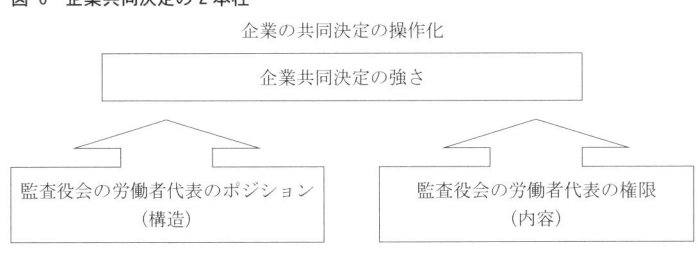

図-6 企業共同決定の2本柱

企業の共同決定の操作化

```
          企業共同決定の強さ
         ╱              ╲
監査役会の労働者代表のポジション    監査役会の労働者代表の権限
        (構造)                      (内容)
```

ゲルムらの研究 (Gerum, et al., 1988) で提示された，企業共同決定の強さを決定するための拡張モデルは，これがヴィッテの研究 (Witte, 1980) とゲ

ルムらの研究 (Gerum, et al., 1988) の研究者集団によるアプローチをカバーしているが故に，本章の以下の議論のベースとなっている（図-6）。ポジション変数，すなわち，監査役会副会長と人事労務担当役員という人物および監査役会内各種委員会の構成は，同意義務のある業務に関するデータにより補足される。このデータは，経営者と労働者代表に送付されたアンケートを手掛かりとして集めることができた。本研究の基礎となった，共同決定データ集計は後述される。最初に，本研究において企業の共同決定の強さを測定する際に使用された諸変数が操作化される。

5.1 監査役会内の労働者代表のポジション

　監査役会内の労働者代表のポジションにおいて，次の3つの変数がこの研究では強調される。すなわち，監査役会副会長と人事労務担当役員の出自および投資委員会の構成がこれである。以下では，3つの変数のさまざまな具体的現象が示されるとともにダミー変数が設定される。

　監査役会副会長：ここではこの機能が事業所代表によって担わされるのか，あるいは労働組合員によって担わされるのか否かが問題となる。監査役会副会長が外部の労働組合員である場合に，より強い共同決定の表れとして評価される。ヴィッテの研究は，共同決定体制における労働組合の存在が労働者共同決定の影響力を「著しく」強めることを明らかにしている（Witte, 1980b, 552頁）。

　ヴィッテの実証的研究と並んで，バンベルクらの研究が論証するところによれば，企業の共同決定体制への労働組合の参加によって労働者集団が利益を得るものとされる（Bamberg, et al., 1987）。というのも，第1に，大企業において，例えば，コアの従業員対周辺の従業員というように，従業員同士の間で相互に反目させられることがありうるからである。第2に，監査役会の開催準備にあたって，事業所を超えた，労働組合的な観点から問題を考察することが保証されるからである。第3に，組織の階層に拘束されていない，個人的に企業に従属していない人が，最も風当たりの強い，労働者サイドのポジションに就くことができるからである（Bamberg, et al., 1987, 112頁; Witte, 1980a, 8頁）。

加えて，外部の労働組合員が大きな「労組幹部機構（Funktionärsapparat）」を「連れて来る」ため，彼らは従業員の利害代表機能にとって得るところが大きいことがドイツの大企業の労働者代表とのインタビューにおいて明らかになった（インタビュー8）。このことから，監査役会副会長として外部の労働組合員を選任している企業には値1が，そうでない，他の全ての企業には値0が与えられる。

　人事・労務担当役員：この変数において重要となるのは，人事・労務担当役員が労働組合に所属しているか否かである。モンタン共同決定法によれば，監査役会における労働者代表の過半数の同意なしに人事・労務担当役員を任命することはできない。しかし，1976年共同決定法適用対象企業では，労働者代表は人事・労務担当役員の任命における拒否権を持たない。

　共同決定が行われている企業において，人事・労務担当役員の仕事範囲は極めて重要である。この所管事項には，以下のような分野が含まれる。すなわち，能率と賃金，人事管理（管理者も含む），協約問題，経営協定，保健サービス，職業教育と継続訓練，労災防止，工場安全管理，健康保険と老齢年金，福利厚生施設，住宅制度，工場新聞，提案制度とその他の社会的給付がこれである。人事・労務担当役員には，その本来の担当領域以外に，どの程度の責任が委ねられているのかというのは，特に監査役会における交渉を通じて解決され，決定されなければならない（Köstler, et al., 1999, 234頁）。

　ヴィッテの研究が論証するところによれば，監査役会内での労働組合の強力な役割は，企業の共同決定の全般的影響力に正の影響をもたらす（Witte, 1980a, 1980b）。このことは，企業における人事・労務担当役員の役割においても同様に当てはまる。企業の人事・労務担当役員が労働組合に所属している場合，これは，人事・労務担当役員が労働組合に所属していない場合よりも共同決定の影響力が高いことを示すものである。このことから，その人事・労務担当役員が労働組合のメンバーである企業の場合には値1，そうでない全ての企業の場合には値0を付与する。

　監査役会内の委員会のメンバー構成：ここで問題となるのは，監査役会内各種委員会での労働者代表の影響力である。ここでは投資委員会が中心を占めている。というのも，何よりもまず投資行動に及ぼす労働者の影響力が描き出さ

れるからである。監査役会内各種委員会への労働者の参加について明確な法的規定は存在していない。そのため、こうした委員会が出資者代表と労働者代表によって労資同権的に構成されなければならないのかどうかは積年の係争事項であった。この係争事項が決着していないことが、現実の多くの委員会が労資同権的には構成されていないことにもなっている。しかし、1993年5月17日に連邦最高裁判所の判決以降、労働者代表が1人も所属していない委員会はもはや法的には適合しなくなっている (Köstler, et al., 1999, 134-5 頁)。

　労資同権的に構成されていない監査役会内各種委員会は、企業の意思決定への労働者の弱い共同決定を示唆していることは疑問の余地はない (Gerum, et al., 1988, 99 頁以下; Witte, 1980a, 12 頁)。このような企業には値 0 が付与される。投資委員会を持たない企業は、常に監査役会において投資問題が労資同権的に採決されるが故に、値 1 に相当する。労働者代表と出資者代表によって同権的に構成される投資委員会が存在する場合は、その企業には値 2 が付与される。大企業の監査役会は法律によって労資同権的に構成される。監査役会内各種委員会のメンバー構成において、労資同権は法律では強制されていない。委員会が法律の強制なしに労資同権的に構成されている場合、これは企業における労働者の影響力を示唆するものとなる。その上、労資同権的に構成されている委員会における労働者代表は、通常の監査役会において可能であるよりもずっと集中的に実際の係争事項について出資者と議論することができる。

5.2　監査役会における労働者代表の権限

　監査役会における労働者代表の権限は、同意義務のある業務の数と質から構成される。同意義務のある業務の存在とその具体的展開様式は、企業の共同決定の影響力を中心的に示すものとなる (Gerum, at al., 1988)。1976 年共同決定法によれば、事前同意義務のある業務の導入は義務づけられていない。株式法 111 条 3 項 2 では、このことに関して以下のように規定している。すなわち、「定款もしくは監査役会で、特定の業務が監査役会の事前同意によってのみ行うことが許可されることを定めることができる。」

　特定の業務が監査役会の同意を必要とする拘束により、この体制は、執行役

会の意思決定の前に企業政策に影響力を行使することができる。もし企業の戦略的意思決定に対する一種の事前監視機能が監査役会の事前同意権において確認されるのであれば，計画される業務政策の中心的局面が同意義務のある業務一覧において取り上げられねばならない。監査役会が執行役会から会社の営業状況について十分な情報の提供を受けているものとして信頼するのか，あるいは監査役会が重要な業務に対して公式の同意権を定めるのかどうかは，助言と監視に関する質的な相違である。

同意義務のある業務の範囲と内容は，株式法111条4項の1で規制されている。これによれば，監査役会があまり重要ではない業務にまで同意権を設定することは許されない。同意を必要とする旨を定めることのできる業務とは，質・量ともに企業にとって格段の重要性を有する業務においてのみであり，こうした同意は一般的特徴に従い定義されなければならない（「特定の業務」ないし「全ての重要な業務」）(Kösler, et al., 1999, 237頁)。典型的な同意必要事項としては，例えば，重要な投資決定または年間投資予算，資本参加のための出資持分の取得，有価証券そして土地の購入ないし売却，大規模な合理化，ある一定水準以上の借入，工場閉鎖，提携または事業譲渡がある (Kösler, et al., 1999, 237頁)。

企業実践において規制されうる同意義務のある業務は，以下においてリストアップされる (Gerum/Steinmann, 1980; Hans-Böckler-Stiftung, 1998を参照せよ)。このような業務は，本研究においては原則的に以下のようにコード化される。すなわち，同意留保事項がない場合，そのような企業には値0が付与される。非常に大規模な事業計画のような例外的ケースにおいてのみ同意留保事項が存在する場合には値1を付与する。そしてごく普通のケースにおいて同意留保事項が存在する場合には，その企業には値2が付与される。「定期的事業計画」，「収益率目標の確定」そして「事業部門の購入そして売却」という監査役会業務において，監査役会における労働者代表の関与があるか（値＝1）またはないか（値＝0）が重要となる。

監査役会における同意義務のある業務には以下の事項が考えられる。すなわち，
―定期的事業計画（生産計画，営業・販売計画そして利益計画）
―個々の事業部門または企業全体によって実現されねばならない収益率目標の

決定
—事業部門の購入と売却
—資本参加のための出資持分の取得と売却
—固定資産（建物，機械等）への投資
—研究・開発への投資
—職業教育・継続訓練投資
—有価証券（他企業の株式，国債等）の購入と売却
—投機的業務の規模（例えば，確定的な収益確保が保証されない外国為替・先物取引業務）
—社債発行，1年以上の期間を持つ長期借入，以上である。

5.3　データ集計と評価

　本研究は全体で111社を対象としている[33]。この企業数は，以下のように構成されている。すなわち，1996/97年に100大企業に所属していた企業と1986/87年に100大企業に所属し，1996/97年にもまだ存在していた企業がアンケートの対象とされた。というのも，この研究プロジェクト全体では部分的に異なる企業サンプルによる研究が行われているからである[34]。

　労働者代表と経営者に異なる質問表が送付された[35]。労働者代表には，共同決定の役割と影響力，事前同意義務のある業務，企業戦略そして報酬制度に関する，共同決定に関わる構造データについて質問が行われた。労働者代表からの質問表の回収率は69.3%（77社）と極めて高い回収率であった。その理由は，非回答企業に対しては3回まで書面で依頼するとともに，電話による問い合わせも行ったからだと思われる。

　経営者への質問表においては，事業に関わる国際化，組織，戦略的方向性そして労使関係というさまざまな観点からの質問が行われた。経営者に対する質

---

[33] 企業データバンクのより詳細な説明は，本書の付録1と2を参照せよ。
[34] 本書の付録1を参照せよ。
[35] 2000年6月までに質問表が送付された企業のデータだけが考察の対象とされた。そのため，例えば，ドイツ郵便株式会社（Deutsche Post AG）とドイツ・テレコム株式会社（Deutsce Telekom AG）とは考察対象から外された。

問表の回収率も 52.3%（58 社）と，労働者代表と同様に高かった。

　以下において，企業の共同決定に関する労働者代表と経営者の質問表への回答が評価される。その際，監査役会における労働者のポジションと権限に関する変数の頻度分布と属性分析が中心となっている。労働者代表への質問表の中には，監査役会副会長，人事・労務担当役員そして同意義務のある業務についての変数に関する質問項目が含まれている。経営者側への質問表の中には，投資委員会での労働者代表の役割に関するデータ，そして労働者代表への質問表と同様に，同意義務のある業務についてのデータが調査されている。このような方法で，労働者代表の質問表において監査役会業務に関して欠落したデータが，経営者のデータによって補われている。監査役会における労働者のポジションに関するデータがない場合には，いくつかのケースでは電話によってデータが蒐集された。

　労働者側代表と経営者から回収された質問表は最大で 78 社であった。個々の変数の回答で欠落している場合に（N>78 の場合），全てについて電話によるインタビューによって補完することはできなかった。すべての質問項目に回答している企業数は N＝60 社であった。このことが意味することは，こうした企業について，監査役会における労働者代表のポジションと権限に関する 16 の全ての変数の完全なデータが得られたことである。個別変数の詳細な分布状況が以下で提示される。

5.3.1 監査役会副会長

　監査役会副会長の役割に関して，70 社から回答が寄せられた（表-17）。64.3％の企業において監査役会副会長のポジションは自社の従業員によって占められている。それに対して，35.7％がこの機能を外部の労働組合員が担当している。

表-17　監査役会副会長

	企業数	比率(%)
自社従業員	45	64.3
外部の労働組合	25	35.7
N	70	100.0

5.3.2 人事・労務担当役員

人事・労務担当役員が労働組合のメンバーであるかどうかについて 71 社から回答を得ている（表-18）[36]。人事・労務担当役員の 81.7％が労働組合に所属していない。18.3％の企業においてのみ，人事・労務担当役員は労働組合のメンバーである。

表-18　人事・労務担当役員

	企業数	比率(%)
非労働組合員	58	81.7
労働組合員	13	18.3
N	71	100.0

5.3.3 投資委員会における労働者代表の役割

77 社の企業について，監査役会における投資委員会についての回答が得られた（表-19）。79.2％の企業は投資委員会を設置しておらず，ここでは投資案件はもっぱら監査役会の全体会議で扱われている。

表-19　投資委員会

	企業数	比率(%)
労資同権的ではない委員会	7	9.1
投資委員会は存在しない	61	79.2
労資同権的委員会	9	11.7
N	77	100.0

監査役会の 11.7％が出資者と労働者とを労資同権的に代表する投資委員会を設置している。9.1％の企業において労資同権的ではない投資委員会が設置さ

---

[36] 4 社【BMW，カール・ツァイス（Carl Zeiss），メルク（Merck），ミシェラン（Michelin）】には人事・労務担当役員は存在しない。人事・労務担当役員の典型的な業務は，こうした企業においては労働組合に属さない人事担当執行役が担当している。このような企業は，人事労務担当役員を持つ企業と同一視される。但し，彼らは労働組合に所属していない。

れている。監査役会内に投資委員会が設置されている場合，56.2％が労資同権的であり，43.8％が労資同権的ではない。

5.3.4 同意義務のある業務

全体で13項目の監査役会の事前同意義務のある業務について，その存在と部分的にはその範囲について質問が行われた（表-20と21）。同意義務のある業務は，通常，会社の定款ないし監査役会の服務規定そして時には執行役会規約で定められている（Gerum/Steinmann, 1980）。

表-20 同意義務のある業務（I）

同意義務のある業務	ある(％)	ない(％)	N
企業計画	43.6	56.4	78
収益率目標	23.4	76.6	77
新規事業分野への参入	63.2	36.8	76
既存事業分野からの撤退	54.4	45.6	68

この文書を入手することは難しい。質問表調査において経営者と従業員に同意義務のある業務を尋ねるというやり方は，どの文書にリストアップされているかどうかにかかわらず，通常，全ての同意義務のある業務が突き止められるという利点を持っている。例えば，ゲルムとシュタインマンの研究（Gerum/Steinmann, 1980）は，会社の定款において記載されている，同意義務のある業務のみが考察の対象とされているが，このような方法では必ずしも全ての監査役会業務を把握することはできない。

本研究は，労働者サイドと経営者サイド双方に同意義務のある業務を質問している[37]。合計78社から，監査役会における同意義務のある業務について回答が得られた。その内（有効回答数の21.8％に相当する）17社のみ，監査役会

---

[37] モンタン共同決定法適用対象企業は，法律によりすでに監査役会における全ての意思決定において真の労資同権が存在しているために，全てのケースにおいて，明示的に文章化された，監査役会における同意義務のある業務を有しているわけではない。従って，こうした企業は，同意義務のある業務において最高の高い得点が割り当てられた。しかも，特別に取り決められる同意義務のある業務についての回答がなくてもである（RAG社の場合のように）。労働者と経営者とで回答が異なる場合には，不明確な部分を取り除くために電話による問い合わせが行われた。

表-21　同意義務のある業務（Ⅱ）

同意義務のある業務	例外なしに存在する(%)	非常に大きな規模の業務の場合のみ存在する(%)	ない(%)	N
事業分野の買収	42.3	33.3	24.4	78
事業分野の売却	44.9	32.1	23.1	78
設備投資	29.5	34.6	35.9	78
研究・開発投資	25.3	20.0	54.7	75
職業教育・継続訓練投資	14.1	9.0	76.9	78
有価証券の購入	25.6	9.0	65.4	78
有価証券の売却	23.1	11.5	65.4	78
投機的ビジネス	23.4	7.8	68.8	77
社債と銀行借入れ	22.1	26.0	51.9	77

にそもそも同意義務のある業務自体が存在していない[38]。監査役会の同意義務のある業務が存在するのかどうかの分布状況が表-20で示され，表-21では監査役会の同意義務のある業務の具体的あり様が提示される。

定期的企業計画（生産計画，営業・販売計画，利益計画）の決定に関して，78社のデータがある。34社（43.6%）において，こうした事項について，監査役会における同意権が存在している一方，56.4%の企業には監査役会に同意権はなかった。

株主価値重視経営の視点に立つと，個別事業分野または企業全体によって実現されるべき収益目標の決定はますます重要となっている（Höpner, 2000a）。全ての有効回答の23.4%に相当する18社の企業では，そのためには監査役会の同意が必要不可欠となっている。一方，76.6%の企業では，執行役会は監査役会の同意なしに収益目標は決定されうる。

コア・ビジネスへの集中という大規模な事業再編にあたって，企業の利害関係者は，当該企業が将来いかなる事業分野に集中すべきかを決定しなければならない。ここで，企業の戦略上の新たな展開が行われる。76社について，監査役会が新規事業分野の探求に当たって関与しているかどうかについてデータ

38　1979年に共同決定が行われていた企業，281社のうち3分の2弱（63%）において同意義務のある業務が存在していた。ゲルムらの研究（Gerum, et al., 1988）は，本研究とは異なる企業サンプルに基づいて調査が行われている。それにもかかわらず，この間，ドイツ企業の監査役会における共同決定は，労働者側に有利になるように拡大されてきたことが推測される。

が存在している。このうち63.2%の企業では新しい事業分野への参入について監査役会の同意義務がある一方，36.8%の企業では，これについて監査役会にはいかなる同意義務も認められていなかった。

事業分野の撤退と関わる意思決定の場合には総じて監査役会の立場は弱い。54.4%の企業では事業分野の撤退には監査役会の同意義務がある。事業分野の撤退，すなわちコア・ビジネスへの集中は，多角化した企業の新たな方向づけの中心的要素の1つに数えられる。

さらに表-21に従って，以下において監査役会の残りの9つの業務を論じることとする。こうした業務において，監査役会の同意義務は例外なしに存在しているのか，非常に大きな業務の場合にのみに存在しているのか，あるいは全く存在していないのかどうかが考察の対象とされた。

事業分野の買収と売却は，特定の事業分野への戦略的方向づけと結び付いている。このような同意義務のある業務について，その存在と範囲について質問が行われた。78社について，この監査役会業務の具体的あり様に関するデータが得られた。その内の75.6%において，事業分野の買収は同意義務のある業務の1つに数えられる。この75.6%のうち，42.3%の企業では，事業分野の買収は例外なしに同意が必要とされる一方，残りの33.3%の企業では，非常に大きな規模の事業分野の買収の場合のみ監査役会の同意が必要とされる[39]。

78社について，事業分野の売却における同意義務に関するデータが存在している。その内の23.1%の企業において，この問題について執行役会は監査役会の同意を必要としていない。77%の企業において，事業分野の売却は監査役会の同意義務があり，その内の44.9%が例外なしに同意義務が存在しており，32.1%が非常に大きな規模の事業分野の売却の場合のみ同意義務が存在している。

78社について，設備投資が監査役会の同意義務の下にあるかどうかに関するデータが存在している。この内の35.9%の企業において，監査役会の同意義務は存在しない。29.5%の企業において，設備投資に関する同意義務は例外なしに認められており，34.6%の企業において，非常に大きな規模の設備投資の

---

[39] 質問表において「非常に大きい」という概念は，ここでは「例外なし」との区分のみが問題であるので，詳しく説明されていない。

場合に同意義務が存在している。

研究・開発投資に関する意思決定の際の監査役会における同意義務に関するデータは75社について存在している。この内の54.7%の企業において，この投資における監査役会の同意義務は存在しない。45.3%の企業において，研究・開発における執行役会の投資決定は監査役会の同意に拘束されている。その内の25.3%の企業において，監査役会の同意義務は例外なしに存在している一方，20%の企業においては大きな規模の投資においてのみ存在している。

従業員の職業教育と継続訓練そして能力開発訓練問題は，監査役会の同意義務のある業務としては僅かな場合のみしか認められていない。データが得られた78社の内の76.9%の企業では，職業教育と継続訓練の領域は同意義務のある業務として認められていない。14.1%の企業では例外なしに認められており，9%の企業では非常に大きな教育訓練支出の場合のみ同意義務が存在している。

全ての有効回答データの65.4%の企業では，有価証券の購入は，監査役会における同意義務のある業務に属してはいない。これについては78社のデータが得られている。25.6%の企業では有価証券の購入に関する同意が例外なしに認められている。9%の企業では，極めて高額な投資額の場合のみにその購入には監査役会の同意が必要とされる。

表-22 監査役会における同意義務のある業務の割合

業務の種類	監査役会同意義務のある業務の存在(%)
事業部門の売却	77.0
事業部門の買収	75.6
設備投資（不動産も含む）	64.1
事業分野の参入	63.2
事業分野の撤退	54.4
社債と借入れ	49.1
投機的ビジネス	49.1
研究・開発	45.3
事業計画	43.6
有価証券の購入	34.9
有価証券の売却	34.6
収益目標の設定	23.4
職業教育と継続訓練	23.1

有価証券の売却に関しても事情は同じであった。有価証券とは，貸借対照表に計上される他の企業の株式，国債等々を意味している。65.4%の企業では，監査役会は，有価証券の売却に当たって同意権を持たない。23.1%の企業において，同意義務が例外なしに存在し，11.5%の企業では極めて大きな売却額の場合にのみ同意義務が存在している。

監査役会における投機的ビジネスの扱いについて，77社のデータが得られている。投機的ビジネスとは，確定した利益が保証されていない外国為替取引・先物取引を意味している。68.8%の企業においてこのような業務は監査役会の同意義務を必要としない。23.4%の企業において同意義務が例外なしに認められており，7.8%の企業においては投資規模が極めて大きい場合のみ認められている。

77社について，社債と借入れに関する監査役会における意思決定プロセスのデータが得られている。51.9%の企業では，この分野において同意義務のある業務は存在していない。48.1%の企業では，異なる程度ではあるが，監査役会の同意義務による規制が存在している。すなわち，22.1%の企業では，社債と借入れに関する同意義務が例外なしに認められており，26%の企業では極めて多額の借款においてのみ同意義務が存在している。

監査役会における同意義務のある業務をその高い割合順に並べると（表-22），事業分野の売却と買収，設備投資，事業分野の参入と撤退そして社債と借入れといった業務が中心を占めている。こうした業務の割合が高いことは，財務コントロールとリスク管理をめぐる，商人の伝統的な観念の影響を受けているように思われる。

5.3.5 監査役会における労働者のポジションと権限： 企業の共同決定の2つの次元？

共同決定の強さは，ゲルムらの研究（Gerum, et al., 1988）に依拠して，監査役会における労働者代表のポジションと権限から構成される。3つのポジション変数と13の権限変数がそれぞれ相互に正の相関関係にあることが予想されうるであろう。なぜ相関していない，あるいはそれどころか負の相関関係がある変数までもが組み込まれるべきであるかを根拠付けることは難しい。ゲ

ルムらの研究（Gerum, et al., 1988）は，個々のポジション変数と権限変数が正の相関関係にあることを推定しているに過ぎず，相関係数に関する検定は行われていない。

本研究では，一方で，監査役会における労働者代表のポジションを表す3つの変数，すなわち，監査役会副会長，人事労務担当役員そして投資委員会が，他方で，労働者の権限を表す，13の同意義務のある業務が正の相関関係にあるかどうかが検定される（表-23）。

2変数間の関係を測定するためにもっとも良く使用される数値である，ピアソン相関係数 r が算出された。個々のポジション変数間では極めて有意な，正の相関が存在する。それゆえ，検定された3つの変数が監査役会における労働者代表のポジションを反映していると語ることが正当である。こうして，3つのポジション変数を1つのインディケータに統合している，ゲルムらの研究（Gerum, et al., 1988）アプローチは事後的に立証された。

表-23 監査役会における労働者代表のポジションを明らかにするための変数間の相関関係

	監査役会副会長	人事・労務担当役員	投資委員会
監査役会副会長	1.00	0.49*** (N=70)	0.35*** (N=69)
人事労務担当役員		1.00	0.47*** (N=69)

*＝10％水準で有意; **＝5％水準で有意; ***＝1％水準で有意。

監査役会における労働者代表のポジション次元の場合と同様に，権限次元においても，もしそれが同じように測定しうることを前提にするのであれば，個々の同意義務のある業務は正の相関関係がなければならない。そこでピアソン相関係数が算出された。相関マトリクスは13の全ての権限変数間で正の相関を立証している（本書付属資料，表-39を参照せよ）。

ゲルムらの研究（Gerum, et al., 1988）と本研究において，同意義務のある業務の存在で認識される違いは系統的なものであり，偶然のものではないことを表している。すなわち，同意義務のある業務の相関マトリックスは，同意義務のある業務体制の存在，同意義務のある業務の数と深度が一貫して同じ方向を示していることを証明している。一企業内で同意義務のある業務が多くなればなるほど，それだけ一層，このような業務の具体的展開とそれに伴う監査役

会における共同決定の強さは広範で大きなものとなる。

5.4 企業の共同決定の強さ：インディケータ作成

以下において，共同決定の強さに関して企業の姿を描く総合インディケータが，蒐集されたデータから作成されうるのかどうかが調べられる。ゲルムらの研究 (Gerum, et al., 1988) は，その研究において，労働者代表のポジションと権限は体系的にはまとめられず，両次元間に正の，有意な相関関係は決して存在しないとの前提に基づいていた。彼らは，企業の共同決定が2つの独立した柱から構成されるものと主張しているが，これまで相関係数の検定が行われていたわけではない。

何よりもまず，企業の共同決定の2つの柱の間の相関係数の検定は，労働者代表のポジションと権限との間に関係があるかどうか否かを指示している。労働者代表のポジションと権限は，一方で監査役会副会長，人事労務担当役員の役割そして投資委員会の構成という3つの変数と13項目の同意義務のある業務がz変換され，その後合計され，その変数の数で除せられることによって算出される[40]。この2つのインディケータはピアソン相関検定において相互に関係付けられる。検定では，共同決定の2つの柱の間には極めて有意な，正の相関が明らかになった。相関係数rの値は0.53であり，1％水準で有意である。このことは，我々が企業の共同決定の1つの次元と関わっているという命題に対する重要な示唆である。

次に因子分析を用いて両次元の個別変数間の関係が算出される。どの変数が統合されうるのか，それに対応する因子がいかに相関しているのか，に関して，いかなる推定もできず，また曖昧な推定しかできないとすれば，探索的因子分析 (die exploratorische Factorenanalyse) が採用される。これに対して，変数の因子負荷量とその相関を通じて検証される場合には，通常，変数を固定した因子分析である確証的因子分析 (die konfirmatorische Factorenanalyse) が利用さ

---

40 ポジション・インディケータ＝（z変換された変数の合計）/3；権限インディケータ＝（z変換された同意義務のある業務の合計）/同意義務のある業務の数。16の変数が多様な特性を持ち，0と1および0，1そして2で算出されるために，このような方法が選ばれた。

れる（Arminger, 1979, 79 頁）。

　ここでは，確証的因子分析が使用される。というのも，企業の共同決定の 2 つの柱の緊密な相関という示唆が得られているので，全体で 16 のポジション変数と権限変数の一次元性が前提とされるからである。以下の確証的因子分析は，両次元の個別変数が互いに正に相関するという命題を基礎にしており，その結果，企業の共同決定の 1 つの次元によって論ずることが正当化されるであろう。この因子は，因子の固有値に関わりなく，因子の値「1」が算定において設定されている[41]。

　確証的因子分析は，個々の変数が 1 つの因子と正に相関していることを示している（表-24 を参照）[42]。その因子は「企業の共同決定の強さ」として呼ばれる。変数「投資委員会」の値は 0.40***であり，他の 15 項目の変数よりも弱い

表-24　16 変数の確証的因子分析

共同決定インディケータ	
事業計画	0.69***
収益目標の設定	0.75***
新規事業分野への進出	0.75***
事業分野の撤退	0.73***
事業部門の買収	0.84***
事業部門の売却	0.79***
設備投資	0.76***
研究・開発投資	0.78***
職業教育と継続教育	0.74***
有価証券の取得	0.79***
有価証券の売却	0.81***
投機的ビジネス	0.74***
社債と借入れ	0.68***
監査役会副会長	0.60***
人事・労務担当役員	0.70***
投資委員会	0.40***

抽出方法：主因子法。第一因子。***＝1％水準で有意

---

[41] 因子数を設定しない因子分析の計算については，本書付属資料の 3 を参照せよ。この中から 3 つの因子が形成される。その内の 1 つの因子はすでに 53％を説明しており，他の 2 つの因子は 9％と 6％を説明している。因子行列は最初の因子の高い位置価値を明らかにしている。

[42] 説明される分散の算出は本書付属資料の 3 を参照せよ。

相関を示している。これは，同一企業内において労資同権的な構成もしくは労資同権的ではない構成を有する監査役会内各種委員会が見出されうるからだと思われる。こうして，投資委員会だけでは監査役会内各種委員会における労働者代表の役割を包括的に描き出すことができない。

それにもかかわらず，投資委員会と共同決定インディケータとの間の関係は，総合インディケータにおける変数を統合するためには十分強く，しかも因子分析における個々の変数はもっぱら標準回帰係数の強さに基づいて重み付けされるからである（Gaensslen/Schubö, 1979, 203 頁以下; Tacq, 1998, 277 頁）。

こうして，「投資委員会」変数は，共同決定インディケータ内ではそのより低い相関に基づいて，それ以外の変数よりもまたより低く重み付けされる。因子分析は，単純総合インディケータとは異なり，インディケータの歪みを最小化する。

個々の変数の正の因子負荷量に基づいて，企業の共同決定の強さは一次元的インディケータで描き出されうることが示されうる。こうして，本研究において初めて，ドイツ大企業を共同決定の強さランキング順に並べることを可能とする，インディケータを作成することに成功した（本書付属資料 表-38 を参照せよ）。

モンタン共同決定法が適用される企業（RAG 社，ザルツギッター社，クレックナー・ヴェルケ社，ティッセン社）がランキングの上位に位置づけられるのは不思議なことではない[43]。石炭・鉄鋼産業分野において共同決定が行われている資本会社において，監査役会メンバーの半分に労働者代表が参加している。監査役会における労資同権は，石炭・鉄鋼産業分野の監査役会において労働者利害を貫徹する機会が総体としてその他の産業部門よりも大きいことを保証している（Kirsch, et al., 1984; Kösler, et al., 1999, 71 頁を参照せよ）。

---

[43] 調査時点では，これらの企業は，モンタン共同決定法の適用対象企業であった。ティッセン社は，クルップ社とクレックナー・ヴェルケ社との 2001 年の合併以降，1976 年共同決定法が適用されている。

6. 大企業の投資行動に及ぼす共同決定の影響力の測定

　本研究全体の中核を占めていたのは，ドイツの大企業の投資行動に及ぼす資本市場と共同決定の影響力の分析である。これまでの研究から明らかとなったのは，資本市場が企業の脱多角化ないし事業再編を推し進めていることである。けれども，資本市場，とくに機関投資家は，投資水準そして投資政策の時間軸には何ら影響を与えていない。以下では，企業の共同決定の強さと3つの投資次元，すなわち，多角化ないし事業再編，投資規模そして投資政策の時間軸との関係が測定される。

6.1　共同決定，多角化そして事業再編

　企業の共同決定の強さと企業の多角化度との関係を測定する際に，1990年代を通してその関係の推移を明らかにするために，3つの時点を考察の対象としている。企業の多角化に関するデータは，独占委員会のその時々の報告書（1998/99年版，1996/97年版，1992/93年版）に依拠している。独占委員会は，経済部門に関するデータにおいて，連邦統計局の定める区分を適用している。その時々に，その売上高が売上高全体の少なくとも5％以上となる事業部門だけがリストアップされている。回帰分析では，事業関連多角化度が従属変数，すなわち被説明変数と位置づけられている。企業の共同決定の強さを表すインディケータは多角化度を説明するものとされ，こうして回帰分析において独立変数となる。

　企業の共同決定の強さと多角化度との関係の算出は統計的に処理されている。共同決定の強さを測定しない外部効果は可能な限り極小化されるものとする。それぞれ固有の重回帰計算において，制御変数として「企業規模」，「上場企業であること」，「所有者構造に占める分散所有比率」，そして「株主価値の強さ」が設定される。

　ここでは，大企業はさまざまな分野に投資するための，より強固な財務的基

盤をしているが故に，企業規模がある効果を持ちうるであろう。

さらに「上場企業であること」についても制御される。事業再編に及ぼす資本市場の影響についての分析が明らかにしたところでは，上場多角化企業が事業再編を迫られているのに対して，非上場企業は引き続き自社の多角化戦略を推進できる。株式上場は，広範に多角化している企業が，自社のコア・ビジネスに集中し，従って脱多角化するかどうかに決定的影響を及ぼしてきた。それゆえ，企業の共同決定の強さと多角化度との関係を測定する回帰分析において，株式上場の効果が制御される。

第3の制御変数は，企業の所有者構造の分散所有比率を反映している。プリンシパル・エージェンシー理論の主張に従えば，所有者構造に占める高い分散所有比率は経営者の権力を高める（Berle/Means, 1959）。それ以上に，経営者は，全般的事業リスクをさまざまな事業部門に分散させることを目的として，多角化への利害を持っていると仮定している。それに従えば，高い分散所有比率は企業の高い多角化度と体系的に重なり合うことになると主張される。

けれども。本書のパートⅢにおいて明らかにされえたことは，1990年代半ば以降，高い分散所有比率が株主の影響力に関するインディケータをなすことであった。なぜなら，高い分散所有比率によって，企業は敵対的企業買収の危険に晒されるからである。それによれば，分散所有変数は回帰分析において機関投資家の影響を制御するものとする。株主資本の75％以上の分散所有比率を持つ企業には値1が，それ以外の企業には値0が割り当てられる。所有者構造に占める分散所有比率に関するデータは，1998年，1996年そして1992年の独占委員会報告書に依拠している。

株主価値変数は企業の資本市場志向の程度で測定される（Höpner, 2001）。この変数は定義上もっぱら上場企業に関連付けられる。

回帰分析は表-25のような結果となった。これによれば，企業の共同決定の強さと多角化度との間には，もっぱら1992/93年において「上場企業であること」と「分散所有比率」という統計的制御下で有意な，正の相関を示している。表-25においては，異なる回帰式の正規ベータ値の比較は可能ではないから，非正規ベータ値が示されている（Wagschal, 1999, 234頁）。非正規ベータ値は制御変数ありとなしで1.40と1.88の間にあった。このことは，企業の共

132　Ⅳ　投資行動に及ぼす共同決定の影響

表-25　企業共同決定の強さと多角化度の間の関連[1]

	多角化度 1998/99 年	多角化度 1997/96 年	多角化度 1992/93 年
企業の共同決定の強さ	1.21***　N=50	0.99**　N=40	1.59***　N=33
統計的制御の下での以下の項目の企業の共同決定の強さ			
①企業規模（1996）	0.84*　N=50	0.80*　N=40	1.48**　N=33
②株式上場企業	0.75　N=50	0.76　N=40	1.40**　N=33
③所有者構造に占める最低75％の分散所有比率（1998/1996/1992）	0.67　N=50	0.56　N=40	1.61**　N=32
④株主価値の強さ	0.70　N=20	0.94　N=21	1.88*　N=21

重回帰分析により，非正規ベータ値が与えられ，有意水準は以下の通りである。
＊＝10％水準有意；＊＊＝5％水準有意；＊＊＊＝1％水準有意である。
1）（R-Square 決定係数，標準β値，t 値についての）より詳細な算出結果は本書付属資料7を参照せよ。

同決定の影響が，独自の安定的説明力を持ちうることを示している。

　ベータ値は1992/93年の方が1996/97年と1998/99年の回帰分析によるベータ値よりも常に高くなっている。統計的制御下でも，食品と飲料，工作機械，自動車部品製造，商業，エネルギー供給，電機，サービス，化学，建設，自動車そして旧東ドイツ企業が，1％水準と5％水準で有意である。1990年代初頭，労働者代表が企業の多角化を共に推進してきたという命題は高い信頼度をもって確証されうる。

　1996/97年と1998/99年において，なるほど企業の共同決定の強さと多角化度との間に極めて有意な関連が存在しているが，「上場企業であること」，「分散所有比率」そして「株主価値の強さ」の変数によってその関連が制御されると，その結果は有意ではない。この点から，資本市場の外部コントロールの増大という条件の下で，労働者代表はもはや多角化の道を追求することはできないと推論することができる。

　所有権理論から引き出されてきた，多角化仮説ないし事業再編仮説の第2の部分は，事業再編と労働者との関係を記述している。所有権理論が主張するところによれば，労働者は株主の要求に反して企業の多角化を援護する。こうして，企業の共同決定が強ければ強いほど，それだけ一層，事業再編，すなわち脱多角化や事業部門の買収や売却は考えられないということが当てはまるはずである。

以上の主張は，回帰分析においては「企業の共同決定の強さ」と「事業再編の程度」との変数間の関連は，負の有意水準となることが予測されることになるはずである[44]。両変数の操作化は既述した通りである。算出されうる関連は，様々な，考えられうる影響変数によって制御される。

 例えば，エネルギー部門での事業再編は他の部門より強力に推し進められていることが推測されうる。1990年代におけるエネルギー部門における規制緩和政策により，RWE社，フィアーク（VIAG）社，フェーバ（Veba）社といったエネルギー・コンツェルンにおいて資本参加ポートフォリオに大きな変化が生じている。多変量解析において，それゆえ，考えられうる産業部門効果が制御される。

 資本市場が事業再編プロセスに及ぼす影響が明らかにするところでは，上場企業は体系的に事業再編に巻き込まれている（本書パートⅢ）。「株式上場」変数はこの影響を制御するものとなる。

 分散所有の程度においても同様のことが当てはまる。(75%以上の）高い分散所有比率は，パートⅢで論じられたように，今日の資本市場の条件の下では敵対的買収の危険を高め，そこでこの高い分散所有比率は，資本市場，とくに機関投資家の影響力に対するインディケータとなる。フェプナーが作成した株主価値インディケータは，個別企業の資本市場志向の程度を測定するものである（Höpner, 2001）。

 共同決定は，少なくとも1990年代初頭までは，企業の多角化を促進してきた。共同決定の強さと多角化度との関連の存在は，多角的企業のみが定義上事業再編を行いうるが故に，ここで使われる回帰式で分析される。それゆえ，「多角化度」変数が制御されている。

 最後に，企業規模が制御される。というのも，規模の大きな企業の方が多少とも規模の小さな企業よりもより早く事業再編を行うはずだからである。企業の規模は，独占委員会のデータに依拠して，付加価値に基づいて突き止められ

---

[44] 事業再編インディケータについて，因子分析により明らかになったところでは，「コア・ビジネスへの集中」，「出資持分の変動」そして「企業買収の件数」という3変数が1つの因子に負荷しているという点である。会社の事業再編論争に依拠して，3変数が「事業再編」インディケータにまとめられる。

ている。表-26 の回帰式では，個々の回帰式の非正規ベータ値が算出されている。

共同決定の強さと事業再編の程度との関連は，所有権理論の予想に反して，正の相関を示してはいるとしても，有意ではない。こうして，共同決定の強さが企業の資本市場志向的なリストラに及ぼす影響に関して，正でも負でもその影響力は証明されえない。より大きな労働者代表の影響力によって企業の事業再編は組織的に阻止される，とする所有権理論の主張はここでは証明されえない。

表-26　企業の共同決定の強さと事業再編措置との関連[1]

	事業再編度
共同決定の強さ	0.43
統計的制御の下での以下の項目の共同決定の強さ	
外国企業グループのドイツ子会社	0.40
旧東ドイツ国営企業	0.37
食料・飲料部門	0.41
工作機械部門	0.42
自動車部品製造部門	0.39
商業部門	0.41
エネルギー部門	0.32
電機部門	0.50
サービス部門	0.48
化学部門	0.42
建設部門	0.42
自動車部門	0.41
株式上場企業	0.34
株主価値の強さ	0.31　(N=20)
発行済み株主資本の75％以上の分散所有比率 (1988年)	0.34
企業規模 (1996年)	0.33
N（すべての回帰式で測定された企業数）	38

重回帰分析により，非正規ベータ値が与えられ，有意水準は以下の通りである。
＊＝10％レベル有意；＊＊＝5％レベル有意；＊＊＊＝1％レベル有意である。
1）(R-Square 決定係数，標準 β 値，t 値についての) より詳細な算出結果は本書付属資料 8 を参照せよ。

6.2　共同決定と投資総額

ここで，1990 年代における企業の共同決定と設備投資水準の変化との関連

が算出される。処分権と関与権が労働者に委譲されることは企業の「解体」（von Weizsäcker, 1999a, 182 頁）をもたらすのかどうか，すなわち，強い共同決定が行われている企業の方が弱い共同決定の見られる企業よりも新規設備投資が少なくなるのかどうかという問いが究明される。

共同決定の強さと 1990 年代における設備投資水準の変化というように，2 つの変数は相互に関係付けられる。最初の変数（共同決定の強さ）の設定はすでに詳しく論じられた。「1990 年代における設備投資水準の変化」変数は企業資産の展開動向を反映する（本書パートⅡ）。

共同決定の強さと 1990 年代における設備投資の変化との関連の算出は統計的に制御される。産業部門，上場企業であること，所有者構造に占める分散所有比率，株主価値の強さそして企業規模が制御変数として設定される。

制御変数は，それぞれ独自の回帰式において企業の共同決定の強さと関連付けられる。この算出は，産業部門の統計的制御下で行われる，というのも，例えば，エネルギー部門と建設部門の方が，サービス部門とは異なる投資要件を持っているためである。この「外部的」効果は，以下の回帰式で極少化される。

上場企業であること，株主価値の程度そして分散所有比率に関する問いは，資本市場効果の可能性を示している。企業規模は，大企業が小企業とは異なる投資要件を持つことがありうるがゆえに，ともに考慮される。

企業の共同決定の強さと 1990 年代の設備投資水準の変化との間では，もっぱら企業規模を統計的に制御した上でのみ 5％水準で有意な負の相関が明らかになる（表-27）。このことは，企業の共同決定が企業規模の影響を除くと設備投資の発展動向に負の作用をもたらすことを意味している。所有権理論は，一見すると，労働者代表は株主の意思に反して，企業のキャッシュ・フローを，例えば，賃上げという形で分配し，それによって企業資産を危険に晒すとする命題を認めている。

けれども，考慮されなければならない点は，企業の資本市場志向的事業再編，すなわちコア・ビジネスへの集中によって，事業売却が企業の設備投資水準を低下させるため，投資水準の低下を必然的に伴っているということである。事業再編の程度と設備投資の発展動向との相関を算出すると，相関係数は $r=0.30$ であり，5％水準で有意である。株主によって推進される企業の事業

136   IV 投資行動に及ぼす共同決定の影響

表-27 企業の共同決定の強さと1990年代の設備投資水準の変化との関連 [1]

	1990年代の設備投資水準の変化
共同決定の強さ	-1.17
統計的制御の下での以下の項目の共同決定の強さ	
外国企業グループのドイツ子会社	-1.66
旧東ドイツ国営企業	-1.68
食料・飲料部門	-1.12
工作機械部門	-1.27
自動車部品製造部門	-1.25
商業部門	-1.27
エネルギー部門	-1.23
電機部門	-1.03
サービス部門	-1.11
化学部門	-1.14
建設部門	-1.25
自動車部門	-0.99
株式上場企業	-1.58
株主価値の強さ	-2.33
発行済株主資本の75%以上の分散所有比率 (1988年)	-3.41 (N=21)
企業規模 (1996年)	-2.73**
N (すべての回帰平均)	40

重回帰分析により,非正規ベータ値が与えられ,有意水準は以下の通りである。
*=10%レベル有意;**=5%レベル有意;***=1%レベル有意である。
1) (R-Square決定係数,標準β値,t値についての) より詳細な算出結果は本書付属資料9を参照せよ。

再編は,事業の部分的売却,すなわち設備投資水準の低下を伴いがちである。

他方において,企業の共同決定の包括的な規則は資本市場志向的な事業再編を決して妨げていない。所有権理論の主張とは異なり,労働者代表は企業を株主の意思に反して解体するのではなく,むしろ固定資産の減少を伴う,株主が推進する企業の事業再編を一緒になって進めている。

6.3 共同決定と研究・開発

以下では,企業の共同決定の強さと研究・開発費の変化の関連をいくつかの回帰式を使って明らかにすることが重要となる。専門文献では,研究・開発費は企業の投資政策の時間軸の代理変数とされる (パートIIを参照せよ)。

ここでは,ある時点に絞り込んだ考察よりも,ある期間の考察の方が効果の

影響をより良く反映するため，時間の経過の中での研究・開発費の変化が考察される。二時点の考察において，様々な企業の時間の流れにおける割合的変化が相互に比較される。割合的変化は，企業規模そして産業部門とは基本的に独立しており，それゆえ，相互に比較可能となる。以下では，1996年と1998年の研究・開発費の割合的変化が算定されている。

企業の投資水準の変化を算出する際に，ある年の変則的変動を相殺するために，1996年から1998年までの平均値が1993年から1995年までの平均値と比較されうる。残念ながら，この方法は，研究・開発投資に関するデータが十分揃っていないため，ここでは用いることができない。2つの時点の考察において生じる不確実性によって，回帰分析の結果の妥当性は損なわれる。それにもかかわらず，企業の共同決定と研究・開発費の動向との一定の関連は示唆されることになろう。

全ての回帰式において，所有権理論の予想に反して，正の相関で，5％そして10％水準有意であった（表-28）。「外国企業グループのドイツ子会社」，「工作機械部門」，「エネルギー供給部門」，「上場企業であること」そして「所有者

表-28 企業の共同決定の強さと研究・開発費の変化との関連 [1]

	1996年と1998年の研究・開発費の変化
共同決定の強さ	12.80**
統計的制御の下での以下の部門の共同決定の強さ…	
外国企業グループのドイツ子会社	10.48*
旧東ドイツ国営企業	17.11**
工作機械部門	10.24*
自動車部品製造部門	13.35**
エネルギー部門	10.82*
電機部門	10.94*
サービス部門	14.22**
化学部門	12.56**
自動車部門	12.31**
株式上場企業	12.71*
発行済株主資本の75％以上の分散所有比率（1998年）	15.19*
企業規模（1996年）	14.27**
N	24

重回帰分析により，非正規ベータ値が与えられ，有意水準は以下の通りである。
*＝10％レベル有意；**＝5％レベル有意；***＝1％レベル有意である。
1）（R-Square決定係数，標準β値，t値についての）より詳細な算出結果は本書付属資料10を参照せよ。

構造における分散所有比率」変数を統計的に制御すると関連は10%有意水準に分類される。「株主価値の強さ」変数についてはここでは制御されえない。というのも，株主価値変数と研究・開発変数についてアンケート集計対象企業は僅か12社に過ぎないためである[45]。他の全ての制御変数は，結果として有意水準を損なうものではなかった。

投資政策の時間軸の発展動向は，研究・開発投資の発展動向に反映されるという仮定の下で，労働者代表がその行動において短期的志向を有するという，所有権理論の主張は証明されえない。それどころか，投資政策への労働者代表の大きな影響力が投資計画の時間軸を拡げるという命題が引き出されうる。

7. 要約

本研究のこのパートの目的は，企業の投資行動への共同決定の影響力の分析であった。この研究課題を考察するために，パートⅣは，40年を越える，実証的共同決定研究の伝統に沿って展開された。実証的共同決定研究は，常に，共同決定の強さと企業政策との関連を測定する際の方法的困難さを抱えていた。共同決定は法的制度であるため，共同決定はドイツにおいてはほとんど全ての大企業に適用される。投資政策の統計的比較は，ある一定規模以上のほとんど全ての企業には監査役会が設置されるという困難さに突き当たる。それゆえ，監査役会の存在と結び付く投資行動の違いは，同様に企業規模の違いによるものとも見なされうる。これまで，企業規模と共同決定との間の多重共線性という現実の問題が撹乱的役割を演じていた。

本研究において，ドイツ大企業を企業の共同決定の強さに基づいてランク付けすることを可能にするインディケータを作成することに成功している。ヴィッテの研究（Witte, 1980）とゲルムらの研究（Germ, et al., 1988）といった実証的共同決定研究に依拠して，16項目の変数から構成される共同決

---

[45] この2変数に関するデータ収集対象企業数の少なさは，株主価値変数それ自体が，ここで利用されている企業サンプルと関連して，調査されたわけではないことで説明可能である。株主価値変数はフェブナーの研究（Höpner, 2001）に依拠している。

定インディケータが形成された。この方法的アプローチは，企業規模の問題を減らすことが可能となる。というのも，共同決定が行われていない企業という制御変数が統計的関連の算出には必要とされないからである。

　共同決定インディケータは，企業の共同決定の強さと多角化度，事業再編の程度，研究・開発費の変化の程度と同様に，設備投資水準の変化との量的関連を多変量解析において算出するために利用される。共同決定と事業関連投資との関連可能性をめぐる仮説は，所有権理論から導出された。本パートで獲得された研究成果は以下のように要約される。

　1）所有権理論の研究者は，監査役会における労働者代表が，予想されうる事業リスクを事業分野の多角化によって削減するように影響を与えていると主張している。要するに，強い共同決定が行われている企業は，労働者代表が企業戦略に関して共同決定できない企業より体系的に広範に多角化していると主張する。本研究で獲得された結果は，1990年代初頭，多角化度に及ぼす労働者共同決定の影響力を確証している。

　しかし，その後，資本市場の影響という統計的制御下では共同決定効果は立証可能ではない。1990年代半ばと1990年代末には，共同決定の強さは，共同決定の弱い企業よりも企業が広範な事業分野に多角化していることを示唆するものでは決してない。所有権理論の仮説，すなわち労働者が企業の多角化に原則的な利害を有しているという仮説は，本研究の結果からすれば疑問を投げ掛けられない。それどころか，本研究の結果を解釈する際に資本市場の役割が考慮されなければならない（本書パートⅢを参照せよ）。すなわち，機関投資家は，多角化した企業に，企業の共同決定の強さに関わりなく，少数の事業分野に集中するように圧力をかけている。1990年代半ば以降，資本市場の外的コントロールが高まることによって，労働者は，事業リスクを多様な事業分野に分散させるという彼らの根本的利害を実現できなくなった。

　2）労働者が今日の資本市場の状況下で企業の多角化度の維持にほとんど影響を及ぼすことができないとすれば，コア・ビジネスに集中することに対する「抵抗」はどのような状態にあるのか？所有権理論においては，脱多角化が，労働者サイドによって，その影響力可能性に応じて防止されるものと論証される。この命題はドイツの大企業には裏付けられない。企業の事業再構築の程度

に共同決定の強さが及ぼす重要な影響力は存在しない。強い共同決定が行われている企業の労働者は，資本市場志向的事業再編を妨害してはいない。

　この研究成果はどのように解釈されうるであろうか？1990年代半ば以降，ドイツの上場大企業は，資本市場が影響力を増大させているという経済環境を認識している（本書のパートIIIを参照せよ）。今日，敵対的企業買収は上場企業においてはいつでも起こりうるものとなっている。このことを企業の利害関係者は，労働者代表も含めて，自らの戦略において顧慮しなければならない。ドイツ資本市場の変化によって，強い事業分野が株式市場においてコングロマリット・ディスカウント（多角化による過小評価）を受けて企業価値の上昇を妨げ，同時に収益力の弱い事業分野も「一緒に引きずっていく」ことによって敵対的企業買収リスクが高まる場合には，労働者代表は事業再編措置への利害を共有するようになっている。資本市場志向的な企業運営によって収益力の劣る事業分野が投資資金を認められないようになるのであれば，企業グループ内の競争力の弱い分野の発展可能性は著しく制限される。そのような状況において，従業員はスピン・オフを支持するかもしれない（Höpner/Jackson, 2001）。

　3）さらに，共同決定の強さと設備投資の動向との関連が考察された。所有権理論の研究者は，この点に関して，労働者代表が，共同決定制度を通じて，ある年のキャッシュ・フローが新たな投資のための資金に投入されるよりも，労働者に配分されるように全力を尽くすものと主張している。要するに，強い共同決定が行われている企業では，投資率は系統的に低下するものとされる。この命題に対して，一見すると実証的示唆が見出されうる。1990年代における企業の共同決定の強さと設備投資の変化との関連は，企業規模の統計的制御下では有意な負の関連が存在している。

　しかし，この場で確認されなければならない点は，設備投資の減少ないし事業の「除去」は資本市場的事業再編を伴っていることである。それゆえ，労働者共同決定は，まず第1に株主の利害を軽視する制度としてではなく，株主を意識したリストラクチャリングと設備投資水準の引き下げを護衛する制度として機能するのである。

　4）加えて，本研究において，企業の共同決定の強さが研究・開発費の動向に影響するかどうかという問いが究明された。専門文献では，研究・開発投資

は企業の投資政策の時間軸を示唆するものと見なされている。所有権理論の研究者は，企業内の労働者が原則的に短期的な利害を追求し，それゆえ長期的投資を妨げることを仮定している。この実証的研究においては，この命題に対していかなる証拠も見出されなかった。本研究で立てられた，全ての回帰式で，共同決定の強さと研究・開発費の変化との間には有意な正の関連が認められた。

理論と経験的知識との間の矛盾は，恐らく，所有権理論では職場保証に対する労働者のニーズが過小評価されていることで説明可能である。アングロ・サクソン企業との比較において，ドイツの労働者は概して比較的長期間一つの企業にとどまる（Streek, 1999, 19頁）。職場保証は，所有権理論の研究者が主張しているような，賃上げ要求や企業の「解体」よりも労働者にとって根本的に優先順位は高い。これが，共同決定の強さと研究・開発費の動向との決定的な繋がりであろう。一企業内で長期にわたって雇用され続けるという展望により，従業員は，今日行われるが，しかしその回収には幾年も掛かるような投資にも大きな利益を見出す。共同決定が企業における労働者の転職率を最小限に抑えるかぎりで，「自らの」企業に対する従業員の長期的利害が存在していることは容易に推測できる。

【清水一之　訳】

V．事例研究：シーメンス社とフェーバ社

1．はじめに

　本パートは以下の2つの目標を持っている。1つは，これまでに述べてきた，資本市場と労働者共同決定の影響力に関する定量的結果をコングロマリット企業の2社の実例を使って明らかにすることであり，いま1つはリストラクチャリングにおける労働者共同決定プロセスの経過をより詳細に解明することである。

　企業の共同決定のさまざまな状態が資本市場志向的事業再編に及ぼす影響がコングロマリット企業，シーメンス社とフェーバ社[46]（以下ではシーメンス，フェーバと表記）の2つのケースから分析される。両社は1990年代初頭，同じように広範な多角化を展開していたが，1990年代半ば以降，徹底した事業再編の渦中にある（付属資料　表-35の事業再編ランキングの第1位と第3位にある）。けれども，シーメンスとフェーバは共同決定の強さが異なっている。シーメンスは共同決定の弱い，上場コングロマリット企業である。その上，シーメンスのケースにおいて事業再編プロセスは労使対立を伴いながら進行したと指摘されている。コア・ビジネスへの集中政策を支持するか，という問いに対して，上場コングロマリット企業の中で唯一，シーメンスの労働者代表だけは「ノー」と答えた（労働者代表へのアンケート，パートⅢ，質問5a）。

　上場している他の全ての多角化企業は，広範な共同決定規則を有している（フェーバ，ティッセン‐クルップ社，マンネスマン社，プロイサーク社，RWE社）。コア・ビジネスへの集中政策についての労働者アンケートによれば，こ

---

[46]　2000年のフェーバとフィアーク社との経営統合によりE.ON社が誕生したが，本書ではフェーバという会社名が使用される。というのも本書で使用されるデータは，このE.ON誕生前のデータであるからである。

れは原則的に労働者代表の支持によって行われている（労働者代表へのアンケート，本書パートⅢ，質問 5a）[47]。

こうして，シーメンスは，大胆な事業再編と（非常に）僅かな共同決定可能性を持つ唯一の企業をなす。コア・ビジネスへの集中プロセスは，労働者代表の意向に反して進行した。労使対立の可能性は高い。コア・ビジネスへの集中政策を原則的に支持している弱い共同決定企業のケースは本書の研究対象には存在しない。シーメンスを除いて，強力な事業再編が行われた，全ての他のコングロマリット企業では広範な共同決定規制が行われている（本書付属資料，表-38）。その上，集中化戦略は例外なく労働者代表に原則的に支持されており，利害関係者（株主，経営者そして労働者）の合意の下で具体化されている。労働者代表がコア・ビジネスへの集中政策を（シーメンスのケースのように）拒否するような強い共同決定が見られる企業の事例は本研究対象には見出されない。こうして，シーメンスとフェーバの比較は企業の事業再編時における共同決定の作用に関して一般的な推論を可能とする。

企業間連データは，さまざまな年度の営業報告書，新聞記事，専門家のインタビュー，経営者と労働者代表へのアンケートから入手された。

本パートのシーメンスとフェーバのケースから，資本市場のコントロールの高まりが事業再編を強く促していることが具体的に説明される。強い企業の共同決定は資本市場志向的な，企業の新しい方向付けを邪魔するのではなく，労働者利害への一定の配慮によって変革への保護を保証しうることが論証される。これによって，事業再編プロセスが相対的に摩擦のない，労使対立のない経過を辿る。ある企業内での不十分な共同決定規制が一方での労働者と他方での経営者および株主との間の対立をもたらすことが論証される。

シーメンスとフェーバの企業統治システムに関連して，さらに論証されるのは，一方で株主もしくは資本市場がますます強力に企業を外的にコントロールするが，同時に他方で，労働者共同決定はドイツの企業統治の重要な要素として存続し続け，これによって，今後もアングロ・サクソン・モデルとは区別されることとなる。

---

[47] マンネスマン社と RWE 社の場合には，アンケートの回答はなかった。しかし，インタビューにおいて事業再構築に関する労働者のポジティブな見方は確認されている（インタビュー 10 と 11）。

パートVは，以下のように構成されている。すなわち，第2節では，シーメンスとフェーバの株主構造が描かれ，機関投資家が1990年代にその影響力を高めていることが示される。株主構造の変化の諸帰結，すなわち，シーメンスとフェーバの資本市場志向と事業再編は，第3節と第4節で記述される。第5節では事業再編プロセスにおける労働者共同決定の役割が，第6節では両社の企業統治システムの変化が論じられる。第7節では，成果の要約と評価が行われる。

2. シーメンスとフェーバの株主構造

シーメンスとフェーバのケースでは，株主資本に占める小株主のシェアが大株主のシェアをはるかに上回っている。シーメンスの場合，89%が分散所有であり，フェーバは94%が分散所有されている。分散所有は機関投資家と個人株主から構成されている（表-29)[48]。

表-29　シーメンスとフェーバの1999年の株主構造

株主集団	シーメンス（%）	フェーバ（%）	
機関投資家	45.0	71.0	分散所有
個人株主	44.0	23.0	
企業	4.06	3.3	大株主
家族・財団・国	6.94	2.7	
合計	100	100	

出所：Liedtke (1999) およびBericht der Monopolkommission (1998/1999)。

ドイツにおける1990年代の機関投資家グループの，全体として株式保有の大幅な増加は，シーメンスとフェーバにおいても反映されている。すなわち，シーメンスにおいて機関投資家グループは1993年には株主資本の15%を保有

---

[48] 従業員株主の持ち分は，ここでは「個人株主」の範疇に含められている。それ以上に，銀行が寄託議決権を通じてシーメンスとフェーバの株主総会において個人株主の一部を代表していることが顧慮されなければならない。

していたのが，1999年には45％に上昇している。またフェーバのケースでは民営化直後の1987年には機関投資家の持ち株は1％に過ぎなかったが，1999年までにその持ち株は71％のシェアに上昇している（Liedtke, 1988; 1999）[49]。

小株主とは反対に大株主は僅かな役割しか演じていない。シーメンスとフェーバへの他企業の株式シェアは1999年にはそれぞれ4.06％ないし3.3％であった。同族，財団，国のシェアはシーメンスの場合には6.94％，フェーバの場合には2.7％であった。シーメンスの場合にはさらに特殊性が加わる。シーメンス一族が発行済み株式の6.94％を保持し，このうち5.29％の普通株と1.65％の議決権付優先株を保持している。企業戦略上極めて重要な問題について優先株式の議決権は6倍とされているので，シーメンス一族の議決権は議決権株式の15.19％のシェアに達している。

株主構造の顕著な変化の1つは，機関投資家の登場に関わる。新しい株主の投資戦略と投資政策は，投資利回り要求とハーシュマン（Hirschman, 1970）が提起した「退出」，「発言」そして「忠誠」（本書パートⅢを参照せよ）とに関連して，個人投資家や大株主とも区別される。機関投資家は，自らが投資対象とした企業の価値を持続的に向上させるという目標を追求している。シーメンスとフェーバは1990年代に「退出」意欲の強い株主を新たに獲得したが，その代わりに「無精な」個人株主を失った[50]。彼らは，企業価値の減少の場合にも自己の保有株式を直ちに売却せず，あるいはそれに全く気づかない。フェーバの経営者とのインタビューにおいてこうした動向は以下のように確認されている。

「1980年代には，資本市場の圧力は全くと言って良いほどなかった。投資ファンド同士の競争はここ6・7年の間に熾烈を極めている。以前，株主は株式相場が揺れ動く場合にも正しく反応しなかった。それ以来，企業業績への圧力は非常に高まっている。」（インタビュー5）

新しい所有者（機関投資家）は多角化された事業構造を拒否する。とりわ

49　株主資本に占める機関投資家の出資持ち分についての完全な時系列データは存在しない。
50　フェーバの投資家広報（IR）をテーマとするパンフレットには，機関投資家は「株価に大きな影響力」を行使し，個人株主は「相場を安定させる機能」を持つことが指摘されている（Veba-IR-Broschüre, 2000）。これについてはKirchhoff, 2000, 42頁; Sievers, 2000も参照せよ。

け，自分たち自身がその株式ポートフォリオの多様化によって投資リスクを変更させうる能力を保持しているからである（本書パートIII）。ファンド・マネージャーは，それゆえコングロマリット企業の株式市場価値を企業の真の企業価値以下に見積もる（コングロマリット・ディスカウント）。フェーバのケースでは，企業の株価は 1996 年には真の企業価値よりも 18.1％も低かった。シーメンスのケースでも 5.6％乖離していた（Capital, 96/7, 57 頁）。株式市場での企業の過小評価は，他企業に対して敵対的買収を魅力的にさせる。そのほか，株主資本の高い分散保有を通して敵対的買収は容易にされる（Windorf, 1994）。

シーメンスとフェーバには敵対的買収に力を貸す両方の条件，つまり資本市場での株価下落と高い分散所有が当てはまった。とくにシーメンスの場合には，株式相場が株主の期待よりもはるかに下落していた 1998 年以降，敵対的買収の危険が囁かれていた（インタビュー6）。執行役会会長，ハインリッヒ・フォン・ピエラーは，「白熱電球から原子力にいたる，ありとあらゆる製品を抱える，シーメンスの雑多な製品構成の収益力を持続的に高めること」（Financial Times Deutschland, 2000.2.23）に成功しなかった。ドイツの強力なファンド会社 DWS の会長，クリスチャン・シュトレンガーは，1997 年の株主総会において公然とシーメンスの執行役会会長を攻撃した。それはこれまでにない出来事であった（Der Spiegel, 1999.6.19）。同じ株主総会において若干の株主代表は，執行役会会長ピエラーの解任を要求した（Capital, 2001/4, 8 頁以下）。財務担当執行役ノイビュルガーの見方では，長期的な株価上昇こそが敵対的買収を防ぐことができるであろうというものであった。「我々は，金融界の要求を知っているし，理解もしている」（Financial Times Deutschland, 2000.2.21）。

フェーバは，すでに 1991 年，英国の有力投資銀行である SG ウォーバーグによって買収候補として格付けされていた。フェーバは企業価値の破壊者で「株価がインデックス平均以下」であると非難されていた。そのときまで経営陣は全社事業の売上高を高める戦略を追求してきた。投資収益率は企業の投資政策では強調されていなかった（インタビュー5）。当時，コンツェルンのデータによれば，約 140 億マルクの株式時価総額であった。アナリストの見積もりによれば，フェーバの真の企業価値は約 400 億マルクと考えられていた。

経営者は,「当時, 敵対的企業買収の危険を始めて正しく意識するようになった」（インタビュー5）。2000年, フェーバ（ないしE.ON）の投資家広報活動の中核をなす目標は「敵対的企業買収からの防衛」（Veba投資家広報（IR）パンフレット, 2000）であるとされた。

両社とも経営者は, 敵対的企業買収に立ち向かうために, 機関投資家によって課される資本市場での株価下落から逃れる手段を見出さなければならなかった。その第一歩が株主価値向上政策とその後のコンツェルンの事業再編であった。

3. シーメンスとフェーバの資本市場志向

シーメンスとフェーバは資本市場での過小評価により, その企業政策の焦点をますます株価上昇に向けざるを得なくなった。こうした方向への第一歩は資本市場志向的経営方式の導入であった（表-30）。

シーメンスの執行役会会長のフォン・ピエラーは, 1998年,「収益力の持続的向上のための10項目プログラム」を発表した。この株主志向的な計画は, 半導体部門（インフィニオン）と電子部品部門（EPCOS）の上場, 電機コンポーネント部門の売却, あらゆる事業部門に対して必達収益目標の導入, 米国の一般会計基準（US-GAAP）への変更, シーメンス社株式のニューヨーク証券取引所への上場を含んでいた。その上, 約500人の上級管理者たちは新しい報酬制度に変更された。それ以降, 上級管理者の給与のうち, 固定給部分は40％になり, それ以外の60％は各業務部門に対して定められた目標収益率の達成度次第ということになった（Frankfurter Allgemeine Zeitung, 1999.12.4）。この10項目プログラムは, シーメンス・コンツェルンの歴史上の転換点とも見なされうる。ドイツの新聞『ハンデルスブラット』は以下のように評価している。「コンツェルンの会長は, 少なくともドイツの伝統的な企業における150年の歴史の中で革命とも呼ぶべき大改革を企てている。」（Handelsblat, 1999.10.13）シーメンス株式の株価は短期間のうちに20％近く上昇し,「ドイツ株式市場のスター」とみなされるようになった。

表-30 シーメンスとフェーバの資本市場志向

シーメンス	フェーバ
10項目プログラム（1998年） 経済付加価値（EVA）とキャッシュ・フロー投下資本利益率（CFRoI）という収益率指標志向 セグメント別報告書の作成 米国の一般会計基準（US-GAAP）に基づく計算書作成（2000年） 経営者報酬の変更	経済付加価値とキャッシュ・フロー投下資本利益率という収益率指標志向 セグメント別報告書の作成 米国の一般会計基準に基づく計算書作成（1996年） 経営者報酬の変更

　フェーバは，すでに1990年代初頭には資本市場志向的企業政策を採用してきた。フェーバの執行役会会長である，ウルリッヒ・ハルトマンは，企業政策変更の理由に，何よりもまず新しい所有者，機関投資家の台頭を挙げている。すなわち，

　　「フェーバの投資家集団の機関化現象と国際化の増大により，フェーバの株主価値志向的企業政策が新たに強調されるところとなった。我々は，アングロ・サクソン的資本市場文化の本質的要素，すなわち，資本市場を通じた企業のコントロールを受け入れ，株主価値アプローチをはっきりと支持する」(Hartmann, 1995)。

　株主志向的企業政策の基本的考え方は，価値創造的事業活動と価値破壊的事業活動を明確化することである。それぞれの事業部門に対して，資本市場の要求を反映する最低目標収益率（経済付加価値; EVAとキャッシュ・フロー投下資本利益率; CFRoI）が事前に設定される。こうした要求が満たされないのであれば，そうした部門はスピン・オフの対象となる。すでに1996年には透明性の高い米国の一般会計基準に計算書作成は切り替えられている。1997年には，フェーバはニューヨーク証券取引所に上場している。上級管理職の報酬は，シーメンスと同様に，事業価値創造的目標収益率に連動している。1990年代末には，フェーバは，もっとも徹底して株主価値志向政策を実践している企業の一つとみなされるようになっていた (Höpner, 2001)。

　透明性の高い決算と個別業務部門ごとの投資収益率設定は企業の強みと弱みを明らかにし，企業がもっとも収益率の高いコア・ビジネスを規定しうる前提となる。相対的に弱い，事情によっては資本を破壊しているとさえ言える事業

部門は切り離される。機関投資家がこれを強く迫っている。本書パートⅢの実証研究から明らかになっているように，資本市場のコントロールに晒されている，多角化された企業は，例外なしに，脱多角化を行っている。これに反して，資本市場のコントロールを受けていない多角化企業は今後も自社の多角化戦略を追求しうる。労働者代表は一層高まる資本市場志向の必要性を承認している。

「自社の株価に配慮し，金融市場のアナリストと対話をしない企業は完全にその存在を否定される。そうした企業は素晴らしい製品によって困難を切り開くこともできない。それだけではもはや十分ではない。我々が資本市場で悪い評価を受ければ，資金は他社に流れる。それに加えて，敵対的企業買収の標的になる。我々はそれを望まない」(インタビュー8)。

4. シーメンスとフェーバの事業再編措置

上場しているコングロマリット企業では全て事業再編措置が押し進められてきた(本書パートⅢ)。それはシーメンスとフェーバにも当てはまる。両社は，これまで追求されてきた多角化戦略を放棄することになった。それ以降，両社とも，少ない事業領域に焦点を合わせ，積極的なポートフォリオ・マネジメントを推進している。事業再編の程度に関してフェーバとシーメンスは事業再編指標ランキングで第1位と第3位を占めている(本書付属資料の表-35)。以下において，両社の重要な事業買収と事業売却に基づく大胆な事業再編が明らかにされる[51]。

シーメンスは10項目プログラムの枠内で，半導体グループ，電子コンポーネント(受動部品・電子管)グループ，電子機械コンポーネント(機構部品)グループが本体から切り離された。1999年4月1日，半導体部門は株式会社に転換された。これはインフィニオン・テクノロジーズ社という名前がつけられた。2000年3月13日にはフランクフルトとニューヨークに株式が上場された。

---

[51] 事業買収・売却の完全なリストは企業からは公表されておらず，小規模な事業ないし少数資本参加は除外されている。

第一歩として，シーメンスは過半数の株式を保持しており，29%の株式が売却された。しかし，シーメンスは残りの株式を売却し，中期的にはインフィニオンから完全に手を引くことが計画されている（Siemens-Geschäftsbericht, 2001）。

電子コンポーネント部門の場合，法律上独立した合弁事業，シーメンス-松下コンポーネント有限会社がエプコス（EPCOS）株式会社に転換された。ミュンヘンに本社を置くエプコス社は，1999年10月15日にフランクフルトとニューヨークに株式を上場した。シーメンスと松下の株式保有はそれぞれ12.5%プラス1株に減った。同じ電子コンポーネント部門に属していたヴァキュームシュメルツ（Vacuumschmelze）有限会社は1999年10月1日に英国のモルガン・クルーシブル社に売却された。

【訳者注：その後，エプコス社は我が国の電子部品大手のTDKにより2008年秋TOB（株式の公開買付）を通して買収されることが報道されている。『日本経済新聞』2008年7月31日】

1999年9月28日，電子機械コンポーネント事業部門の売却が報道された。買収者はタイコ・インターナショナル（Tyco International）社で，同社はグローバルに活動している工業・サービスコンツェルンであり，電子コンポーネントの最大の製造業者であった。事業部門の売却価格は10億ユーロに達した。

【訳者注：2006年末に発覚した贈収賄事件の責任を取って，1992年から2005年まで最高経営責任者を務めた，同社監査役会会長のハインリッヒ・フォン・ピエラーがCEOのクラウス・クラインフェルドとともに2007年4月に辞任することになった。その後，ペーター・レッシャー（Peter Löscher）が新CEOに就任し，同社のその後の「選択と集中」政策では10の事業部門を2008年1月以降，エネルギー，医療，産業インフラの3部門に集約することが発表された。これによれば，営業利益率が10%前後の発電，医療機器，自動化技術（FAを含む）の3事業部門を軸に編成され，各事業部門に最高経営責任者（CEO）をおいて経営責任の明確化を図ることが目指されている。これによると，

表-31　シーメンスとフェーバの多角化構造と事業再編措置

	シーメンス	フェーバ
コア・コンピタンス	産業財 情報と通信	電力
公表されたスピン・オフ	交通 エネルギー 医療機器 照明	化学 石油 不動産 シリコンウェハー
実施されたスピン・オフ	半導体 電子コンポーネント 電子機械コンポーネント	遠距離通信 ロジスティクス エレクトロニクス

4. シーメンスとフェーバの事業再編措置　151

表-31の「公表されたスピン・オフ」の対象とされたエネルギー・医療機器は同社の「コア・コンピタンス」として位置づけられている。】

　財務担当執行役のノイビュルガーによれば，シーメンスは，2000年以降コンツェルンの新しい方向付けの第2の局面にある (Financial Times Deutschland, 2000.2.21)。これは同社の残りの事業部門であるエネルギー，交通，医療機器そして照明事業からの撤退の可能性である。これにより，2000年の世界売上高1,300億マルクは720億マルクへと半減することになると言われている (Financial Times Deutschland, 2000.2.21)。

　フェーバはこれまでにロジステックス，エレクトロニクスそしてテレコミュニケーション事業を切り離してきた。ロジステックス事業部門においては，シュティネス社がコンツェルンの管理会社をなし，1,500以上の物流拠点を有する国際的にも巨大なロジステックス企業の1つとなっていた。1999年にはフェーバはシュティネス社の株式を上場し，その49%の株式を売却した。中期的にはフェーバは残りの株式も売却を計画している。さらに，2000年には，フェーバ・エレクトロニクスが売却された。この時点で，フェーバ・エレクトロニクスは42カ国に300を越える販売拠点を有し，米国に本社を置く世界第3位の，電子コンポーネント部品の商社であった。半導体のWyle社，EBV社そしてメメック (Memec) 社，コンピュータ製品のRK Systems社はこの販売グループに所属していた。

　RWEと共同で，フェーバ・テレコムはオテロ通信有限合資会社 (Otelo GmbH & CO.) を経営してきた。けれども，同社は法人・個人に対する固定音声電話サービス，データ・サービス，ネットワーク・サービスを持たなかった。1999年1月1日，フェーバとRWEは，オテロの固定通信ビジネスをマンネスマン・アルコア (Mannesmann Arcor) 社に売却することを公表した。同社は約2,800人の従業員を擁し，約23億マルクの売上高を誇る固定通信事業部門のオテロ社の顧客全てを手にすることができた。

　事業部門のスピン・オフと並んで，既存事業強化の事業再編も行われた。1998年から99年にかけて行われた，デグサ社 (Degssa) とヒュルス社 (Hüls) の合併は世界最大の特殊化学グループを生み出すことになった。化学品の売上高は，1999・2000年にはコンツェルン全体の約75%を占めていた。合併の枠

内で，約8千人の従業員を有するアスタ メディカ（Asta Medica）社の分離も計画されていた。

2000年，フェーバはフィアーク社と経営統合して，E.ON社が誕生した。フェーバとフィアーク社との合併は，ドイツ産業史上，最も重要な国内2大企業の合併である。これによってダイムラー・クライスラー社に続くドイツ第2位の産業コンツェルンが誕生した。新たなフェーバ－フィアーク・コンツェルンのコア・ビジネスはエネルギーと化学になった。同時に，他の全ての業務領域の分離が予告された（Hartmann/Simson, 2000）。

2001年4月には，E.ON社は，約300億マルクを使って英国第4位の電力・ガス会社であるパワーゲン社（Powergen plc）を買収した。これにより，E.ON社は世界第2位の電力供給会社になった（Handelsblatt, 2001.4.10）。この買収は，フェーバとフィアーク双方の会社の歴史においてもっとも大きな出来事であった。E.ON社執行役会会長，ウルリッヒ・ハルトマンはパワーゲン社買収後，将来，同社がエネルギー部門に集中することを公表した（Frankfurter Allgemeine Zeitung, 2000.4.19; Financial Times Deutschland, 2001.4.10）。依然存在する化学，石油，不動産そしてシリコンウェハー事業分野は今後，3年から5年で売却されることになる。そのことは，フェーバないしE.ON社の，コングロマリット企業としての終焉を告げるものとなる。

【訳者注：plc（public limited company）とは英国の会社形態の1つで，「公開有限責任会社」と呼ばれている。】

コンツェルンの周辺事業領域は，とくに目標投資収益率が未達成の場合には，ますます資本市場による事業再編圧力に晒されている。同社の監査役会の労働側メンバーはこうした事態を以下のように述べている。すなわち，

「収益力が高くない事業分野に対する資本市場の圧力は明らかに高まっている。それは全く明白である。今日，目標が未達成の場合，コントローリング部門は以前よりもずっと早くかつ激しく反応する。そのことに事業所内にいる我々も気づいている。以前は，何かうまくいかず，改善を促すことを執行役員が言い出すまでには1年や2年は我慢してくれていた。今では遅くとも1カ月後には通知を受ける」（インタビュー8）[52]。

その結果，収益力の乏しいビジネス領域を立ち直らせ，成長させる時間的ゆ

とりはもはや余りなくなっている。目標投資収益率が達成されないならば，この事業部門は周辺に押しやられ，コンツェルンからスピン・オフされる。取り決められた目標投資収益率を達成するために，収益力が比較的劣る事業部門を残す時間軸は短くなっている（Streeck, 1996, 62 頁を参照）。

企業売却，事業部門のスピン・オフ，既存の事業グループの再編・統合は，シーメンスとフェーバの会社の歴史のなかでもっとも大規模な事業再編措置を表している。これは他のドイツの巨大企業（例えば，ダイムラー・クライスラー社やティッセン・クルップ社）にも当てはまる。

5. 事業再編プロセスにおける企業の共同決定の役割

以下では，歴史的な事業再編措置に労働者共同決定の果たす役割が明らかにされる。労働者代表と企業の共同決定は大企業の資本市場志向的事業再編措置のブレーキになることが証明されうるのであろうか？その際，企業全体の戦略的投資は，執行役会ならびに労働者代表の影響力と発言権の下にある監査役会において話し合われるがゆえに，監査役会における共同決定が研究の中心となっている（Paul/Schnell, 1981; Sadowski, 1997）。シーメンスとフェーバの両社とも 1976 年共同決定法が適用される。

5.1 シーメンスとフェーバの共同決定の強さ

本書のパートⅣにおいて，大企業の企業の共同決定の強さを描き出すインディケータが詳細に説明された。このインディケータによれば，シーメンスとフェーバの共同決定の強さは非常に異なる（本書付属資料　表-38）。フェーバはもっとも強い共同決定が行われている企業トップテンに属する一方，シーメ

52　そのことはフェーバの経営者からも聞かされた。新たな株主圧力により，業績の悪化している事業部門がその事業を立て直し，目標利益を満たすように求められる時間はますます短くなっているのではないか，という問いに対して，フェーバの IR 部門の代表者は「その通りだ」と答えている（インタビュー 5 ）。

ンスは共同決定ランキングの最後から3番目の企業である。両社の企業の共同決定の強さの程度は以下のようである。

フェーバの場合には労働者代表は監査役会で強力なポストを保持している。監査役会副会長である，フーベルトス・シュモールドはドイツ炭鉱・化学・エネルギー産業労組（IGBCE）議長である。外部の労働組合役員の選出によって，第1にフェーバの従業員同士が（例えば，コア従業員と周辺従業員のように）お互いに反目する事態を避けることができる，第2に事業所・企業を越えた，労働組合の視点を監査役会の活動に持ち込むことができる，そして第3に管理階層に組み込まれておらず，企業から独立した人物が労働者サイドからのもっとも風当たりの強いポストに就くことが保証される（Bamberg, et al., 1987, 112頁; Witte, 1980a, 8頁）。監査役会副会長のフーベルトス・シュモールドと並んで，商業・銀行・保険業労組（HBV）と公務・運輸・交通労働組合（ÖTV）議長も監査役会に所属している。

【訳者注：2001年春，5つの労働組合，すなわち公務・運輸・交通労組（ÖTV），ドイツ職員労組（DAG），商業・銀行・保険労組（HBV），郵便労組，メディア労組がドイツ労働総同盟（DGB）の傘下で統合され，サービス業部門の産別労組，統一サービス業労組（Verdi）が誕生した。これにより，従来ドイツ最大の産別労組として君臨してきたIGメタルの290万人を超える，組合員数320万人の先進産業国で世界最大の産別労組が誕生することになった。】

フェーバにおいて，人事・労務担当役員は同時に執行役会の一員でもある。1976年共同決定法によれば，出資者サイドが望むなら人事労務担当役員を指名することができるはずであるが，フェーバの場合には，監査役会の労働者側が提案し，決定する権利が与えられている。

フェーバの監査役会には，戦略的投資問題を扱う投資委員会が置かれている。同委員会は，1976年共同決定法上の定めがないにもかかわらず，その委員会構成は労資同数で構成されている。（労資同数の）委員会において労働者代表は一般に見られる監査役会で可能となるよりもずっと集中した議論を出資者側と行うことができる。

監査役会における強力な人的配置と並んで，労働者サイドは同意義務のある業務という形で広範な内容上の権限を保持している。同意義務のある業務の存在とその具体的展開こそが企業の共同決定の影響力を指し示すものである（Germ, et al., 1988）。フェーバの場合，以下の執行役会の決定は同意義務の

あるものとなる。すなわち，定期的な企業計画と目標収益率の決定，事業部門の買収とスピン・オフ，M&A，設備投資，研究・開発投資，従業員の職業教育，投機的ビジネスの規模，有価証券の売却と購入，社債の発行と借入れがこれである。以上のような，多数の同意義務のある業務によって，労働者は経営者の意思決定に影響を及ぼしている。

　シーメンスの場合，労働者代表はフェーバと比較して監査役会内で弱い立場にある。監査役会副会長は企業に従属的立場にある従業員である。監査役会の，3人の外部の労組代表は，金属労組（IGメタル）とドイツ職員労組（DAG）の下層の役員に属している。さらに，労組代表（並びに管理者代表）と並んで，独立従業員の会（AUB）の代表者1名が労働側代表として監査役に就任している。独立従業員の会というのは，管理者周辺の人々によって，監査役会における伝統的な労働者共同決定を弱体化させる目的で設立された。独立従業員の会の代表者は，通常，監査役会において出資者代表と同じ投票行動をとり，労働組合に所属する労働者代表の，企業政策への影響力を次第に低下させている（インタビュー6）。

【訳者注：経営協議会委員は4年毎の職場選挙によって選出されるが，その多くは労働組合員が選ばれることが多かった。しかし，最近，情報産業を中心として労働組合に所属していない従業員代表が増えており，こうした従業員代表が横の連携を深めて，「協約専制よりも経営内自治を！」をスローガンに掲げ，労働組合に代わって「独立従業員の会」と呼ばれる組織を結成している。】

　シーメンスにおいて，人事・労務担当役員は労組に所属もしていないし，監査役会の労働側代表によって提案も指名もされていない。監査役会には戦略的投資計画を扱う委員会を持たない。最後に，経営者によって行われる企業内意思決定には監査役会の事前同意を必要としない。つまり，シーメンスにおいて，同意義務のある業務は存在しない。こうした事態を，シーメンスの労働者代表監査役は以下のように見なしている。すなわち，

　「我々は監査役会共同決定に満足していない。というのも，戦略上・企業政策上重要な意思決定に対する同意義務のある業務への労働者の長年の要求が実現されていないからである。……（同意義務のある業務の欠如の）影響は，執行役会が結局のところ企業を危険に晒す意思決定を単独で行いうるがゆえに，極めて大きい。我々には責任者を非難することぐらいしか残っていない」（インタビュー6）。

5.2 事業再編プロセスにおける労働者代表の役割

本書のパートIVにおける企業関連データを考慮すると,企業の共同決定が資本市場志向的な,企業の新たな方向付けを組織的に阻止したり,あるいは妨害したりするという結論は許容されえない。以下において,シーメンスとフェーバの企業を手掛かりとして企業の共同決定の効果が定性的に分析される。

シーメンスとフェーバは両社ともほぼ同一の程度の事業再編を行っているが,両社の共同決定の程度は著しく異なっており,以下において論証されるように,資本市場志向的な,企業の新たな方向付けのプロセスにおいて労働者共同決定の役割が抽出される(表-32)。

表-32 シーメンスとフェーバ (E.ON) の企業の共同決定と事業再編

シーメンス(弱い共同決定)	フェーバ (E.ON)(強い共同決定)
1990年代末以降の事業再編	1990年代半ば以降の事業再編
労使の対立的なプロセス	労使の合意志向
労働者共同決定によって規制されない事業再編プロセス	労働者共同決定によって規制された事業再編プロセス
事業再編プロセスへの労働者の不信	「共同マネジメント」事業再編プロセスへの労働者の信頼

5.2.1 シーメンス

シーメンスの場合,資本市場志向的事業再編プロセスは,他の上場コングロマリット企業と比較して遅れ,1998年になって漸く始まった。脱多角化の実施が遅くなった理由の1つは,シーメンスが1990年代末になって始めて資本市場で過小評価され,シーメンスを資本市場志向的に事業再編するように求める株主の圧力が98年に漸く生じたことであろう。その上,労働者代表は絶えず以下で記述されるように,コンツェルンの事業再編を阻止しようと企ててきた。

シーメンス・コンツェルンの資本市場志向的事業再編はこれまで絶えず激し

いコンフリクトを伴ってきた。すでに言及された，「収益力の持続的向上のための10項目プログラム」は，シーメンスの歴史においてこれまでにない変革プロセスを引き起こすものであったが，1998年7月に監査役会に提示された。しかし，そのプログラムは事前に労働者サイドと協議されることはなかった。シーメンスの執行役会は，コンツェルン内の，公式的には弱い共同決定規制に基づいて，監査役会の同意に依拠することなしに広範な意思決定を行うことができる。

100カ所以上のドイツ全土の事業拠点から集まった経営協議会代表は，ニュルンベルグで10項目プログラムでスピン・オフの対象とされた当該事業部門について，経営協定の枠内で賃金・雇用保証を要求する決議を行った (Süddeutsche Zeitung, 1999.1.18)。けれども，シーメンスの経営陣は労働者代表による経営協定締結要求を拒否した。すなわち，「そのような統一規制は個別の要件に対応した解決を妨げ，フレキシブルな対応を妨げるものである」(Süddeutsche Zeitung, 1999.1.18)。労働者は1999年2月10日，再びドイツ全土で，計画されているコンツェルン事業再編に反対する「シーメンス示威行動」で応えた。バイエルン州においてのみ，17の事業所において従業員は，一部は警告ストによって自分たちの拒否的態度への注意を喚起させた (Süddeutsche Zeitung, 1999.2.11)。示威行動と並んで，計画されている事業再編措置に反対する署名運動も行われた。

事業再編における労働者代表の弱い影響力を象徴するのが，シーメンスの電子機械コンポーネント事業のタイコ社への売却である。タイコ社による買収の場合に，買収されるシーメンス従業員の大量解雇の恐れがある (Süddeutsche Zeitung, 1999.12.1) にもかかわらず，労働者代表は事業売却交渉には一切関わることができなかった。シーメンス監査役会が1999年12月に開催されたときに，ミュンヘンにあるシーメンス本社前でタイコ社への事業部門売却に反対するデモが行われた。事業売却対象となった事業所の従業員が本社でのデモのために招集された。その直後，シーメンスの電子機械コンポーネント部門の従業員の懸念は現実のものとなった。コンツェルン経営協議会の説明によれば，当時のシーメンス従業員のかなりの部分が解雇された（インタビュー7）。

これまで，事業再編によって生じる職場喪失はコンツェルン内の他の事業部

門で埋め合わされるという政策が追求されてきた（内部労働市場[53]）。1990年代末のかなりの数の従業員のスピン・オフにより，内部労働市場ではもはや十分な職場を用意することができない。けれども，外部労働市場も同様に，すでに述べたように，雇用保証に配慮することはほとんどできない。

　従って，事業再編プロセスは，従業員にとっては失業リスクと結び付いている。周辺事業分野のスピン・オフによってのみ脱多角化は遂行されるので，労働者代表は新しい企業戦略を拒否する。それどころか，彼らは，コア・ビジネスについて論じ，コア・ビジネスを特定化することすら拒否する。このことを，シーメンス監査役会の労働者代表は以下のように述べている。すなわち，

　「私はコア・ビジネスの定義を望まない。株主はいつもそのことを語っている。何がコア・ビジネスで，何がそうでないのか知りたがっている。我々はそれを限定しようとしない。我々は，コア・ビジネス以外の事業部門で働く人たちをひどく苛立たせることになるがゆえに，コア・ビジネスを定義したくない。それは不安を呼び起こす」（インタビュー６）。

　労働者代表は，歴史的な事業再編措置にもかかわらず，その意思決定に関与することはできず，シーメンス・コンツェルンにおける全般的に弱い共同決定規制に直面することになった（労働者代表アンケート）。最低限の法律上の共同決定規制を越えるもの（例えば，監査役会における同意義務のある業務）は存在していない。その結果，労働者利害は，（例えば，スト，警告スト，署名運動，示威行動といった）規制されないプロセスにおいて表明されることになる。労働者の利害代表機能は，シーメンスのケースでは，共同決定の弱い監査役会から街頭行動に移されることになる。

　ひょっとすると労働者共同決定は，若干の事業部門における変革を妨げるには十分強力であるが，事業再編過程にある労働者を十分保護しうるためには余りに弱い。不十分な雇用保証が，従業員が資本市場志向的な事業再編措置に僅かな信頼しか寄せない重要な理由である（インタビュー６とインタビュー７）。

53　内部労働市場は，一企業内の全ての雇用関係の総体と定義されうる。「内部労働市場の研究者は，一般に分析単位として企業全体を捉える。その暗黙の前提は，企業はその中心的雇用特性において一元的であり，従って所与の企業の内部労働市場について論じることが適切であるというものである」(Osterman, 1984, 166頁)。

労働者代表は，資本市場志向的な，企業の新たな方向付けを分かち合おうとはしない。スト，署名運動そして示威行動によって，構造変化を妨げようとする[54]。これは結果的に労働者と経営者ないし株主との深刻な対立をもたらす。

5.2.2 フェーバ

フェーバの場合には，1990年代半ば以降，すでに企業の事業再編は行われていた。1990年代初頭，フェーバは，株価の低迷を受けて，敵対的企業買収の危険に晒されていた。労働者は，シーメンスのケースとは異なり，資本市場志向的事業再編，すなわちフェーバ・コンツェルンの脱多角化に理解を示していた（労働者代表へのアンケート）。

フェーバ・コンツェルンの事業再編では，利害関係者，すなわち，株主，経営者そして労働者との間の合意が成立していた。労働者代表は，自らを「共同マネジメント（Co-Management）」として理解し合っていた。というのも，彼らは「声高に叫び，最後は敗北するよりは一緒になって形成し，一緒に話し合うことがより有効である」ことを知っていたからであり，労働者側が事業再編に関与するという，共同形成が使用者側にも受け入れられた（インタビュー8）。その上，労働者代表は，90年代半ば以降，労働者代表が事業再編措置の拡がりに対応して経営者の意思決定にますます関与していた。

シーメンスのケースと同様に，フェーバの内部労働市場は，今日ではもはやスピン・オフの対象となる労働者に企業内で代替的職場を提供することはできない。この変化をフェーバの労働者代表は以下のようにコメントしている。すなわち，

> 「以前には，やむを得ず事業所の一部が閉鎖されたり，売却されたりする場合には，内部労働市場の枠内において地域内での解決策が存在していた。代わりの職場を提供することができた。今日ではもはや地域内で問題を解決することはできない。事業部門全てが売却されたり閉鎖されたりする場合に，ドイツ全土のコンツェルン内の全ての事業所を，仲間を受け入れてくれるよう動員しなければならないであろう。ここでは従業員の受け入れ可能な限界はすぐに越えられてしまう」（インタビュー8）。

---

[54] ここでは，労働者の拒否的態度が事業再編プロセスを妨害してきたことが推測されうるだけである。その証拠なるものは存在しない。というのも，事業再編プロセスが定量的に相互に比較されうるような，共同決定の強さの異なるコングロマリット企業に関する十分なコントロール集団が存在しないからである。

けれども，フェーバとシーメンスとの間の相違は，フェーバの場合には，労働者代表は（例えば，事業売却によって）スピン・オフの対象となる労働者を一定の移行期間，新たな親会社での雇用保証を実現しているということである。職場保証は，文書による契約と売却交渉の枠内で関係企業間の協定という形式で獲得される。資本市場志向的事業再編プロセスが開始された1990年代半ば以降，労働者代表は，事業売却に対して自分自身の構想と計画を提示するという新しい任務に直面していることを理解している。労働者代表の構想と計画が経営者の意思決定において顧慮されるべきであるとすれば，そうした事業売却計画は，社会的基準だけではなく，経営経済的基準をも満たさなければならない。新たな要件により，監査役会における労働側代表が優れて「共同マネジメント」と言い表してきたものが生じている。

約8千人の労働者が雇用されていたアスタ メディカ化学グループの売却のケースでは，労働者の「共同マネジメント」の内実が明らかになった。執行役会は，特殊化学の分野に集中し，事業ポートフォリオの再編にあたってアスタ メディカを売却することを決定した。フェーバ執行役会の提案の内容は，アスタ メディカを4つの売却可能な事業単位に分けるというものであった。計画では1,500人の整理解雇を予定していた。労働者側はこの計画を拒否し，監査役会に，化学グループ売却のための自分たちの計画を執行役会の計画と「同権的に」提出することができた（インタビュー8）。労働者の事業売却構想は，執行役会側によって受け入れられた。新たな構想は，アスタ メディカを3つのみの事業領域に分割することを予定していた。こうした事業領域の売却は，同様に雇用の削減を伴うものであるが，しかし，高齢者のパートタイム労働や新規雇用の停止を通して埋め合わされるものであって，整理解雇は必要とはされない（インタビュー9）。監査役会内の委員会での労働側代表の強い立場と多数の同意義務事項の存在に基づいて，従業員は規制されたプロセスにおいて自己の利害を効果的に持ち込めることができた。

フェーバの従業員は，労働者側代表の印象では徹底した事業再編に高い信頼を寄せることができた。というのも，労働者代表の共同決定可能性に基づいて，事業売却は必然的に人員削減（とくに整理解雇）と結び付くものではないからである（インタビュー9）。

フェーバの資本市場志向的な新たな方向付けにおける企業の共同決定の役割分析が明らかにすることは，強力な企業の共同決定は企業の事業再編ないしコングロマリットの組織的解体を必ずしも阻止するものではないということである。強力な共同決定は，労働者利害が形式的・制度的に保証される処置の枠内で考慮されることによって，企業の変革における保護を保証しうるものである。こうして，事業再編プロセスは，摩擦なしに，そしてコンフリクトなしに経過する。

6. シーメンスとフェーバの企業統治システムの変革

新しい所有者（機関投資家）ならびに伝統的な大株主（企業，銀行そして国家）の新しい要求と行動様式によって，ドイツの企業統治システムは90年代半ば以降変革過程にある。

従来，大抵のドイツ企業において，また上場コングロマリット企業においても，所有者，経営者そして労働者の間の「確実性と安定性連合[55]」が支配的であった。こうした連合において，さまざまな部門によるビジネス・リスクの多様化によって実現される企業の確実性が，絶えず企業収益率の向上よりも優先されてきた。企業の成長はとくに効率性や収益性向上よりも重要であり，その上企業計画における長期的な時間軸が追求されてきた。

ほぼ1990年代半ば以降のドイツ資本市場の変化（本書パートIII）は，シーメンスとフェーバが伝統的な企業統治システムから離脱し，長い間追求されてきた多角化戦略が突然終わりを告げることに導いた（図-7）。企業政策の中心となっているのは，企業価値の向上である。高い企業収益率の実現が確実性・安定性連合における（多角化による）企業存続・成長保証よりも重要となっている。効率性と収益性が成長よりも優先順位が上にランク付けされている。その上，取り決められた目標収益率を達成するために，新たな企業統治システム

---

[55] ドイツの大企業の監査役会の労組代表者から構成される，ドイツ労働総同盟（DGB）本部の共同決定プロジェクト・グループ会議で，「確実性と安定性連合」は1990年代半ばまでは企業内で支配的であったことが確認されている（Berlin, 1.12.2000）。

において収益を上げることのできない事業領域を企業内に抱えている時間軸は明らかに短くなっている。

図-7 シーメンスとフェーバの企業統治システム

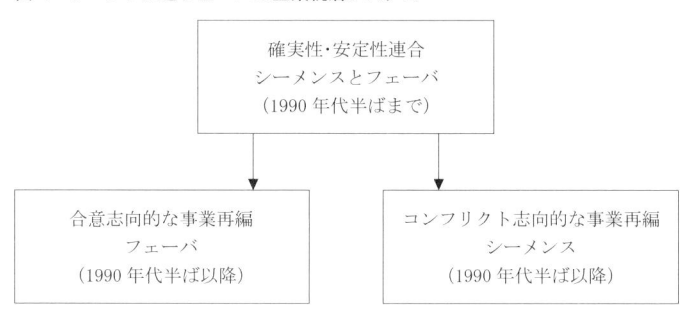

```
        ┌─────────────────────┐
        │  確実性・安定性連合   │
        │  シーメンスとフェーバ │
        │  (1990年代半ばまで)  │
        └──────────┬──────────┘
                   │
        ┌──────────┴──────────┐
        ↓                     ↓
┌─────────────────┐   ┌─────────────────────┐
│ 合意志向的な事業再編 │   │ コンフリクト志向的な事業再編 │
│    フェーバ       │   │    シーメンス        │
│ (1990年代半ば以降) │   │ (1990年代半ば以降)   │
└─────────────────┘   └─────────────────────┘
```

　ドイツの企業統治モデルは，資本市場の外部コントロールにますます晒されている。アングロ・サクソン企業のように，多くのドイツ企業においても，1990年代，株主利害が優勢となっている。株主は事業再編，企業の脱多角化利害を保持している。企業の共同決定の強さに応じて，事業再編のプロセスは，合意志向的にも対立的にも経過する。

　フェーバの場合には事業再編の合意志向的プロセスが関わっている。この際，株主の強力な影響力と労働者の強力な影響力が遭遇する。労働者代表は，従業員利害を事業再編プロセスに持ち込むことで，企業の資本市場志向的な新たな方向付けに積極的にともに関与している。そのために，労働者代表は，法律を上回る，多くの共同決定規制によって傑出している公式かつ制度化された方法を十二分に駆使している。労働者利害の制度化された統合により，事業再編プロセスは比較的摩擦のない，対立のない経過を辿ることができる。

　要求の多い株主と影響力のある労働者代表との関係はどのように形成されるのであろうか？所有権理論の支持者たちは，共同決定規制が労働者に付与されることによって，企業の効率にとってマイナスの結果が生じることを危惧しており，その結果，株主に対する不利益を危惧している (Jensen/Meckling, 1979; Furubotn, 1989; Pejovich, 1978)。所有権理論の議論は，とくにフェーバには良く当てはまることになるはずである。というのも，フェーバでは法律

の規定を上回る共同決定規制（同意義務のある業務，監査役会内の各種委員会の同権的委員構成，監査役会の労働者側によるグループ人事・労務担当役員の任命）に基づいて強力な共同決定が見られるからである。

けれども，フェーバの株主（まず第一に機関投資家）は，所有権理論の期待に反して強力な企業の共同決定をマイナスには評価していない。フェーバのIR 部門の代表者は，機関投資家による共同決定の評価を以下のように述べている。

「いいえ，強力な共同決定は決して問題ではない。それどころか，株主は，我々が劇的なコスト削減計画を摩擦なしに実現できたことに驚いている。投資家は労働者サイドによる大きな抵抗を予想していた。それどころか，共同決定の利点が語られうるように思われる」（インタビュー 5)[56]。

シーメンスのケースでは，事業再編の労使対立的プロセスが語られうる。こうした企業統治システムでは，企業は，一面では資本市場による強力なコントロールに直面しており，他面では企業政策に対して労働者側の影響力は弱い。「事業構造を資本市場の求めに応じて再編せよ！」という株主要求は，労働者の意思に反して実践される。労働者は事業再編プロセスにおいて自己の利害が顧みられていないことに気づく。

労働者代表は，不十分な共同決定規制に基づいて，（警告スト，示威行動，署名運動そしてコンツェルン経営協議会議長と経営者との個人的な対話といっ

---

[56] ドイツ最大の投資ファンドの経営者はドイツの共同決定に対する自己の見解を以下のように述べている。「共同決定制度自体について自分の見解を述べるとすれば，経営者がともに従業員を意思決定プロセスに関わらせるというのはうまくいっており，健全な判断力に裏づけられている限りで，素晴らしいことだと思っている。賢明な判断力を持つのは執行役会だけではなく，企業内には素晴らしいアイデアを持って貢献しうる多くの人々がいる。そして決定が実行段階に移行する時に，また実際に政策を実践する際に，決定された新しい方向やなぜ企業がその方向に進むのかということは，一部の限られた管理者たちだけではなく，それ以外の数多くの従業員が理解していた方が良い。どんなものであれ，従業員を意思決定に参加させた方が目標は比較的たやすく社内に伝達される。共同決定，共同関与という基本的考え方自体を私は正しいと思っている」（インタビュー2)。フェプナー（Höpner, 2001b）は Nemax50【訳者注：Nemax50 とは，2002 年に閉鎖されたベンチャー企業向け株式市場「ノイアマルクト」の代表的銘柄 50 から構成される株価指数】に関するデータに基づいて，共同決定ディスカウント，すなわち，経営協議会を有する企業に対する系統的過小評価が決して存在しないことを示している。

た）非公式のルートに基づいて，しかも規制されないプロセスの中でしか自分たちの要求を持ち込むことはできない。このようにして，労働者共同決定は若干の分野での変革を遅らせることはできるものの，事業再編（とくにある特定事業部門のスピン・オフ）にあたって従業員を十分保護するにはあまりに弱い。それゆえ，労働者は資本市場志向的な事業再編を拒否する。従って，こうした対立的な事業再編では，株主の利害も労働者の利害もほとんど両立しえず向かい合うことになる。これは極めて大きな対立可能性を孕んでいる[57]。

7. 要約

　事例研究において，シーメンスとフェーバの事業再編プロセスに及ぼす資本市場と労働者共同決定の影響が分析された。分析の重点は，両社の資本市場志向的事業再編プロセスにおける労働者共同決定の役割に置かれた。シーメンスとフェーバは，両社が1990年代初頭にともに比肩しうる多角化度を保持し，90年代半ばもしくは90年代末に資本市場のコントロールの高まりを受けて事業再編を行ったがゆえに，典型的なケースとして呈示された。しかし，こうした共通性と並んで，シーメンスとフェーバは共同決定の強さという点で非常に異なっている。これは資本市場志向的事業再編プロセスにおける労働者の役割の分析にとって極めて有効となる。

　シーメンスとフェーバの定性的分析は本書のパートⅡからⅣまでに獲得された定量的研究成果を確認するとともに，それ以上に両コングロマリット企業の事業再編に対する労働者共同決定の影響力に光を当てるものとなる。同様にドイツ企業統治システムの変革が明らかにされた。

　本研究成果は以下の項目に要約される。すなわち，

　1）1990年代に両社の株主集団に占める機関投資家のシェアは急激に増大したが，この機関投資家の投資行動は株価変動の増大を招くところとなった。同時に，分散所有されている株式シェアは両社とも約90％にも達していた。

---

[57] 残念ながら，株主（機関投資家）がシーメンスの共同決定モデルをどのように評価しているのかを目的とする質問に対して，経営者は極めて不寛容である。

シーメンスとフェーバは敵対的企業買収の危険に晒されているのに気づき，そこで企業政策をより強く資本市場に方向付け，資本市場の要求に応じて事業構造を再編するよう強いられるところとなった。これまでに実施され，またすでに計画されている事業再編はシーメンスとフェーバの両社の歴史においてもっとも大規模なものであった。

　2）本書のパートⅣで定量的データに基づいて，企業の共同決定が決して事業再編の程度にマイナスの影響を及ぼさないことが明らかにされえた。シーメンスとフェーバという，共同決定の強さの非常に異なる企業間の比較が明らかにすることは，同様に強力な企業の共同決定（フェーバ）が資本市場志向的な事業再編にとって障害にはならないということである。それ以上に，両社の分析から明らかとなるのは，事業再編にあたって労働者共同決定の役割は企業の共同決定規制の強さに応じて異なることである。（例えば，監査役会内各種委員会における同意義務のある業務といった）制度的に保証された方法で労働者の利害が企業意思決定において考慮される場合には，これは企業変革における労働者の保護を意味している（フェーバ）。資本市場によって突き動かされ，実施される事業再編は，こうした前提条件の下では摩擦なしにまたコンフリクトなしに経過するところとなる。

　3）フェーバのケースとは対照的に，シーメンスのケースでは，不十分な共同決定規制が労働者利害を企業政策の中に持ち込む，規制対象外のプロセス（示威行動，警告スト，署名運動）に通じていることが明らかにされた。労働者共同決定は，おそらく若干の職場で構造改革を阻むには十分影響力を持っていたが，労働者を事業再編プロセスにおいて十分保護するにはあまりに弱い。シーメンスにおいて，労働者代表はコンツェルンの資本市場志向的な新たな方向付けに理解を示すことはなかった。こうして，資本市場参加者の利害と労働者の利害とが対立したままであった。

　4）シーメンスとフェーバの場合，内部労働市場は，今日ではもはやスピン・オフの対象となる労働者に企業内の代わりの職場を提供することはできるような状態になっていない。シーメンスとは対照的に，フェーバの場合には，労働者代表は（例えば，事業売却によって）スピン・オフの対象となる従業員に新たな親会社においても雇用保証を実現することができた。職場保証は，労

働者代表も関与する事業売却交渉において関係企業間での文書による契約と協定という形で保証された。雇用保証のための労働者代表の提案は，それがもし経営者の意思決定において顧慮されるべきだとすれば，社会的基準だけではなく経営経済的基準をも満足させうるものでなければならない。こうした新たな要件は，「共同経営者（Co-Manager）」としての労働者代表の理解を促進するものであることが推測されうる。

　5）ドイツ資本市場の変化は，1990年代半ば以降，シーメンスとフェーバが，企業の確実性，安定性そして成長が中心となっていたドイツの伝統的な企業統治システムから離脱することに繋がっていた。今日では，上場企業において株価の上昇が企業者的活動の中心となっている。コングロマリット企業の企業価値を高めるための梃子の中心は，事業構造の脱多角化である。1990年代末には，古い企業統治システムと新しい企業統治システムとが並存している。それゆえ，資本市場の外的コントロールの増大はドイツの企業統治システムの多様化のプロセスとして理解されうる。

　6）労働者共同決定というドイツ的特徴は，けれどもアングロ・サクソン的企業統治システムから引き続き区別されるドイツ的企業統治システムの重要な要素である。企業の共同決定は資本市場に適合した，企業の新たな方向付けの経過に影響を及ぼす。これは企業内の共同決定の強さに関わりなく言えることでもある。

　7）機関投資家それ自体は企業内の幅広い共同決定をマイナスに評価していないことが指摘されている。フェーバは法律を上回る，数多くの共同決定規制を持っている。けれども，企業経営者と機関投資家との対話において，所有権理論の支持者たちが推測するであろうように，共同決定規制を法律上の最低限のレベルにまで引き下げるべきであるとする要求は出されていない。それどころか，ケース・スタディからは，資本市場の参加者は資本市場に適合した，企業の新たな方向付けにおいても，労働者共同決定の安定化機能を認識していることが結論付けられうる。

【風間信隆　訳】

VI. 結章

　ピーター・ホールとディビッド・ソスキスは，生産体制の構造と制度的性質について国際的研究を行っている，「資本主義の多様性」アプローチの傑出した代表的研究者である（Hall/Soskice, 2001; Soskice, 1999）。彼らの研究の中で，ホールとソスキスは生産体制の類型論を生み出してきた。彼らは，西側経済体制をその異なる生産体制に関連付けて「自由主義的市場経済」と「調整された市場経済」とに区分している。ホールとソスキスのアプローチは，本研究において獲得された研究成果と関連付けて，以下において詳細に議論される（表-33）。

表-33　ホールとソスキスの研究と本研究の実証的成果との比較の要約

	ホールとソスキス（2001）ソスキス（1999）の研究	本研究
研究方法	類型論；モデル；制度の形式の考察	企業間の多様性；（1990年代の）動態的モデル；制度の形式と機能の考察
生産モデルの諸関係の分析	制度が企業パフォーマンスに及ぼす優先的影響	制度が企業パフォーマンスに及ぼす影響；2つの制度※のプレイヤーの直接・間接の関係
独立変数（企業パフォーマンス）	イノベーション戦略	事業構造，時間軸そして投資総額
制度補完性の程度	高い	低い
制度の相互連結の程度	強い	弱い
ドイツ的生産体制における制度的変化の存在	傾向的にいいえ	はい（一部の領域において）
ドイツ的生産体制の今後の発展動向	経路依存性	アングロ・サクソン的資本主義タイプとのハイブリッド化

※訳者注：2つの制度とは，本研究の対象となる資本市場と共同決定のことを指す。

　本研究活動においてドイツ100大企業が研究の基本的全体をなす。一国内の全ての企業を生産体制の類型に分類する，ホールとソスキスの静態的アプローチとは対照的に，本研究では，1990年代におけるドイツ企業の間での*多様性*が考

察される。ホールとソスキスの生産体制の類型化（Hall/Soskice, 2001, 4頁）は，中心的制度的形態は国家の調整レベルに依存するという仮定を根拠としている。こうした研究方法は，収斂化テーゼに反して，国際的基準で資本主義の多様なタイプを提示するためには有意義である。けれども，1990年代後半のドイツ・モデルを記述するためには，あまり有益ではない。というのも，プレイヤーの行動と制度の機能様式に関して，近年，ますます生産体制の多様化のプロセスが進行していることが考慮されず，説明されえないからである。こうして，各国別類型化を研究の基礎にしている，生産体制の機能様式に関する研究方法は根本的に疑問を投げ掛けられねばならない。

　ホールとソスキス（Hall/Soskice, 2001）は，生産体制の分析において，例えば，一企業の資金調達全体に占める銀行による資金調達のシェアといった，制度の法律的かつ実体的な特徴付けに優先的に関連させている。制度の「外皮（Hülle）」に焦点を合わせることは，事情によってはそれぞれの制度におけるプレイヤーの行動の変化を見逃してしまうことにもなる。すなわち，本研究が明らかにしえたのは，今後もドイツ資本市場とアングロ・サクソン資本市場との形式的形態に違いが存在し続けるとしても，資本市場のプレイヤーの行動と制度的機能様式には高度の収斂化が生じているという点である（Gilson, 2000も参照せよ）。そうこうするうちにドイツ企業も資本市場の外的コントロールに晒されており，その企業政策をますます株価の上昇に向けるようになってきている。

　ホールとソスキスのアプローチ（パートⅠ，2.1項を参照せよ）において，各国別生産体制のモデル構築では，時間の経過における制度の変化がほとんど顧慮されえない。それゆえ，著者たちは，ドイツ的生産体制の枠内で資本市場の市場主義化が企業と制度の関係に対して相互にいかなる諸帰結をもたらすのかについて明らかにすることができない。本研究の成果は，ドイツ・モデルにおいて市場志向的株主の登場が他の企業内利害関係者，とくに労働者とのコンフリクトをもたらし，伝統的な生産様式を根本的に危うくさせるはずだというホールとソスキス（Hall/Soskice, 2001）の推測を退ける。

　それ以上に，研究において獲得された成果によれば，ある生産体制の個々の制度的要素はホールとソスキス（Hall/Soskice, 2001）が自己の研究において記述しているよりもずっと関連性が低いことを推測させる。加えて，市場志向

的制度と関係志向的制度とは高度の適合性を持ちうる。ホールとソスキスの推測とは異なり，ある制度の変化は必然的にそれに対応した補完的制度の変更を招来するわけではない。それどころか，一面で調整された市場経済に由来し，他面では調整されざる市場経済に由来する制度が相互に調和して存在しうることが提示されうる。

　それゆえ，本研究では，ホールとソスキス（Hall/Soskice, 2001）が論証しているのとは異なり，ドイツ的生産体制が同質的な資本主義タイプとして記述されえないことが論証される，この同質的資本主義タイプとは，企業プレイヤー間の関係と調整を促進し，何よりも市場のインセンティブによっては決定されえないような制度的要素をもっぱら利用するものとされる。しかし，それどころか，ドイツ的生産体制は，1990年代末には，自由主義的市場経済と調整された市場経済との双方の制度的要素から構成されるというテーゼが示唆される。こうして，資本市場適合的な企業政策と企業の資本市場適合的な事業再編とを通して，機関投資家に譲歩がなされる。同時に労働者代表は（十分な制度的共同決定規制が存在する場合には）企業の資本市場適合的な方向付けと統合される。このプロセスはハイブリッド化（Jackson, 2001; Streeck, 2000; Zeitlin, 2000）して特徴付けられる。

　本書のパートⅥでは以下のように展開される。すなわち，第1節では1990年代におけるドイツ大企業の投資行動の動向が簡単に示され，第2節では資本市場の動向，第3節では企業の共同決定の動向が述べられ，これにより制度的変化が確認されうるのかどうかの問いに答える。株主と労働者代表は，第4節で素描される企業の企業統治システムにおいて相対峙する。第5節では市場主義化された資本市場と企業の共同決定とが投資行動に及ぼす影響が論じられ，本研究の成果がホールとソスキスによって展開されている「制度補完性」の概念と対置される。第6節と第7節は，市場志向的株主と労働者代表との間の直接・間接の関係を分析する。第8節は，ホールとソスキスによって記述されるドイツ的生産モデルは将来的チャンスがあるのかどうかという問いに答えを見出そうとするものである。この問いは，ホールとソスキスによって呈示された，ある効率的な生産体制の円滑な機能の前提条件がほぼ1990年代末にはますます妥当しなくなっているがゆえに提起される。

1. ドイツ大企業の投資行動の動向

投資行動は本研究では従属変数をなす。投資行動の以下の観点が考慮された。すなわち，多角化動向，事業再編，投資政策の時間軸，そして投資総額がこれである。投資行動の動向は，1990年代において，投資行動の変化としても連続性としても捉えられる（表-34）。

表-34 ドイツ大企業の投資行動

	投資行動	
	1990年代半ばまで	1990年代半ば以降の動向
事業再編	－	＋＋
多角化	＋＋	－
投資政策の時間軸	＋＋	＋／－
投資総額	＋	＋

＋＋＝非常に重要；＋＝非常に重要とは言えないが，重要ではある；－＝重要ではないが，完全に影響力を持たないわけではない。

一面では，長い間ドイツ大企業が追求してきた多角化戦略は終焉を迎えた。とくに上場コングロマリット企業は事業再編プロセスにある。他面では，ドイツでは伝統的に高い投資水準と研究・開発投資は1990年代に上昇している。本研究が明らかにしたところによれば，企業の投資行動の変化は何よりもまず資本市場による外的コントロールの増大に，その連続性は共同決定の高い安定性に原因があると見なされる。

2. ドイツ資本市場の制度的変化

ドイツ大企業の投資行動の変化は，多角化戦略の終焉と資本市場適合的な事業再編の開始と関連づけて捉えると，ドイツ資本市場の機能様式とプレイヤーの行動における変化の結果である。「資本主義の多様性」文献において，資本

市場の制度は際立つ研究対象をなす。金融・資本市場と関連付けて，一方での銀行借入れによる資金調達と他方でのエクィティ・ファイナンスによる資金調達とに原則的に区分される（Edwards/Fischer, 1994）。

ホールとソスキス（Hall/Soskice, 2001）は調整された経済の資本市場と自由主義的経済の資本市場とを区別している。すなわち，例えばドイツがそうであるように，調整された経済では，銀行借入れによる資金調達が典型的である。銀行は企業に長期的信用を供与し，決して短期的な*リターン*を要求しない。企業はこうした「我慢強い」資本により長期的な企業戦略を追求することができる（Hall/Soskice, 2001, 18頁; Hirsch-Kreinsen, 1998; Kommission Mitbestimmung, 1998; Vitols/Casper/Soskice/Woolcock, 1997）。

長期的信用供与の見返りとして，銀行は，その顧客に対して（とりわけ企業の倒産による）与信の破綻リスクを極小化するために企業内の事業内容をコントロールしうることを要求する（Hall/Soskice, 2001; Beyer, 2001）。こうして，ドイツの銀行借入れによる資金調達は企業の*内部監視*を要求する。それとは異なり，アングロ・サクソン企業は，ホールとソスキスによれば，資本市場によって外的にコントロールされる[58]。

加えて，ドイツ大企業の間では，伝統的に高度の企業間結合関係が存在している（Hall/Soskice, 2001; Windorf, 1994; Windorf/Beyer, 1995; Windorf/Nollert, 2001）。この企業間結合は監査役への就任と株式の相互持合いを通して構築される。こうした企業間ネットワークは，一方では研究・開発分野での協力を生み出すとともに，他方で敵対的企業買収からの「車陣（Wagenburg：輪状に並べた車両を防壁がわりにした陣地—訳者注）」（Windorf, 1994）ともなる。ドイツでは，1990年代末まで，製品の生産施設，市場シェア，新技術そして労働力に対する*コントロール*が取引されるような企業支配権市場は存在していなかった（Windorf, 1994, 81頁）。

本研究が明らかにするところによれば，資本市場プレイヤーの行動並びに資

---

[58] ジャクソン（Jackson, 2001）が論証するところによれば，企業の資金調達様式がもっとも重要なわけではなく（投資のための最大の資金調達手段はなんといっても企業のキャッシュ・フローである），企業が銀行を通じて内的にコントロールされるのか，あるいは資本市場を通じて外的にコントロールされるのか，という監視システムの特徴づけのみが問題となる。

本市場の機能様式はほぼ1990年代半ば以降アングロ・サクソン的ないし市場志向的なものに近付いている。すなわち，銀行と資本結合関係にある企業による内的コントロールは資本市場による外的コントロールのために背景に退いている。ドイツ資本市場のあり方は，機関投資家の資金量，企業と銀行との間のネットワークの程度，企業支配権市場そして敵対的企業買収件数といった点で，観察可能な変化にもかかわらず，今後もアングロ・サクソン的資本市場のあり方とは区別される (Hall/Soskice, 2001; Soskice, 1999; Windorf/Nollert, 2001)。

1990年代に新たな所有者集団が登場してきた。新たな所有者は，機関投資家と呼ばれる。機関投資家は，通常その大量の株式保有により純粋に金融上の利益を追求しており，株式を保有する企業との特定の繋がりを持たない。新たな投資家集団は証券市場で株式の売買を繰り返す。その株式の売却によって，投資家は現在の投資利回りに対する不満を表明する。それにより，機関投資家は，個人株主や従業員株主の行動，あるいは資本参加への利害が伝統的に戦略的性質を持っているか，持っていた銀行，企業そして国家の投資行動とも区別される。

ドイツ企業，銀行そして国家との間のネットワークは，1990年代半ば以降，解消に向かいつつある。このことは資本的結合関係からよりも，むしろ人的結合関係の減少とネットワーク内プレイヤーの戦略の変化から認識されうる[59]。ドイツの大銀行は伝統的な与信業務から方向転換し，投資銀行業務を重点業務と位置づけ，これに取り組んでいる。ほぼ1990年代半ば以降，銀行出身の人々は産業企業の監査役会から継続的に退いてきている。同じことが産業企業間の人的結合についても妥当する。それ以上に，1990年代に公的機関はその株式保有のかなりの部分を譲渡するか，あるいは株式市場で売却している。

機関投資家の登場と企業間ネットワークの解消によって，ドイツでは1990年代に企業支配権市場が出現している。M&Aの件数は明らかに増加しており，2000年にはマンネスマン社が敵対的買収の標的とされた。今日では，乗っ取りは競合する企業の間での対決の正当な手段と見なされるようになってい

---

[59] けれども，ドイツ連邦政府は，2002年初頭，企業のキャピタルゲイン非課税措置の計画を公表している。これにより，企業の株式持合いの解消が促進されることが予想されうる。

る。「敵対的企業買収からの保護機能」を有する「ドイツ株式会社」は「もはや存在しない」（Höpner, 2000b, 5 頁; Höpner/Jackson, 2001）。ドイツでは敵対的企業買収は今後も稀にしか起こらないにせよ，可能性としてはいつでも起こりうるものとなったのであり，企業の経営者はいつもこの点を考慮していなければならない。

　資本市場のアングロ・サクソン的形態と比較して，ドイツでは，企業と銀行とのネットワークは比較的大きく，機関投資家の数は少ない。それにもかかわらず，銀行と他の企業を通じた，上場企業の*内的*コントロールは，ほぼ1990年代末には，資本市場を通じた*外的*コントロールに代替された。ドイツ資本市場の機能は所有者の金融上の利益の高まりに基づいてアングロ・サクソン的なる特徴に適応していることが語られうる[60]。

　伝統的なドイツ・モデル（「調整された市場経済」，「協調的資本主義」など）は，資本市場に関しては，少なくとも2つの資本主義タイプに分けることができる。すなわち，上場企業は，資本市場のアングロ・サクソン化に直面している一方，非上場企業はドイツ的資本市場の伝統的な制度的編成の下で今後も活動することができる。一方のグループは資本市場のインセンティブに晒されているのに対して，もう一方のグループはこのインセンティブから隔離されている。

3. 企業の共同決定の制度的安定性

　本研究の中で明らかにされたことは，企業の共同決定は1990年代において比較的高度の連続性によって際立っていることである。企業の共同決定は，協約自治（Tarifautonomie）の枠内で個別企業を越える賃金調整とともに，ドイツ的労使関係システムに特徴的な核心をなす（Hall/Soskice, 2001;

---

[60] ここで，ドイツ資本市場の変化が経路依存的であるかどうかは明らかにしようとするつもりはない。その変化が伝統的な経路内での動きであるのか，あるいはそうではないのかどうかの十分な基準が存在しない。「確かに，もし我々がある経路内での変化と新たな経路との間の明確な区別をすることができないのであれば，その概念自体がほとんど役に立たないし，見当違いをしていることが非常に明白であるように思われる。」（Deeg, 2001）

Kommission Mitbestimmung, 1998; Soskice, 1999; Streek, 1992)。「資本主義の多様性」文献では，一方での関係志向的かつ協調的な，ドイツ的共同決定モデルと他方でのアングロ・サクソン企業における共同決定制度の弱い特徴付けとが区別されている (Hall/Soskice, 2001; OECD, 1995; Soskice, 1999; Vitols/Casper/Soskice/Woolcock, 1997)。

自由主義的市場経済においては，賃金は企業内で個別に交渉され，企業内で公式的な共同決定制度は決して存在しないのに対して，調整された経済においては中央レベルでの賃金交渉が行われている。それ以上に，ドイツでは労働者は広範な共同決定規制に基づいて企業内でも重要な役割を果している (Hall/Soskice, 2001; Soskice, 1999)。本研究では，企業の共同決定制度が重要な位置を占めている。というのも，(労働者のコントロールならびに関与の下で) 監査役会において戦略的投資が決議され，それゆえ企業の投資行動に及ぼす労働者代表の影響力が最も容易に認識されうるからである。

企業の共同決定にとって，今日もっとも重要なセクターは，1976年共同決定法が適用される企業である。売上高上位500社の企業の大部分はこうした企業である。けれども，こうした企業は，法律上の規定にもかかわらず，必ずしも同じ強さの共同決定が実践されているわけではない。なるほど1990年代には監査役会共同決定の諸規則は僅かしか変化しなかった[61]。しかし，法律を越える共同決定規制 (労資同数から構成される監査役会内各種委員会，同意義務のある業務の導入，監査役会の労働者代表による人事・労務担当役員の選任など) に関しては高度の多様性がみられる。共同決定の形式とは対照的に，企業の共同決定の枠内での自己の任務に関しては，労働者代表の自己理解はもっぱら連続性によって特徴付けられるのではなく，むしろ変化している。それは後に論証されるように，資本市場志向的な事業再編のためでもあり，その結果起きている，大企業の内部労働市場の破綻のためでもある。

企業の共同決定制度と資本市場制度とはとくに大企業の監査役会において合流する。監査役会において，株主代表と労働者代表は，自分たちが任命した経営者の政策をコントロールする。ある企業における企業内意思決定への影響，

---

[61] 例えば，労働者代表がメンバーとならない監査役会内各種委員会は，1993年5月17日の連邦最高裁判所の判決以降，もはや法律に合致しないことになった (Köstler, et al., 1999, 134-135頁)。

双方のコントロールと協力を保証する構造が企業統治システムと呼ばれている。その発展動向は以下において叙述される。

4. ドイツの企業統治システムの発展動向

　戦後，ドイツ企業において凝集力のあるかつ同質的な企業統治システムが生み出されてきた (Jackson, 2000)。資本市場による外的コントロールは1990年代半ばまで比較的僅かな役割しか演じてこなかった (Matthes, 2000; Prigge, 1998)。機関投資家の不在，企業間の緊密な結合そして銀行信用による資金調達の大きな割合が敵対的企業買収に対する効果的な保護を生み出してきた。

　大規模な株式会社 (AG) ならびに有限会社 (GmbH) において，ドイツでは監査役会が存在し，この監査役会がビジネスを率いる執行役を任命し，コントロールしてきた。監査役会メンバーは，通常，銀行，資本結合関係にある企業，国家の諸機関の代表および労働者代表によって占められてきた。監査役会を通じて，株主代表と労働者代表は企業の政策と戦略に影響力を行使してきた。法律上の共同決定規制は，労働者代表に特別な権限を認めてきた。従業員2千名以上の株式会社では，労働者代表が監査役メンバーの半数を占めている（労資同権）。アングロ・サクソン諸国の企業と比べ，共同決定諸規制は経営者の意思決定余地に制約を課してきた (OECD, 1998; Prigge, 1998; Vitols/Casper/Soskice/Woolcock, 1997)。

　ドイツの企業統治システムではこれまで資本市場と共同決定は補完的関係にあった。すなわち，ドイツの資本市場の特性は企業の共同決定の効果を支持してきた (Holl/Soskice, 2001; Jackson, 2001; Soskice, 1999)。ドイツの共同決定は，長期指向の，「我慢強い」投資家と未発達の資本市場の存在に依存してきた。安定的な所有関係，少数の所有者の手中への出資持分の高度な集中，企業財務における銀行信用の高い割合という状況で，経営者は企業レベルでの出資者と従業員との間の持続的な同盟を作り上げることができた。このことは，投資家にとって短期的な高い配当よりも長期的な企業価値の上昇を，労働者に

とっては安定的,確実な雇用を意味していた (Kommission Mitbestimmung, 1998, 67 頁)。こうした同盟は「確実性と安定性連合」と名付けられうる。

1990 年代半ば以降,資本市場の国際化によって,伝統的な企業統治システムは変化の圧力に晒されているように思われる。株主は,ますます短期的にリターンのより大きな投資に乗り換えることができるようになっている。このことは,共同決定を通して促進されてきた,ドイツ企業の長期的な収益力を引き下げることになろうと一部の研究者は危惧している (Holl/Soskice, 2001; Kommission Mitbestimmung, 1998)。ホールとソスキス (Holl/Soskice, 2001) はドイツにおける企業支配権市場の出現の最初の兆候を認め,資本市場による企業の一層強力な外的コントロールが被用者との協調的な関係を危うくさせるのではないかと主張している。

本研究の研究結果が示しているように,1990 年代の半ば以降,上場企業は,長期的かつ安定的な企業価値向上と雇用保証が重要な位置を占めていたドイツ的企業統治システムから離脱してきた。それ以来,株主,労働者そして経営者はこうした企業の事業再編を組織している。外部資本市場によるコントロールの増大に基づいて,企業価値の向上が企業政策の中心に置かれるようになってきている。コングロマリット企業の企業価値を向上させるための中心的手段が事業構造の脱多角化である。ドイツ的企業統治システムにおける株主の役割に関連させて言えば,アングロ・サクソン・モデルへの適応が論じられうる。

けれども,労働者共同決定はドイツ的企業統治システムの中心的要素として依然存在している。これによって,ドイツ的企業統治システムはアングロ・サクソン諸国の企業統治システムとは今後も区別される。企業の共同決定は,資本市場の要求に基づく,企業の新しい方向付けの経過にも影響を及ぼしている。この経過への影響は企業における共同決定規制の程度にも依存している。一面で強力な資本市場のコントロールと強力な労働者の影響力の場合には,事業再編プロセスは*合意志向的*に経過しうる。労働者代表は,とくに職場保証への従業員の利害を事業再編プロセスに取り込むことで,資本市場の要求に基づく企業の新しい方向付けに積極的に関わっている。このために,労働者代表は,法律を*上回る*,数多くの共同決定規制によって際立つ公式的かつ制度化された手続きを自由に使うことができる。制度化された労働者利害の統合化を

通して，事業再編プロセスは比較的摩擦なく，また対立のないものとして経過しうる。

企業が資本市場のコントロールの下に置かれ，労働者が事業再編プロセスに僅かな影響力しか行使し得ない場合には，労働者と株主ないし経営者との間のコンフリクトが生じうる。事業構造を資本市場の要求に沿うように方向付ける株主の要求は労働者の意思に反して具体化される。労働者は自らの利害を事業再編プロセスにおいて考慮されないことに気づく。こうしたケースでは，事業再編の*対立的な*プロセスが論じられうる。

資本市場，共同決定そして企業統治システムの状態についての記述は，部分的に変化を遂げている，ドイツ・モデルにおける諸制度がいかに企業の構造と戦略に影響を及ぼしうるのか，ある生産体制の制度的構成要素がいかに直接・間接に相互に作用するのか（図-2 を参照せよ）についての理解を促進する。

5. 資本市場の外的コントロールと共同決定が企業の投資に及ぼす影響

資本市場による外的コントロールの高まりは，上場企業にとって少なくとも2つの帰結を伴っている。すなわち，第1に，資本市場によってこうした上場企業からリスクマネジメント機能がますます取り上げられている。そして第2に，企業経営に対する効率圧力が高まっている。ドイツ大企業の投資行動の変化においてドイツ資本市場の市場主義化の帰結が認識されうる。

多角化によって全般的ビジネス・リスク（破綻リスク）をさまざまな事業部門へ分散させるという，ドイツでしばしば利用される大企業の手段は所有者（とくに機関投資家）の側に移行している。機関投資家は，自分で投資リスクそれ自体を多様化することを要求する。資本市場の参加者は，もっとも収益力の高い業務部門に焦点を合わせるように多角化された企業に迫る一方，自分たち自身は，個別に設定されたリスク・プロフィールに応じて（状況に応じて異なる事業部門から構成される）さまざまな企業の株式を取得している。こうして，企業は，自立的な景気動向を持っている複数の産業部門に破綻リスクを分

散させるという可能性を失うことになる。破綻リスクの高まりによって何よりも労働者と経営者が職場喪失リスクを背負うことになる[62]。

　本研究の分析が確認するところによれば，資本市場に晒されているコングロマリット企業は脱多角化を進め，高水準の事業買収と事業売却を行っている。経営者と労働者の独自の戦略的可能性はここでは著しく制限されているように思われる。シーメンスとフェーバのケース・スタディは，現在，押し進められている事業再編が両者の歴史においてもっとも徹底したものだったことを示している。ほぼ1990年代半ば以降，両社は長年追求されてきた多角化とは逆行する事業再編プロセスの渦中にある。一方，上場企業とは異なり，資本市場の外的コントロールから保護されている多角化企業は伝統的な多角化戦略を今後も追求することができる。

　従って，上場企業と非上場企業との間で異なる企業戦略が展開されることになる。それゆえ，製品市場での競争の激化もしくは経営者のイデオロギーが現在の事業の再構築を押し進めているのだ，とする議論は疑われねばならない(Hall/Soskice, 2001，54頁以下; Vitols, 2000)。こうした2つの見方は，資本市場に晒されている企業と資本市場から守られている企業とを区別しない。しかし，現在の事業再編を押し進めているのは，何よりもまず1990年代におけるドイツ資本市場の変化なのである。

　企業の共同決定に関連して，定量的分析が示すところによれば，企業内の広範な共同決定規制は，株主と労働者との間での協調的で合意志向的に形成される事業再編を妨げるものではない。それ以上に，シーメンスとフェーバの比較が示しているのは，事業再編に際して労働者共同決定の役割は企業の共同決定の強さに応じて異なるということである。(例えば，雇用保証といった) 労働者の利害が，(例えば，監査役会での同意義務のある業務といった) 制度的に保証される方法で企業の共同決定において考慮されている場合には，こうした共同決定可能性は事業の一部のスピン・オフに関わる意思決定においても労働者との協調の可能性を高めている。こうした前提条件の下では，資本市場の圧

---

[62] 経営者と労働者は，職場喪失リスクの高まりに基づいて，高まるであろう企業収益にも関与したがることが論じられうる。ともかく経営者と労働者の報酬総額全体に占める (企業価値と連動した) 業績連動型報酬部分は1990年代に増加している (Höpner, 2001; Kudelbusch, 2001)。

力によって突き動かされる事業再編も比較的摩擦なしに，また対立なしに行われる。機関投資家が求めるように，企業はより収益力の劣る事業部門を「取り除く」ことになろう。これは，強力な共同決定が行われているフェーバのケースにおいて具体的に説明されえたように，しばしば労働者の同意により行われる。

けれども，制度的に保証された共同決定規制が十分存在しない場合には，労働者利害は（示威行動，警告スト，署名運動といった）規制されないプロセスでしか企業政策には取り込まれえない。弱い共同決定を特徴とするシーメンスのケースでは，事業再編の具体的展開を全体として困難にするには十分な影響力を持っているとしても，事業再編プロセスにおいて労働者を十分保護するにはあまりに弱い。それゆえ，シーメンスの労働者代表は資本市場の要求に応じた，コンツェルンの新たな方向付けを共有しようとはしなかった。ここでは資本市場参加者の利害と労働者の利害とは対立している。

シーメンスとフェーバの比較により，事業再編における共同決定の作用に関連して，より一般的な結論が可能となる。シーメンスは大規模な事業再編を行っていると同時に（非常に）弱い共同決定可能性を持つ，企業サンプル上唯一の企業である。事業の選択と集中のプロセスはここでは労働者の意思に反して行われた。コア・ビジネスへの集中政策を原則的に支持する，弱い共同決定の企業のケースは本研究の対象とする企業サンプルには存在しない。シーメンスを除いて，大規模な事業再編が行われている他の全ての企業は広範な共同決定規制を有している。こうした企業の場合には，選択と集中戦略は一貫して労働者代表によって原則的に支持されている。コア・ビジネスへの集中政策を労働者代表が拒否している（シーメンスのケースのように），強力な共同決定が行われている企業の実例は本研究が対象とする企業サンプルには見出されえない。

それ以上に本研究が明らかにしたところでは，企業の時間軸は，効率従属的次元と効率独立的次元とに区分されうる。効率従属的次元には，例えば，資本市場が要求する目標利回りを短期的もしくは中期的に達成しない事業領域の売却が入る。相対的に競争力の弱い（非効率的な）セグメントのスピン・オフは企業の効率性向上措置と評価されうる。収益を上げることのできない事業領域には，資本市場によって予め設定される目標利回りを達成するために，残され

た時間は少ない。ここでは明らかに時間軸は短くなっている。こうして，企業の多角化の終焉とともに，ドイツ的生産モデルのもう1つの伝統的な要素である，事業計画における長期的時間軸は縮小されている。今日では，経営者と労働者は収益力の劣る事業領域の収益力を短期間のうちに高める手段が見出されねばならない。

　これに対して，研究・開発投資は，効率が最優先されない，企業の時間軸の局面をなす。すなわち，イノベーション支出は，何よりもまず企業の効率に影響を及ぼすのではなく，資金の支払いがいつになるか，すなわち，研究・開発活動から生じる収益が現在価値に割り引かれた資金として今日支出されるのか，将来支出されるのかを決定する。こうして，株主の投資時間軸は同様に投資額全体の規模にも関わりを持つ。けれども，支出選好度は，株主グループごとに異なりうる。例えば，保険会社は，自社の顧客のために約定された最低限の利回りを獲得し分配するために，ある時点で追加的資金需要が発生する状況に至る場合がある。こうした状況では，保険会社は，例えば，資金を長期的に研究・開発に投資するのではなく，自由になる資金（キャッシュ・フロー）を株主に分配するように急き立てる。これに反して，投資ファンドは，通常，配当金の分配よりも目標利回りの長期的動向の方に関心がある。それゆえ，資本市場は，何が企業の効率に関係しているのかという問いとは異なり，時間軸に関して統一的な戦略を追求しておらず，従って，企業に対して曖昧なシグナルを送ることになる。加えて，個々の株主，例えば，保険会社の戦略の選択は時間の経過とともに変化する。というのも，投資の時間軸は，顧客との約定された保険契約の支払い時点に依存しているからである。

　異なる株主グループごとに，また時間の経過において追求される時間軸が非常に違っていることは，労働者に対して，企業戦略の長期的方向付けという自己の（共通の）利害を経営者の意思決定に取り込む可能性を切り開いている。こうして，資本市場の市場主義化の高まりにもかかわらず，（研究・開発投資に関連して）長期的時間軸が維持されている。定量的分析の示すところによれば，企業における共同決定の強さと研究・開発費との間にはプラスの相関が1990年代末に確認される。多角化の問題とは異なり，何よりもまず事業構造の効率にではなく，企業戦略の時間軸に係わるような局面で，あたかも労働者

が自己の長期的な利害を企業に取り込むことができるかのように思われる。それゆえ，ドイツ資本市場の市場主義化は，投資戦略の時間軸と係らせるならば，企業の投資行動の変化に繋がっているのではない。

　その代わりに，ホールとソスキス（Hall/Soskice, 2001）は，ある生産体制の制度の変化が補完的制度の適応とそれゆえ企業政策の変更を必然的に伴うものであると主張している。研究・開発における投資に関しては，このことは当てはまらない。ある生産モデルの制度の記述と分析において，ホールとソスキス（Hall/Soskice, 2001）は，企業のプレイヤーの利害の異なる特徴づけも企業内の共同決定制度編成と資本市場による外的コントロールの程度の異なる特徴づけもともに考慮していない。このことは，影響力の異なる労働者代表が異なる利害を追求している資本市場のプレイヤーと対峙していることを見逃してしまう。それゆえ，生産体制の制度的変化の作用は前もって明確には定められえない。

6. 生産体制の制度間の直接的関係

　ホールとソスキスの研究方法の中心的要素は，ある生産体制の枠内での制度補完性の存在である。それによれば，ドイツのケースにとって資本市場の我慢強いプレイヤーと労働者の強力な影響力とは，堅固な，相互に支持的な構造を形成している。個々の制度的構成要素は，その特徴に応じて自由主義的生産体制か調整された生産体制かに組み合わされる。企業，労働者，所有者は現存する制度とインセンティブの枠内で相互に関係を組織している。ある生産体制の構成要素は，システム全体，すなわち制度構造全体を危険に晒すことなしに取替えることはできないというのである（Hall/Soskice, 2001）。

　けれども，本研究は，資本市場，企業の共同決定そして投資行動に関連して，ドイツ的生産モデルは，ホールとソスキスが推定しているよりもあまり強く関連していないことを明らかにしてきた。フェーバとシーメンスのケースからだけでも，資本市場と共同決定との関係を明らかにするためには，ドイツの企業の共同決定の制度的編成の大きな多様性が考慮されなければならないこと

が裏付けられる。「資本主義の多様性」文献において使用される研究方法，すなわち，ある生産モデルにおける企業内の制度編成上の多様性を決して認識しえない，生産モデルの類型化という研究方法は，ある生産モデルの制度の現実の諸関係を隠蔽してしまう。

　本研究結果が明らかにするところによれば，ドイツにおいて展開されている，アングロ・サクソン的特徴を有する資本市場は，必ずしも共同決定制度と対立するものではないし，また調整された市場経済の終焉を意味するものでもない。本研究において行われた，機関投資家の代表者とのインタビューから，機関投資家自身は企業内の広範な共同決定規制をマイナスに評価していないと結論づけることができる。

　例えば，フェーバは数多くの，*法律を上回る* 共同決定規制を有している。機関投資家と経営者との対話において，共同決定規制を法律上の最低限の水準にまで引き下げることは決して要求されていない。その上，決して「共同決定ディスカウント」は存在しない。つまり，とくに強力な共同決定が行われている企業が，*他の事情が同じならば*，弱い共同決定が行われている企業よりも株式市場で不利な評価が行われているわけではない。

　企業分析と資本市場代表者とのインタビューからは，それどころか，資本市場の参加者は資本市場の要求に応じた，企業の新たな方向付けにおいて労働者共同決定の満足しうる機能を認識していることが結論付けられうる。そこで，（制度が意図せざるやり方で効率的に作用しあうという）新たな「意図せざる制度的適合」の発生が排除されない。あたかも企業が新たな資本市場の要件と共同決定の要件とを同時に満たしうるかのように思われる。

　（資本）市場志向的なインセンティブ・システムは，それゆえ，企業の共同決定の協調的要素と必ずしも適合しない訳ではないように思われる。（多角化の程度，研究・開発投資と投資規模といった）「正しい」投資政策をめぐる，株主と従業員との間の対立は，ホールとソスキスが起こりうるものと考えているのとは異なり，回避できないわけではない。ホールとソスキスの主張に従うと，これは時間的遅れに過ぎない，すなわち，企業の投資行動も時間軸に関して変更されており，企業の共同決定は近い将来消滅するか，あるいはドイツ資本市場の変化と同様に，市場インセンティブのために協調的性格を失っていく

ものと考えられることとなる。

けれども，機関投資家と労働者代表との間の，比較的協調的で，相互に支持的な関係は，本研究において，とくに広範な共同決定規制を有している企業において見出された。そうしたケースでは，2つの異質な制度の並存は，事情によっては，時間的ギャップに因るものであろうとする主張は十分な根拠があるものではない。というのも，参加プレイヤーの利害が相互に排他的ではない場合に，どうして企業の共同決定が資本市場の市場志向の高まりに適合的になるのかが理解できないからである。

それどころか，研究結果は，市場志向的制度と関係志向的制度とが，それぞれにとって「異質な」制度に関して高度の適合性を持ちうるという命題を支持している。そこで，ある制度の変化が同様に補完的制度の変化とそれゆえ企業政策の変化を必然的に伴いうるという「相互に連結する制度」という決定論的構想は疑問を投げ掛けられる。

7. 生産体制の制度間の間接的関係

ホールとソスキス（Hall/Soskice, 2001）のアプローチは，ある制度の変化に基づいて生じる企業の戦略と構造の変化が，現存する生産モデルの，その他の制度に再び影響を及ぼしうるのかどうかを明らかにしていない。ある生産モデルを構成する制度間の間接的関係は，本研究において，企業の構造に依存している内部労働市場に基づいて記述された。

コア・ビジネスへの集中を急き立てる，今日の資本市場の要求はコングロマリット企業における内部労働市場の崩壊をもたらしている。内部労働市場が機能していることは，他方で労働者代表の行動にも影響を及ぼし，企業内の共同決定の機能様式にも影響を及ぼす。内部労働市場を通して，資本市場と共同決定は「相互に連結する制度」として相互に照応している。大規模な上場コングロマリット企業のケースでは，内部労働市場は，その事業再編の要件に基づいて，スピン・オフの対象とされる労働者に代わりの企業内の職場を提供することはできない。

そのことは強い共同決定を持つ企業にも弱い共同決定を持つ企業にも同じように当てはまる。労働者は，雇用保証が高められるがゆえに，良く機能している内部労働市場に対して大きな利害を有している。過去において，労働者は，企業の多角化度を高めることに，共同決定規制を利用することができた。1990年代末に，資本市場は多角化戦略の追求を阻止してきた（本書パートⅢを参照せよ）。それゆえ，コングロマリット企業と内部労働市場の解体は労働者にとって雇用保証の低下を意味している。

けれども，内部労働市場の解消との関わり方で異なる強さの共同決定が見られる企業間の違いは，幅広い共同決定規制を有する労働者代表が（例えば，事業部門の売却によって）スピン・オフの対象とされる労働者に対して，*新たな母体企業での十分な雇用保証*を保障しうるということである。要するに，労働者代表は，これまでその同僚を内部労働市場の枠内で提供しえた雇用保証を外部労働市場に求めようとしている。

「外部の職場保証」は，労働者代表と事業売却交渉に参加している関係企業間で文書による契約と協約という形を取って保障される。労働者代表の提案は，それが経営者の意思決定において考慮されるべきだとするならば，社会的基準だけではなく，*経営経済的基準*をも満たす必要がある。新たな要件は労働者代表の「共同経営者」としての理解を促進しうるものであり，こうして階級闘争という表象は排除される。

8. ドイツ的生産モデルの将来？

ドイツ的生産モデルの発展動向ないし将来の記述は，製品市場と資本市場の国際化が唯一の経済モデルないし「唯一最善の方法（single best way）」の出現という結果になるのか，あるいは国際化の増大にもかかわらず，さまざまな資本主義モデルが今後も並存するのかという問いをめぐる議論と結び付けられる。

新古典派経済学の主張者たちは，（例えば，共同決定のような）制度的要素による市場効率の制限により物質的豊かさは失われ，その結果，国際競争の中

では市場に馴染まない制度は撤廃されることになるものと主張している。これに対して，本研究は，資本市場の大きな変化にもかかわらず，株主と労働者との関係も，企業戦略の，依然として長期志向の時間軸も危機に陥っているわけでは必ずしもないことを明らかにすることができた。所有者グループのさまざまに異なる利害と企業の共同決定編成の高度の多様性により，ドイツ的生産モデルにおける制度変化の作用は性質上多様である。ドイツ的生産体制の制度上の特徴における多様性の増大は「多元主義体制」（Streeck, 2000, 44頁）と記述されうる。こうした発展動向は，「唯一最善の方法」の出現という表象とは相容れない。

新古典派とは異なり，「資本主義の多様性」アプローチの主張者は，複数の「最善の方法」が存在しうることを主張している。市場による調整が市場制限的な制度による調整よりも原則的に優れているわけではないと主張される。それによれば，国レベルでさまざまな生産体制の類型が明らかにされうる。このアプローチは静態的視点に基づいている。時間の経過における変化が十分捉えられていない。事情によっては，すでに起きている変化が排除されたり，重要でないものとして描かれたりする。例えば，ホールとソスキスは，資本市場への企業の方向付けの高まりは事業再編の真の理由ではないとして以下のように述べている。つまり，「……『株主価値』なるものは，ともかく要求されている事業再編を正当化するスローガンとして用いられてきた。」（Hall/Soskice, 2001, 54頁）

ドイツ資本市場の市場主義化という現実は，ホールとソスキスによれば，その帰結として，企業は「これまで慣習的に頼ってきた，他の企業や従業員との協調的仕組みを維持することが市場価格の激しい変動によって，次第に困難になっていることに気付く」（Hall/Soskice, 2001, 53頁）ようになったとしている。資本市場のアングロ・サクソン化は調整された経済下にある企業の構造と戦略に大きな圧力を加えており，企業と関わる，他のグループ，とくに労働者との関係を危険に晒すものと主張している（Hall/Soskice, 2001, 53頁）。けれども，こうした危惧は，本研究の分析からは確認されない。とりわけ，広範な共同決定規制が展開されている企業の場合には，機関投資家によって要求される事業再編プロセスは，比較的摩擦なしにまたコンフリクトなしに展開され

ている。

　こうして，「資本主義の多様性」アプローチは，新古典派理論と同様に，少なくとも1990年代半ば以降ドイツ・モデルにおいて確認されうるような多様化プロセスを無視している。すなわち，資本主義のさまざまな多様性はもっぱら国ごとに存在するだけではなく，ホールとソスキスが提示してきた生産体制の類型の内部でも存在するのである。それは少なくともドイツのケースに当てはまる。ドイツでは従来の制度が異なる制度的特徴を持つものを受け入れ，制度内のプレイヤーの関係は相互に高い多様性を持ちうるのである。

　制度変化の結果として，ドイツ企業統治システムは，1990年代半ば以降，非上場企業と上場企業とに分かれた。こうして，資本市場の外的コントロールに晒されていない企業は所有者，労働者そして経営者との間の伝統的な確実性・安定性連合を維持することができた。ますます外部の資本市場のコントロールに晒されている企業は，市場志向的企業統治モデルに近付いてきている。資本市場志向的なシステムは，労働者共同決定の強さに応じて，対立志向を帯びるか合意志向を帯びるかのいずれかになる。コントロール・監視メカニズムがますます多様化され，異質なものからなるようになってくると，もはやこれまでのような「一つの」ドイツ的企業統治モデルについて語ることはできない。

　ごく最近，観察可能な発展動向，とくに一方で企業統治システムの枠内で生じている，ドイツ的企業統治のアングロ・サクソン的株主行動への適応と他方でドイツ共同決定の安定性は，ハイブリッド化の概念でもっとも適切に特徴付けられうる。多くの上場企業は，そうこうするうちにアングロ・サクソン的資本主義の制度的要素とドイツ的資本主義の制度的要素をともに活用するようになっている。こうして，ドイツ的資本主義モデルの枠内で資本市場志向的な企業政策と資本市場志向的な事業再編を通じて，株主への譲歩が行われている。同時に，十分な共同決定規制が存在する場合には，労働者代表は企業の資本市場志向的な方向付けにともに関与しようとしている。引き続き，企業は安定した雇用関係に配慮しながら，長期志向の研究・開発投資を必要とする，高いイノベーション・コミットメントを維持している。

　ホールとソスキスは，原則的に，制度補完性から結果として生じる生産体制

の制度上の比較優位性の中に各国別モデルの外見上の高い安定性の原因を見出している (Hall/Soskice, 2001; Soskice, 1999; しかし，また Aoki, 1994; Milgrom, /Roberts, 1994 も参照)。各国別に異なる制度に組み込まれている企業は，制度の特殊な配列状況に基づいて，特定の企業活動において，ある比較優位性を獲得しうる。その際，比較優位性の新古典派アプローチが引き合いに出される。比較優位性は，土地，資本，労働といった，ある国の要素賦存に集中している。取引の国際化の進展の中でいずれの国も（その要素賦存に応じて）特定製品に特殊化するであろう (Stolper/Samuelson, 1941)。けれども，こうして，古典派理論は，なぜ個々の国が同一セクターからの製品を輸出したり，輸入したりするのか，あるいは類似の要素賦存をもっている（バーデン・ヴュルテンベルク，シリコン・バレーといった）地域の生産クラスターが形成されうるのかを説明することができない。ホールとソスキス (Hall/Soskice, 2001) の見解では，異なるインセンティブ・システムとコントロール・システムの存在によって初めてさまざまな生産体制が生まれるのであり，この生産体制が特定の活動における競争優位性を企業に付与するのである。制度上の比較競争優位性は補完的な制度のプラスの効果が相互に増大することに基づいている (Hall/Soskice, 2001; Soskice, 1999)。

　制度上の比較優位性は，ホールとソスキス (Hall/Soskice, 2001) の見解によれば，2つ以上の制度の補完性ないし相互適合性が，そのうちのある一つの制度の変化によって次第に消滅する場合には危険に晒される。けれども，本研究成果の到達点からすれば，資本市場の制度的編成の市場主義化は，必ずしも調整された市場経済の終焉を意味するわけでも，制度上の比較優位性の喪失を意味する訳でもないことが推定される。恐らくハイブリッド化という形で新たな制度的編成が生み出され，この新たな制度的編成が，企業と関わるグループ間でのコンフリクトによって引き起こされる摩擦損失を発生させることなしに，再び他の生産体制に対する競争優位性を生み出しうる。

　それゆえ，ある生産体制の諸制度は，ホールとソスキスが推定しているよりも，あまり強くは関連付けられないように思われる。収斂化も国別レベルでの類型化も，ともに将来の生産体制の表象に対して決定的役割を果たすものではないであろう。体制と制度の多様性，動態性そして多元主義が一国の企業の生

産様式において支配的になろう。大企業は，過去におけるよりも国別構造や制度に組み込まれることは少なくなるであろう。不安定性と不確実性が高まる環境の中で，企業戦略に関する経営者の個々の意思決定がますます重要となってくる。けれども，大企業における経営者の戦略に関して「一つの最良の実践」は，今後とも決して認識可能ではない。

　本研究の冒頭で，ドイツ資本主義の発展動向についての悲観主義的予測を行っているヴォルフガング・シュトレーク（Streeck, 1999, 1993）の言葉が引用された。シュトレークによれば，グローバル競争は，ミヒャエル・アルバート（Albert, 1992）によって予言された，パフォーマンスで劣るアングロ・アメリカ型資本主義がパフォーマンスの高いライン型資本主義を圧倒するという，とんでもない結果をもたらすであろうとされた（Streeck, 1999, 40頁）。けれども，本研究結果は，市場志向的なアングロ・サクソン・モデルへの適応と並んで，ドイツ共同決定のようなドイツ資本主義の特殊なコーポラティズム的要素も共存し，将来も生き延びることができることを示唆している。

【風間信隆　訳】

参考文献

Addison, John/Kraft, Kornelius/Wagner, Joachim (1993): German Works Councils, Profits and Innovation, in: Kyklos 49, 4, S. 555-582.
Albach, Horst (1987): Investitionspolitik erfolgreicher Unternehmen, in: Zeitschrift für Betriebswirtschaft, Jg. 57, S. 636-661.
Albach, Horst/Brandt, Thomas/Fleischer, Manfred/Yang, Jianping (1999): Soziale Marktwirtschaft: eine Erfolgsgeschichte−50 Jahre Bundesrepublik Deutschland im Lichte von Industriebilanzen, in: Kaase, Max/Schmid, Günther (Hg.): Eine lernende Demokratie−50 Jahre Bundesrepublik Deutschland, WZB-Jahrbuch 1999, S. 499-528.
Albert, Michel (1992): Kapitalismus contra Kapitalismus, Frankfurt am Main.
Alchian, A./Demsetz, H. (1972): Production, Information Costs and Economic Organisation, in: The American Economic Review 1972, p.777.
Amelung, Torsten (1999): Globalisierung, Conglomerate Discount und Auswirkungen auf die Unternehmensstrukturen, in: Journal für Betriebswirtschaft 1/99, S. 27-38.
Aoki, Masahiko (1997): Unintended Fit: Organizational Evolution and Government Design of Institutions in Japan, in: Aoki, Masahiko/Kim, Hyung-Ki/Okuno-Fujiwara, Masahiro (Hg.): The Role of Government in East Asian Economic Development: Comparative Institutional Analysis, Oxford, S.233-253. (青木昌彦他編, 白鳥正喜監訳『東アジアの経済発展と政府の役割』日本経済新聞社, 1997年)
Aoki, Masahiko (1994): The Japanese as a System of Attributes: A Survey and Research Agenda, in: Aoki, Masahiko/Dore, Ronald (Hg.): The Japanese Firm: Sources of Competitive Strength, Oxford. (青木昌彦・ロナルド・ドーア編, NTTデータ通信システム科学研究所訳『国際・学際研究 システムとしての日本企業』NTT出版, 1995年)
Arminger, Gerhard (1979): Faktorenanalyse−Statistik für Soziologen, Stuttgart.
Bamberg, Ulrich/Bürger, Michael/Mahnkopf, Birgit/Martens, Helmut/Tiemann, Jörg (1987): Aber ob die Karten voll ausgereizt sind … 10 Jahre Mitbestimmungsgesetz 1976 in der Bilanz, Bonn.
Baumol, William (1967): Business Behaviour, Value and Growth (Revised Edition), New York. (W.J.ボーモル著, 伊達邦春・小野俊夫訳『企業行動と経済成長』ダイヤモンド社, 1962年)
Baums, Theodor/Frick, Bernd (1997): Co-determination in Germany: The impact on the Market Value of the Firm, Arbeitspapier 1/97 des Instituts für Handels- und Wirtschaftsrecht, Universität Osnabrück.
Beike, Rolf/Schlütz, Johannes (1999): Finanznachrichten lesen − verstehen − nutzen, Ein Wegweiser durch Kursnotierungen und Marktberichte, Stuttgart.
Benelli, Giuseppe/Loderer, Claudio/Lys, Thomas (1987): Labour Participation in Corporate Policy-making Decisions: West Germany's Experience with Codetermination, in: Journal

of Business, 60 (4), S. 553-575.
Berger, Suzanne/Dore, Ronald (1996): National diversity and global capitalism, Ithaca.
Berle, Adolf (1959): Power without Property—A New Development in American Political Economy, New York. (アドルフ・A・バーリ著, 加藤寛, 関口操, 丸尾直美訳『財産なき支配』, 論争叢書, 1960 年)
Berle, Adolf/Means, Gardiner (1999): The Modern Corporation & Private Property, New Jersey (im Original veröffentlicht 1932). (アドルフ・A・バーリ／ガーディナー・C・ミーンズ著, 北島忠男訳『近代株式会社と私有財産』, 文雅堂銀行研究社, 1958 年)
Berger, Philip/Ofek, Eli (1996): Bustup takeovers of value-destroying diversified firms, in: The Journal of Finance, 51, 4.
Bethel, Jennifer/Liebeskind, Julia (1998): Block Share Purchases and Corporate Performance, in: The Journal of Finance, Vol. LIII, No. 2, S. 605-634.
Bethel, Jennifer/Liebeskind, Julia (1993): The Effects of Ownership Structure on Corporate Restructuring, Strategic Management Journal, Vol. 14, S. 15-31.
Beyer, Jürgen (2001): Deutschland AG a. D.—Deutsche Bank AG, Allianz AG und das Verflechtungszentrum großer deutscher Unternehmen, Papier vorgestellt auf dem Workshop „Wer beherrscht das Unternehmen?" am Max-Planck-Institut für Gesellschaftsforschung am 4. Mai 2001.
Beyer, Jürgen (1998): Managerherrschaft in Deutschland? Opladen/Wiesbaden.
Beyer, Jürgen/Hassel, Anke (2001): The market for coporate control and the financial internationalization of German firms, paper presented at the 13th Annual Meeting of the Society for the Advancement of Socio-Economics (SASE), Amsterdam, 28. Juni—1. Juli 2001.
Bhagat, Sanjai/Shleifer, Andrei/Vishny, Robert (1990): Hostile Takeovers in the 1980's, in: Brookings Papers on Economic Activity, Microeconomics, 1990, S. 1-72.
Bhide, Amar (1997): Reverse Corporate Diversification, in: Chew, Donald (Hg.): Studies in International Corporate Finance and Governance Systems—A Comparison of the U.S., Japan, and Europe, New York, S. 106-117.
Black, Andrew/Wright, Philip/Bachman, John (1998): Shareholder Value für Manager—Konzepte und Methoden zur Steigerung des Unternehmenswertes, Price Waterhouse, Franfurt a. M.
Blair, Margaret (1995): Ownership and control—Rethinking Corporate Governance for the Twenty-First Century, Washington.
Bleicher, Kurt (1987): Der Aufsichtsrat im Wandel: Eine repräsentative Studie über Aufsichtsräte in bundesdeutschen Aktiengesellschaften im Auftrag der Bertelsmann Stiftung, Gütersloh.
Blume, Otto (1964): Normen und Wirklichkeit einer Betriebsverfassung, Tübingen.
Blume, Otto/Potthoff, Erich/Duvernell, Helmut (1962): Zwischenbilanz der Mitbestimmung, Tübingen.
Blumenthal, Michael (1960): Die Mitbestimmung in der deutschen Stahlindustrie, Bad Homburg.
Böhm, Jürgen (1992): Der Einfluß der Banken auf Großunternehmen, Hamburg.
Bowmann, Edward/Singh, Harbir (1993): Corporate Restructuring: Reconfiguring the Firm, in: Strategic Management Journal, Vol. 14, S. 5-14.
Bowmann, Edward/Singh, Harbir (1990): Overview of Corporate Restructuring—Trends

and Consequences, in: Rock, Milton/Rock, Robert (Hg.): Corporate Restructuring, New York 1990, S. 8-22.
Boyer, Robert (1996): The Convergence Hypothesis Revisited: Globalization but Still the Century of Nations?, in: Berger, Suzanne/Dore, Ronald (Hg.): National diversity and global capitalism, Ithaca.
Breuer, Rolf (2001): Europäische Universalbanken in Zeiten der Globalisierung, in: Hummel, Detlev/Breuer, Rolf (Hg.): Handbuch Europäischer Kapitalmarkt, Wiesbaden, S. 267-283.
Breuer, Rolf (2000): Modernes Bankmanagement, modernes Politikmanagement, in: Theilacker Bertram (Hg.): Banken und Politik, Frankfurt a. M., S. 47-59.
Brinkmann-Herz, Dorothea (1972): Entscheidungsprozesse in den Aufsichtsräten der Montanindustrie—Eine empirische Untersuchung über die Eignung des Aufsichtsrates als Instrument der Arbeitnehmermitbestimmung, Berlin.
Bronars, Stephen G./Deere, Donald R. (1993): Unionization, Incomplete Contracting, and Capital Investment, in: Journal of Business, Vol. 66, No. 1 (January), S. 117-132.
Brosius, Felix (1998): SPSS 8—Professionelle Statistik unter Windows, Bonn.
Budros, Art (1997): The New Capitalism and Organizational Rationality: The Adoption of Downsizing Programs 1979-1994, in: Social Forces, 76, No. 1, S. 229-250.
Bühner, Rolf (1997): Increasing Shareholder Value Through Human Asset Management, in: Long Range Planning, Vol. 30, No. 5, S. 110-171.
Bühner, Rolf (1994): Unternehmerische Führung mit Shareholder Value, in: ders. (Hg.): Der Shareholder Value Report—Erfahrungen, Ergebnisse, Entwicklungen, Landsberg/Lech, S. 9-75.
Bühner, Rolf/Rasheed, Abdul/Rosenstein, Josepf (1997): Corporate Restructuring Patterns in the US and Germany: A Comparative Empirical Investigation, in: Management International Review, Vol. 37, 1997/4, S. 319-338.
Bühner, Rolf (1983): Portfolio-Risikoanalyse der Unternehmensdiversifikation von Industrieaktiengesellschaften, in: Zeitschrift für Betriebswirtschaft, 53. Jg., Heft 11, S. 1023-1041.
Bundesjustizministerium (1998): Mitteilung und Begründung zum Gesetz zur Kontrolle und Transparenz im Unternehmensbereich (KonTraG).
 〈http://www.bmj.bund.de/misc/1998/m_kontr.htm〉
Bundesverband deutscher Banken (1995): Macht der Banken. Daten, Fakten, Argumente, Köln.
Burckhardt, Arno/Dill, Christopher (2000): Der deutsche M & A-Markt hat deutlich aufgeholt, in: Handelsblatt (Beilage Mergers & Acquisitions) vom 27.4.2000.
Burt, Ronald (1982): Toward a Structural Theory of Action: Network Models of Social Structure, Perception and Action, New York.
BVI 1998a: Investment 98—Daten, Fakten, Entwicklungen, Bundesverband Deutscher Investment-Gesellschaften e. V., Frankfurt.
BVI 1998b: Entwicklung der Investmentfonds im Jahre 1998, Bundesverband Deutscher Investment-Gesellschaften e. V., Frankfurt.
Capital 7/1996.
Chaganti, Rajeswararao/Damanpour, Fariborz (1991): Institutional Ownership, Capital Structure, and Firm Performance, in: Strategic Management Journal, Vol. 12, S. 479-491.
Chandler, Alfred (1990): Scale and Scope, Cambridge. (アルフレッド・チャンドラー著, 安部

悦生，工藤章，日高千景，川辺信雄，西牟田祐二，山口一臣訳『スケールアンドスコープ——経営力発展の国際比較』，有斐閣，1993 年)
Clayton, Richard/Pontusson, Jonas (1998): Welfare-State Retrenchment Revisted: Entitlement Cuts, Public Sector Restructuring, and Inegalitarian Trends in Advanced Capitalist Society, in: World Politics, 51, S. 67-98.
Coase, Ronald (1937): The nature of the Firm, in: Economica, 4, S.386-405. (ロナルド・コース著，宮沢健一，後藤晃，藤垣芳文訳『企業・市場・法』，東洋経済新報社，1992 年)
Connolly, Robert/Hirsch, Barry/Hirschey, Mark (1986): Union rent seeking, intangible capital, and the market value of the firm, in: Review of Economics and Statistics, 68 (November), S. 567-577.
Crouch, Colin (1990): Trade Unions in the Exposed Sector: Their Influence on Neo-Corporatist Behaviour, in: Renato Brunetta, Carlo Dell'Aringa (Hg.): Labour Relations and Economic Performance, Houndmills, S. 68-91.
Davies, Stephen/Petts, David (1997): Refocusing and Europeanisation in leading British and German companies: a comparison, in: Owen, Geoffrey/Richter, Ansgar (Hg.): Corporate restructuring in Britain and Germany, York, S. 13-29.
Deeg, Richard (2001): Institutional Change and the Uses and Limits of Path Dependency: The Case of German Finance, unveröffentlichter erster Entwurf, Temple University, Philadelphia.
de Jong, Henk Wouter (1997): The Governance Structure and Performance of Large European Corporations, The Journal of Management and Governance, No. 1, S. 5-27.
de Jong, Henk Wouter (1992): Der Markt für Unternehmenskontrollen—Eine historische, theoretische und empirische Analyse, in: Gröner, Helmut (Hg.): Der Markt für Unternehmenskontrollen, S. 141-159.
Denis, David/Denis, Diane/Sarin, Atulya (1997): Agency Problems, Equity Ownership, and Corporate Diversification, in: The Journal of Finance, Vol. LII, Nr. 1, March, S. 135-160.
Der Spiegel, 7/1999.
Der Spiegel: Die Brücke trägt nicht mehr, Nr. 15/1974.
Der Spiegel: Mitbestimmung: „Weder ja noch nein sagen", Nr. 4/1973.
Deutsche Bank (2001): Corporate Governance Principles, Frankfurt a. M.
Deutsche Bundesbank (1999): Ergebnisse der gesamtwirtschaftlichen Finanzierungsrechnung für Deutschland 1990 bis 1998, Statistische Sonderveröffentlichung 4/1999, Frankfurt/Main.
Deutsche Bundesbank (1997): Die Aktie als Finanzierungs- und Anlageinstrument, in: Monatsbericht der Deutschen Bundesbank, 48. Jg., Nr. 1, S. 27-41.
Deutsches Aktieninstitut (1999): DAI-Factbook 1999—Statistiken, Analysen und Graphiken zu Aktionären, Aktiengesellschaften und Börsen, Frankfurt am Main.
Donaldson, Gordon (1994): Corporate Restructuring—Managing the Change Process from Within, Boston.
Dore, Ronald/Lazonick, William/O'Sullivan, Mary (1999): Varieties of Capitalism in the Twentieth Century, in: Oxford Review of Economic Policy, Vol. 15, No. 4, S. 102-120.
Drucker, Peter (2000): Sind feindliche Übernahmen schädlich?, in: Handelsblatt Wochenendausgabe vom 5.2.2000.
Dufey, G/Hommel, U. (1997): Der Shareholder Value-Ansatz: US-amerikanischer Kulturimport oder Diktat des globalen Marktes? Einige Überlegungen zur „Corporate

Governance" in Deutschland, in: Engelhard, J. (Hg.): Interkulturelles Management: Theoretische Fundierung und funktionsbereichsspezifische Konzepte, Wiesbaden, S. 183-211.

Edwards, Jeremy/Fischer, Klaus (1994): Banks, finance and investment in Germany, Cambridge/New York.

Engbergding, Antonius (2000): Shareholder, Stakeholder oder: Wem gehört die Company?, in: Mitbestimmung 5/2000, S. 54-55.

Falthauser, Kurt (2000): Die Bankenlandschaft und die neuen Herausforderungen, in: Theilacker, Bertram (Hg.): Banken und Politik, Frankfurt a. M., S. 106-119.

Fama, Eugene (1980): Agency Problems and the Theory of the Firm, in: Journal of Political Economy, 88/2, S. 288-307.

Faust, Michael (1999): Manager und Eigentümer: Shareholder Value-Konzept und Corporate Governance, Diskussionspapier, FATK Foschungsinstitut für Arbeit, Technik und Kultur e. V., Tübingen.

Financial Times vom 10.4.2001.

Financial Times Deutschland: Kapitalvernichter aus München, 23.2.2000.

Financial Times Deutschland: Siemens plant radikalen Umbau mit Konzentration auf zwei Sparten, 21.2.2000.

Financial Times: The monoliths stir, vom 28.9.1999.

Fitting, Karl/Wlotzke, Otfried/Wißmann, Hellmut (1978): Mitbestimmungsgesetz, Kommentar, 2. Auflage, München.

FitzRoy, Felix/Kraft, Kornelius (1993): Economic Effects of Codetermination, in: Scandinavian Journal of Economics, 95 (3), S. 365-375.

FitzRoy, Felix/Kraft, Kornelius (1990): Innovation, Rent-Sharing and the Organization of Labour in the Federal Republic of Germany, in: Small Business Economics, 2, No. 2, S. 95-103.

Fligstein, Niel (1996): Markets as Politics: A Political-Cultural Approach to Market Institutions, in: American Sociological Review, 61, S. 656-673.

Fligstein, Neil/Freeland, Robert (1995): Theoretical and Comparative Perspectives on Corporate Organizations, in: Annual Review of Sociology, 21, S. 21-43.

Fokken, Ulrike (1999): Die Welt AG — Internationale Unternehmen im Fusionsfieber, München.

Frankfurter Allgemeine Zeitung vom 19.4.2001.

Frankfurter Allgemeine Zeitung vom 4.12.1998.

Frankfurter Allgemeine Zeitung vom 19.7.1998.

Frankfurter Allgemeine Zeitung: Ein hoher Unternehmenswert schützt vor feindlichen Übernahmen, 20.3.1997.

Franks, Julian/Mayer, Colin (1997): Corporate Ownership and Control in the U.K., Germany, and France, in: Chew, Donald (Hg.): Studies in International Corporate Finance and Governance Systems — A Comparison of the U.S., Japan, and Europe, New York/Oxford, S. 281-296.

Fraune, Christian (1996): Der Einfluß institutionelle Anleger in der Hauptversammlung, Köln/Berlin/Bonn/München.

Freeman, Richard/Lazear, Edward (1995): An Economic Analysis of Works Councils, in: Rogers, Joel/Streeck, Wolfgang (Hg.): Works Councils, Chicago, London, S. 27-50.

Funder, Maria (1995): Stand und Perspektiven der Mitbestimmung – Von der institutionenorientierten Mitbestimmungs- zur Industrial-Relations-Forschung (Eine Literaturstudie), Manuskript 187, Hans-Böckler-Stiftung.
Furubotn, Eirik (1989): A Gerneral Model of Codetermination, in: Nutzinger, Hans/Backhaus, Jürgen (Hg.): Codetermination, Berlin, S. 41-71.
Furubotn, Eirik (1988): Codetermination and the Modern Theory of the Firm: A Property-Rights Analysis, in: Journal of Business 61, 2, S. 165-181.
Furubotn, Eirik (1985): Codetermination, Productivity Gains, and the Economics of the Firm, in: Oxford Economic Papers 37, 1, S. 22-39.
Furubotn, Eirik (1978): The Economic Consequences of Codetermination on the Rate and Sources of Private Investment, in: Pejovich, Svetozar (Hg.): The Codetermination Movement in the West, Lexington, S. 131-167.
Furubotn, Eirik/Pejovich, Svetozar (Hg.) (1974): The Economics of Property-Rights, Cambridge.
Gabler Wirtschaftslexikon (1997), Wiesbaden.
Gaensslen, Hermann/Schubö, Werner (1979): Einfache und komplexe statistische Analyse – Ein Darstellung der multivariaten Verfahren für Sozialwissenschaftler und Mediziner, München/Basel.
Ganske, Torsten (1996): Mitbestimmung, Property-Rights-Ansatz und Transaktionskostentheorie, Frankfurt am Main.
Gerke, Wolfgang/Steiger, Max (2001): Einfluss der Kapitalmärkte auf die Corporate-Governance-Strukturen in Europa, in: Hummel, Detlev/Breuer, Rolf (Hg.): Handbuch Europäischer Kapitalmarkt, Wiesbaden, S. 207-223.
Gerum, Elmar (1998): Mitbestimmung und Corporate Governance – Bestandsaufnahme und Perspektiven der Mitbestimmung in Unternehmen und Konzern, Expertise für das Projekt „Mitbestimmung und neue Unternehmenskulturen" der Bertelsmann Stiftung und der Hans-Böckler-Stiftung, Gütersloh.
Gerum, Elmar/Steinmann, Horst (1980): Unternehmenspolitik in der mitbestimmten Unternehmung, in: Die Aktiengesellschaft, Nr. 1/1980, S. 1-10.
Gerum, Elmar/Steinmann, Horst/Fees, Werner (1988): Der mitbestimmte Aufsichtsrat – Eine empirische Untersuchung, Stuttgart.
Gerum, Elmar/Steinmann, Horst/Fees, Werner (1985): Managerkontrolle und Mitbestimmung, in: Zeitschrift für Betriebswirtschaft, 55, 10, S. 992-1011.
Gibbs, Philip (1993): Determinants of Corporate Restructuring: The Relative Importance of Corporate Governance, Takeover Threat, and Free Cash Flow, Strategic Management Journal, Vol. 14, S. 51-68.
Gilson, Ronald (2000): The Globalization of Corporate Governance: Convergence of Form of Function, Columbia Law School, Center for Law and Economic Studies, Working Paper Nr. 192.
Gorton, Gary/Schmid, Frank (1996): Corporate Finance, Control Rights, and Firm Performance: A Study of German Codetermination, University of Pennsylvania, Working Paper.
Gospel, Howard/Pendleton, Andrew (1999): Financial Markets, Corporate Governance, and the Management of Labour, Draft, King's College, University of London, and Centre for Economic Performance, London School of Economics, Manchester Metropolitan

University.
Gotthold, Jürgen (1983): Property-Rights-Theorie, Theorie der Unternehmung und Mitbestimmung, in: WSI-Mitteilungen 10/1983, S. 616-629.
Granovetter, Mark (1973): The Strength of Weak Ties, in: American Journal of Sociology, 78, S. 1360-1379.
Gurdon, Michael/Rai, Anoop (1990): Codetermination and Enterprise Performance: Empirical Evidence from West Germany, in: Journal of Economics and Business, 42 (4), S. 289-302.
Hall, Bronwyn (1994): Corporate Restructuring and Investment Horizons in the United States 1976-1987, in: Business History Review, 68. S. 119-143.
Hall, Peter (1999): The Political Economy of Europe in an Era of Interdependence, in: Kitschelt, Herbert/Lange, Peter/Marks, Gary/Stephens, John D. (Hg.): Continuity and Change in Contemporary Capitalism, Cambridge 1999, S. 135-163.
Hall, Peter/Soskice, David (2001): An Introduction to Varieties of Capitalism, in : Hall, Peter/Soskice, David (Hg.): Varieties of Capitalism: Institutional Foundations of Comparative Advantage, Cambridge. (ピーター・A・ホール，デヴィッド・ソスキス編，遠山弘徳，安孫子誠男，山田鋭夫，宇仁宏幸，藤田菜々子訳,『資本主義の多様性 比較優位の制度的基礎』，ナカニシヤ出版，2007年)
Handelsblatt vom 10.4.2001.
Handelsblatt: Strategien eines Übernahmekandidaten, 2./3.2.2001.
Handelsblatt: Daimler-Chrysler will Anleger besser informieren, 25.10.1999.
Handelsblatt: Der verhinderte Politiker, 13.10.1999.
Hans-Böckler-Stiftung (1998) (Hg.): 10 Grundsätze ordnungsmäßiger Aufsichtsratstätigkeit — Arbeitshilfen für Arbeitnehmervertreter in Aufsichtsräten, Düsseldorf.
Hansen, Gary/Hill, Charles (1991): Are institutional investors myopic? A timeseries study of four technology-driven industries, in: Strategic Management Journal, Vol. 12, S. 1-16.
Hartmann, Ulrich (1997): Globalisierung der Märkte — Konsequenzen für ein deutsches Konglomerat, Vortrag von Ulrich Hartmann, Vorsitzender des Vorstandes der Veba AG auf dem 27. Internationalen Management-Symposium in St. Gallen, 27. Mai 1997.
Hartmann, Ulrich (1995): „Shareholder Value — Werte schaffen für Aktionäre", Vortrag von Ulrich Hartmann vor der Deutschen Schutzvereinigung für Wertpapierbesitz am 30.10.1995.
Hartmann, Ulrich/Simson, Wilhelm (2000): Mit klarem Profil zum Weltmarktführer in der Spezialchemie, Gemeinsame Präsentation von Ulrich Hartmann, Vorstandsvorsitzender der Veba AG und Wilhelm Simson, Vorstandsvorsitzender der Viag AG, Düsseldorf, 15.5.2000.
Hassel, Anke/Höpner, Martin/Kurdelbusch, Antje/Rehder, Britta/Zugehör, Rainer (2000): Zwei Dimensionen der Internationalisierung: Eine empirische Analyse deutscher Grossunternehmen, in: Kölner Zeitschrift für Soziologie und Sozialpsychologie, 52, September 2000, S. 500-519.
Hassel, Anke/Kluge, Norbert (1999): Die quantitative Entwicklung der Mitbestimmung in Deutschland, in: Gewerkschaftliche Monatshefte, 3/99, S. 167-176.
Hill, Charles/Snell, Scott (1988): External Control, Corporate Strategy, and Firm Performance in Researchintensive Industries, in: Strategic Management Journal, Vol. 9, S. 577-590.

Hirsch, Barry (1991): Labor Unions and the Economic Perfomance of Firms, Kalamazoo.
Hirsch, Barry (1990): Firm investment behavior and collective bargaining strategy, Working Paper No. 890801, Greensboro.
Hirsch, Barry/Link, Albert (1987): Labor union effects on innovative activity, in: Journal of Labor Research 8, (Herbst), S. 323-332.
Hirsch-Kreinsen, Hartmut (1998): Shareholder Value: Unternehmensstrategien und neue Strukturen des Kapitalmarktes, in: ders./Wolf, Harald (Hg.): Arbeit, Gesellschaft, Kritik －Orientierungen wider den Zeitgeist, Berlin, S. 195-222.
Hirschman, Albert O. (1974): Abwanderung und Widerspruch. Reaktionen auf Leistungsabfall bei Unternehmungen, Organisationen und Staaten, Tübingen.
Hirschman, Albert O. (1970): Exit, Voice, and Loyalty. Responses to Decline in Firms, Organisations, and State, Cambridge. (A. O. ハーシュマン著, 矢野修一訳,『離脱・発言・忠誠：企業・組織・国家における衰退への反応』, ミネルヴァ書房, 2005年)
Höpner, Martin (2001): Shareholder Value and Industrial Relations in Germany: 10 Theses, Paper prepared for the 13th Annual Meeting of the Society for the Advancement of Socio-Economics (SASE), Amsterdam, 28 June－1 July, 2001.
Höpner, Martin (2001b): Shareholder Value, Gewerkschaften und Mitbestimmung － 30 Thesen, nicht veröffentlichtes Papier, Max-Planck-Institut für Gesellschaftsforschung, Köln.
Höpner, Martin (2000): Kapitalmarktorientierte Unternehmensführung: Messung, Bestimmungsgründe und Konsequenzen, Papier für das Research Network on Corporate Governance, 22-23 Juni 2000, Wissenschaftszentrum Berlin, Köln.
Höpner, Martin (2000a): Feindliche Übernahmeversuche auf große deutsche Unternehmen im Vergleich, unveröffentlichtes Papier, Köln.
Höpner, Martin (2000b): Unternehmensverflechtung im Zwielicht: Hans Eichels Plan zur Auflösung der Deutschland AG, WSI-Mitteilungen 53, 10, S. 655-663.
Höpner, Martin (2000c): Der Unternehmensvergleich in der politökonomischen Forschung: Anwendungsgebiete und Datenquellen, Teil Ⅰ: Anwendungsgebiete, unveröffentliches Papier, Köln.
Höpner, Martin/Jackson, Gregory (2001): Political Economy of Takeovers in Germany: The Case of Mannesmann and its Implications for Institutional Change, MPIfG Discussion Paper, Köln.
Jackson, Gregory (2001): Organizing the Firm: Corporate Governance in Germany and Japan, 1870-2000, Dissertation, Columbia University, New York, NY.
Jackson, Gregory (2001b): Varieties of Capitalism: A Review, Columbia University, unveröffentlichtes Papier.
Jackson, Gregory (2000): Comparative Corporate Governance: Sociological Perspectives, in: Parkinson, John/Gamble, Andrew/Kelly, Gavin (Hg.): The Political Economy of the Company, Oxford, S. 265-287.
Jackson, Gregory (1998): International Capital Marktes and Regime Competition in Corporate Governance, Paper presented at the 12th International Conference for the Society for the Advancement of Socio-Economics, Vienna, 14-18 July 1998.
Jensen, Michael (1991): Corporate control and the politics of finance, in: Journal of Applied Corporate Finance, 4, S. 13-33.
Jensen, Michael (1989): The eclipse of the public corporations, in: Harvard Business

Review, 67, S. 61-74.
Jensen, Michael (1988): Takeovers: Their Causes and Consequences, in: Journal of Applied Perspectives, Vol. 2, Nr. 1, S. 21-48.
Jensen, Michael (1986): Agency Costs of Free Cash Flow, Corporate Finance, and Takeovers, in: American Economic Review, 5, 76, S. 323-329.
Jensen, Michael/Meckling, W. (1979): Rights and Production Functions: An Application to Labor-managed Firms and Codetermination, in: Journal of Business 52/4, S. 469-506.
Jensen, Michael/Murphy, K. (1990): Performance pay and top management incentives, in: Journal of Political Economy, 98, S. 225-264.
Jensen, Michael/Ruback, Richard (1983): The Market for Corporate Control: The Scientific Evidence, in: Journal of Financial Economics, No. 11, S. 5-50.
Jensen, Michael/Smith, Clifford (1985): Stockholder, Manager, and Creditor Interests: Applications of Agency Theory, in: Altmann, Edward/Subrahmanyam, Marti (Hg.): Recent Advances in Corporate Finance, Homewood, S. 93-132.
Jürgens, Ulrich/Rupp, Joachim/Vitols, Katrin (2000): Corporate Governance and Shareholder Value in Deutschland. Ulrich Jürgens, „Nach dem Fall von Mannesmann−Paper revisited", Wissenschaftszentrum Berlin für Sozialforschung, Forschungsschwerpunkt Technik−Arbeit−Umwelt, Abteilung Regulierung von Arbeit−Regulation of Work, FS II 00-202 WZB, Berlin.
King, Gary/Keohane, Robert/Verba, Sidney (1994): Designing Social Inquiry, Princeton.
Kirchhoff, Klaus Rainer (2000): Die Grundlagen der Investor Relations, in: Kirchhoff, Klaus Rainer/Piwinger, Manfred (Hg.): Die Praxis der Investor Relations: effiziente Kommunikation zwischen Unternehmen und Kapitalmarkt, Neuwied, S. 32-51.
Kirsch, Werner/Scholl, Wolfgang/Paul, Günter (1984): Mitbestimmung in der Unternehmenspraxis. Eine empirische Bestandsaufnahme, München.
Kohlhaussen, Martin (2001): Europastrategien im Spannungsfeld von Kooperation und Konzentration, in: Hummel, Detlev/Breuer, Rolf (Hg.): Handbuch Europäischer Kapitalmarkt, Wiesbaden, S. 309-321.
Köke, Jens (1999): New evidence on ownership structures in Germany (Neue Ergebnisse zu den Anteilseignerstrukturen in der Bundesrepublik Deutschland), Discussion Paper/Zentrum für Europäische Wirtschaftsforschung, Nr. 99-60.
Kommission Mitbestimmung (1998): Bericht der Kommission Mitbestimmung: Mitbestimmung und neue Unternehmenskulturen−Bilanz und Perspektiven, hrsg. von der Bertelsmann Stiftung und der Hans-Böckler-Stiftung, Gütersloh.
Köstler, Roland/Kittner, Michael/Zachert, Ulrich (1999): Aufsichtsratspraxis−Handbuch für die Arbeitnehmervertreter im Aufsichtsrat, Frankfurt am Main.
Krumnow, Jürgen (2001): Globalisierung der Weltkapitalmärkte und Internationalisierung der Rechnungslegung, in: Hummel, Detlev/Breuer, Rolf (Hg.): Handbuch Europäischer Kapitalmarkt, Wiesbaden, S. 176-205.
Küller, H.-D. (1997): Das Shareholder Value-Konzept aus Gewerkschaftssicht, in: BfuP 5/97, S. 517-531.
Kurdelbusch, Antje (2001): Variable Vergütung bedeutet Wettbewerb und Risiko, in: Die Mitbestimmung 47, 6, S. 22-25.
Lang, Larry/Stulz, René (1994): Tobin's q, corporate diversification and firm performance, in: Journal of Political Economy, Vol. 102, No. 6, S. 1248-1280.

Langner, Sabine (1999): Mergers & Acquisitions — Kauf in Bar oder gegen Aktien, in: Wirtschaftswissenschaftliches Studium (WiSt), 28, 10, S. 543-546.
La Porta, Rafael/Lopez-de-Silanes, Florencio/Shleifer, Andrei (1998): Corporate ownership around the world, NBER working paper series, Working Paper 6625, Cambridge.
Liebeskind, Julia/Opler, Tim/Hatfield, Donald (1996): Corporate Restructuring and the Consolidation of US Industry, in: The Journal of Industrial Economics, Vol. XLIV, No. 1, S. 53-68.
Liedtke, Rüdiger (1990 bis 1999): Wem gehört die Republik? Die Konzerne und ihre Verflechtungen, Frankfurt am Main.
Lijphart, Arend (1971): Comparative Politics and the Comparative Method, in: The American Political Science Review, 65, S. 682-693.
Littkemann, Jörn (1995): Das Investitionsverhalten von Unternehmen des Verarbeitenden Gewerbes — Empirische Unternsuchung aus bilanzanalytischer Perspektive, in: Die Betriebswirtschaft (DBW), Jg. 55, S. 77-94.
Löhnert, P. (1996): Shareholder Value: Reflexion der Adaptionsmöglichkeiten in Deutschland. Eine Untersuchung unter Berücksichtigung strategischer Implikationen, München.
Lütz, Susanne (2000): From Managed to Market Capitalism? German Finance in Transition, MPIfG Discussion Paper 00/2, Max-Planck-Institut für Gesellschaftsforschung, Köln.
Manager-Magazin 6/2000.
Manager-Magazin 5/2000.
Manne, Henry (1965): Mergers and the Market for Corporate Control, in: Journal of Political Economy, 74, S. 110-120.
Marris, Robin (1964): The Economic Theory of „Managerial" Capitalism, London.
Matthes, Jürgen (2000): Das deutsche Corporate-Governance-System — Wandel von der Stakeholder-Orientierung zum Shareholder-Value-Denken, Beiträge zur Wirtschafts- und Sozialpolitik, Institut der deutschen Wirtschaft, 5/2000, Köln.
Mauerer, Anton (2000): Kreditwirtschaft am Wendepunkt, in: Theilacker, Bertram (Hg.): Banken und Politik, Frankfurt a. M., S. 188-203.
McTaggart, James M. (1990): The Impact of Restructuring on Shareholder Value, in: Rock, Milton/Rock, Robert (Hg.): Corporate Restructuring, New York 1990, S. 56-66.
Milgrom, Paul/Roberts, Jolm (1994): Complementarities and Systems: Understanding Japanese Economic Organization, in: Estudios Economicos 9/1, Enero - Junio. 1994, S.3-42. (ポール・ミルグロム, ジョン・ロバーツ著, 奥野正寛, 伊藤秀司, 今井晴雄, 西村理, 八木甫訳,『組織の経済学』, NTT 出版, 1997 年)
Mitbestimmungskommission (1970): Mitbestimmung im Unternehmen — Bericht der Sachverständigenkommission zur Auswertung der bisherigen Erfahrungen bei der Mitbestimmung, Stuttgart.
Monissen, Hans/Wenger, Ekkehard (1987): Specific Human Capital and Collective Code-termination Rights, in: Pethig, Rüdiger et al. (Hg.): Efficiency, Institutions and Economic Policy: Proceedings of a workshop held by the Sonderforschungsbereich 5 at the University Mannheim, New York, S. 127-148.
Monopolkommission, Hauptgutachten, Jahrgänge 1986/87-1998/99.
Montgomery, Cynthia (1994): Corporate Diversification, in: Journal of Economic Perspectives, 8, Nr. 3, S. 163-178.
Morck, Randall/Shleifer, Andrei/Vishny, Robert (1990): Do Managerial Objectives Drive

Bad Acquisitions?, in: The Journal of Finance, Vol. XLV, No. 1, S. 31-48.

Morgan, Glenn/Kelly, Bill/Sharpe, Diana/Whitley, Richard (2000): Multinationals, Corporate Governance and Financial Internationalization, Paper prepared for ANZAM 2000 Konferenz.

Mueller, Robert K. (1990): Stakeholder Strategy in a Corporate Restructuring, in: Rock, Milton/Rock, Robert (Hg.): Corporate Restructuring, New York, S. 23-42.

Mühlbradt, Frank/Dirmeier, Stefan (1997): Deutsche Aktien: Die Präferenzen der Fonds, in: Die Bank, 7/97, S. 400-403.

Müller, Matthias (1997): Management in Zeiten des Shareholder Value, in: Die Mitbestimmung 11/97, S. 50-51.

Müller, Wolfgang (2000): Börsenfieber in Gewerkschaftsköpfen?, in: Die Mitbestimmung 5/2000, S. 56-57.

Müller-Jentsch, Walther (1997): Soziologie der Industriellen Beziehungen – Eine Einführung, Frankfurt/M.

Müller-Stewens, Günter/Schäfer, Michael (1997): The German market for corporate control: structural development, cross-border activities and key players, in: Owen, Geoffrey/ Richter, Ansgar (Hg.): Corporate restructuring in Britain and Germany, York, S. 30-40.

North, Douglass (1990): Institutions, institutional Change and Economic Performance, New York. (ダグラス・C.ノース著, 竹下公視訳『制度・制度変化・経済成果』晃洋書房, 1994年12月)

Nowak, Eric (1998): Finance, Investment, and Firm Value in Germany and the US – A Comparative Analysis, Discussion Paper, Nr. 49, 1998, Humboldt-Universität zu Berlin (Sonderforschungsbereich 373), Berlin.

Numazaki, Ichiro (1996): The Role of Personal Networks in the Making of Taiwan's Guanxiqiye (Related Enterprises), in: Hamilton, Gary (Hg.): Asian Business Networks, Berlin/New York, S. 71-85.

OECD (1999): Institutional Investors – Statistical Yearbook 1999, Paris.

OECD (1998a): Institutional Investors in the New Landscape, Paris.

OECD (1998b): Corporate Governance Verbesserung der Wettbewerbsfähigkeit und der Kapitalbeschaffung auf globalen Märkten, Ein Bericht der Beratergruppe für die Wirtschaft in Corporate Governance-Fragen an die OECD, Paris.

OECD (1997): The Impact of Institutional Investors on OECD Financial Marktes, in: Financial Market Trends, Nr. 68, Paris, S. 15-55.

OECD (1995): Economic Surveys. Germany.

Offe, Claus/Wiesenthal, Helmut (1980): Two Logics of Collective Action, in: Political Power and Social Theory, 1, S. 67-115.

Olson, Mancur (1985): Die Logik des kollektiven Handelns, Tübingen.

Osterman, P. (1984): Internal Labor Markets, Cambridge.

O'Sullivan, Mary (1998): The Political Economy of Corporate Governance in Germany, Working Paper Nr. 226, INSEAD and Center for Industrial Competitiveness, University of Massachusetts Lowell.

Owen, Geoffrey/Richter, Ansgar (Hg.) (1997): Corporate restructuring in Britain and Germany, York.

Paul, Günter/Schnell, Wolfgang (1981): Mitbestimmung bei Personal- und Investitionsfragen, in: Diefenbachter, Hans/Nutzinger, Hans G. (Hg.): Mitbestimmung: Probleme

und Perspektiven der empirischen Forschung, Frankfurt/M., S. 115-142.
Svetozar (1978): Codetermination: A new Perspective for the West, in: Pejovich, Svetozar (Hg.): The Codetermination Movement in the West — Labor Participation in the Management of Business Firms, Lexington/Toronto, S. 3-21.
Perlitz, Manfred/Seger, Frank (1994): The Role of Universal Banks in German Corporate Governance, in: Business & the Contemporary Word, 41/1, S. 49-65.
Pfeiffer, Hermannus (1993): Die Macht der Banken — Die personellen Verflechtungen der Commerzbank, der Deutschen Bank und der Dresdner Bank mit Uniternehmen, Frankfurt/Main.
Picot, Gerhard (2000): Das Börsengewicht entscheidet über Schlachtordnung — Die Aktie als Währung bei Mergers & Acquisitions, in: Handelsblatt (Beilage Mergers & Acquisitions) vom 27.4.2000.
Pierson, Paul (2000): Three worlds of welfare state research, in: Comparative Political Studies, 33, S. 3-25.
Pieterse, Jan Nederveen (1994): Globalization as Hybridization, in: International Sociology, 9, S. 161-184.
Porter, Michael (1997): Capital Choices: Changing the Way America invests in Industry, in: Chew, Donald H. (Hg.): Studies in International Corporate Finance and Governance Systems — A Comparison of the U.S., Japan, and Europe, New York/Oxford, S. 5-17.
Porter, Michael (1992): Diversifikation — Konzerne ohne Konzept, in: Busse von Colbe, Walther/Coenenberg, Adolf: Unternehmensakquisitionen und Unternehmensbewertung, Stuttgart, S. 6-31.
Price Waterhouse (1998): Shareholder Value und Corporate Governance — Bedeutung im Wettbewerb um institutionelles Kapital, Price Waterhouse Studienprojekt zum deutschen Kapitalmarkt, Frankfurt a. M.
Pricker, Theo/Braun, Siegfried/Lutz, Burkhardt/Hammelrath, Fro (1952): Arbeiter, Management, Mitbestimmung, Stuttgart/Düsseldorf.
Prigge, Stefan (1998): A Survey of German Corporate Governance, in: Hopt, Klaus/Kanda, Hideki/Roe, Mark/Wymeersch, Eddy/Prigge, Stefan (Hg.): Comparative Corporate Governance — The State of the Art and Emerging Research, Oxford, S. 943-1044.
Ramp, Fred (1998): Finanzierungsstrukturen im Vergleich — Eine Analyse europäischer Unternehmen, Discussion Paper Nr. 98-17, Zentrum für Europäische Wirtschaftsforschung (ZEW), Mannheim.
Rappaport, Alfred/Sirower, Mark (2000): Unternehmenskauf — mit Aktien oder in bar bezahlen, in: Harvard Businessmanager, 3, 2000, S. 32-46.
Rhodes, Martin/van Apeldoorn, Bastiaan (1998): Capital unbound? The transformation of European corporate governance, in: Journal of European Public Policy, 5, 3, S. 406-427.
Rhodes, Martin/van Apeldoorn, Bastiaan (1997): Capitalism versus Capitalism in Western Europe, in: Rhodes, Martin/Heywood, Paul/Wright, Vincent (Hg.): Developments in West European Politics, Houndmills, S. 171-189.
Richter, Ansgar (1997): Corporate restructuring in Britain and Germany: an overview, in: Owen, Geoffrey/Richter, Ansgar (Hg.): Corporate restructuring in Britain and Germany, York.
Richter, Stephan-Götz (2000): Die Amerikaner nehmen Europas Wirtschaft in die Zange, in: Financial Times Deutschland vom 16.3.2000.

Rock, Milton/Rock, Robert (1990): Corporate Restructuring, New York 1990.
Rumelt, Richard (1986): Diversification Strategy and Profitability, Strategic Management Journal, October-December, 3, S. 359–369.
Sadowski, Dieter (1997): Mitbestimmung – Gewinne und Investitionen – Expertise für das Projekt „Mitbestimmung und neue Unternehmenskulturen" der Bertelsmann Stiftung und der Hans-Böckler-Stiftung, Gütersloh.
Scharfstein, David (1998): The Dark Side of Internal Capital Markets II: Evidence from Diversified Conglomerates, Working Paper 6352, National Bureau of Economic Research, Cambridge.
Schiereck, Dirk (1992): Institutionelle Investoren: Überlegungen zur Begriffsbestimmung bzw. -abgrenzung, in: Sparkasse, 109. Jg. Heft 8, S. 393–394.
Schmid, Frank/Seger, Frank (1998): Arbeitnehmermitbestimmung, Allokation von Entscheidungsrechten und Shareholder Value, in: Zeitschrift für Betriebswirtschaft, 68. Jg, Heft 5, S. 453–473.
Schmidt, Albrecht (2000): Stärken und Schwächen des Finanzplatzes Deutschland, in: Theilacker, Bertram (Hg.): Banken und Politik, Frankfurt a. M., S. 178–187.
Hartmut/Drukarszyk, Jochen/Honold, Dirk/Prigge, Stefan/Schüler, Andreas/Tetens, Gönke (1997): Corporate Governance in Germany, Veröffentlichung des HWWA-Instituts für Wirtschaftsforschung – Hamburg, Bad 31, Baden-Baden.
Schnabel, Claus/Wagner, Joachim (1992): Unions and Innovative Activity in Germany, in: Journal of Labor Research, 13, 4, S. 393–406.
Schneck, Ottmar (2000): Lexikon der Betriebswirtschaft, München.
Schreyögg, Georg/Steinmann, Horst (1981): Zur Trennung von Eigentum und Verfügungsgewalt. Eine empirische Analyse der Beteiligungsverhältnisse in deutschen Großunternehmen, in: Zeitschrift für Betriebswirtschaft, 51, S. 533–558.
Schröder, Ulrich (1996): Corporate governance in Germany: The Changing Role of the Banks, in: German Politics, 5, 3, S. 356–370.
Schröder, Ulrich/Schrader, Alexander (1998): The Changing Role of Banks and Corporate Governance in Germany: Evolution towards the Market?, in: Black, Stanley/Moersch, Mathias (Hg.): Competition and Convergence in Financial Markets, The German and Anglo-American Models, Amsterdam, S. 17–39.
Schulte, Dieter (1996): Reform des Aufsichtsrats aus Arbeitnehmersicht, in: Betriebswirtschaftliche Forschung und Praxis, 48, Heft 3, S. 292–305.
Schwalbach, Joachim (1990): Geschichte der Unternehmensdiversifizierung, in: Zeitschrift für Unternehmensgeschichte, 35, Heft 1, S. 23–31.
Sevejnar, Jan (1982): Codetermination and Productivity: Empirical Evidence from the Federal Republic of Germany, in: Jones, Derek/Sevejnar, Jan (Hg.): Participatory and Self-Managed Firms, Lexington, S. 199–212.
Sherman, Heidemarie/Kaen, Fred (1997): A Survey of Corporate Governance, in: The Journal of Finance, 52, Heft 2, S. 737–783.
Shleifer, Andreij/Vishny, Robert (1996): A Survey of Corporate Governance, NBER Working Papier Series, Working Paper Nr. 5554, Cambridge.
Shleifer, Andrei/Vishny, Robert (1990): The takeover wave of the 1980's, in: Science, 249, S. 745–749.
Sievers, Markus (2000): In der Krise stützt Lieschen Mülle den Neuen Markt, in: Frank-

furter Rundschau vom 22.11.2000.
Singh, Harbit/Montgomery, Cynthia A. (1987): Corporate acquisition strategy and economic performance, in: Strategic Management Journal, 8, S. 377-386.
Smith, Adam (1974): Der Wohlstand der Nationen, München. (アダム・スミス著，水田洋，杉山忠平訳, 『国富論』，岩波書店，2000 年 05 月)
Soskice, David (1999): Divergent Production Regimes: Coordinated and Uncoordinated Market Economies in the 1980s and 1990s, in: Kitschelt, Herbert/Lange, Peter/Marks, Gary/Stephens, John D. (ed.): Continuity and Change in Contemporary Capitalism, Cambridge 1999, S. 101-134.
Soskice, David (1993): Innovation Strategies of Companies: A Comparative Institutional Explanation of Cross-Country Differences, Paper presented at the Wissenschaftszentrum, Berlin.
Soskice, David (1991): The institutional Infrastructure for International Competitiveness: A Comparative Analysis of the UK and Germany, in: Atkinson, Anthony/Brunetta, Renato (Hg.): The Economics of the New Europe.
Stanley W. Black and Mathias Moersch (1998) Competition and Convergence in Financial Markets, The German and Anglo-American Models, Amsterdam, S. 17-39.
Steiger, Max (2000): Institutionelle Investoren im Spannungsfeld zwischen Aktienmarktliquidität und Corporate Governance, Schriftenreihe des ZEW, Band 47, Baden-Baden.
Steinmann, Horst/Schreyögg, Georg/Dütthorn, Carola (1983): Managerkontrolle in deutschen Großunternehmen—1972 und 1979 im Vergleich, in: Zeitschrift für Betriebswirtschaft, 53/1, S. 4-25.
Steinmann, Horst/Schreyögg, Georg/Dütthorn, Carola (1981): Zur Trennung von Eigentum und Verfügungsgewalt. Eine empirische Analyse der Beteiligungsverhältnisse in deutschen Großunternehmen, in: Zeitschrift für Betriebswirtschaft 51, S. 533-558.
Stokman, Frans et al. (1985): Networks of Corporate Power, Oxford.
Stolper, Wolfgang F./Samuelson, Paul (1941): Protection and Real Wages, in: Review of Economic Studies, 9, S. 58-73.
Streeck, Wolfgang (2000): The Transformation of Corporate Organization in Europe: An Overview, Paper presented at the First Conference of the Saint-Gobain Foundation for Economic Research, Paris, November 2000.
Streeck, Wolfgang (1999): Deutscher Kapitalismus: Gibt es ihn? Kann er überleben?, in: ebd.: Korporatismus in Deutschland—Zwischen Nationalstaat und Europäischer Union, Frankfurt am Main, S. 13-40.
Streeck, Wolfgang (1997a): Beneficial Constraints: On the Economic Limits of Rational Voluntarism, in: Hollingsworth, Rogers/Boyer, Robert (Hg.): Contemporary Capitalism— The Embeddedness of Institutions, Cambridge, S. 197-219.
Streeck, Wolfgang (1997b): German Capitalism: Does it Exist? Can it Survive?, in: Crouch, Colin/Streeck, Wolfgang (Hg.): Political Economy of Modern Capitalism, London, S. 33-54.
Streeck, Wolfgang (1996): Industrielle Beziehungen in einer internationalisierten Wirtschaft, in: Friedrich-Ebert-Stiftung (Hg.): Globalisierung der Wirtschaft, Standortwettbewerb und Mitbestimmung, Gesprächskreis Arbeit und Soziales, Nr. 70, S. 37-69.
Streeck, Wolfgang (1992): Productive Constraints: on the Institutional Conditions of

Diversified Quality Production, in: ebd.: Social Institutions and Economic Performance, London/Beverly Hills, S. 1-40.
Streeck, Wolfgang (1984): Co-Determination: the Fourth Decade, in: Wilpert, Bernhard/Sorge, Arndt (Hg.): International Perspectives on Organizational Democracy, Volume II, Chichester.
Süddeutsche Zeitung: „Wir können auf Kurssteigerungen pfeifen", 24.2.2000.
Süddeutsche Zeitung: Proteste vor den Konzerntoren, 1.12.1999.
Süddeutsche Zeitung: IG Metall will Rahmen für Siemens-Umbau, 11.2.1999.
Süddeutsche Zeitung: Siemens-Betriebsräte planen Aktionstag, 18.1.1999.
Swenson, Peter (1991): Bringing Capital back in, or Social Democracy Reconsidered. Employer Power, Cross-Class Alliances, and Centralization of Industrial Relations in Denmark and Sweden, World Politics 43, S. 513-544.
Swenson, Peter/Pontusson, Jonas (2000): The Swedish Employer Offensive against Centralized Wage Bargaining, in: Iversen, Torben/Pontusson, Jonas/Soskice, David (Hg.): Unions, Employers, and Central Banks. Macroeconomic Coordination and Institutional Change in Social Market Economies, Cambridge.
Tacq, Jacque (1998): Multivariate Analysis Techniques in Social Science Research, London.
Useem, Michael (1984): The Inner Circle: Large Corporations and the Rise of Business Political Activity in the US and UK, New York.
Uzzi, Brian (1996): The Sources and Consequences of Embeddedness for the Economic Performance of Organizations: The Network Effect, in: American Sociology Review, 61, S. 674-698.
van Appeldorn, Bastiaan (2000): The Rise of Shareholder Capitalism in Continental Europe? – The Commodification of Corporate Control and the Transformation of European Corporate Governance, First Draft, Paper Prepared for the XVIII World Congress of the International Political Science Association, Québec City, 1-5 August, 2000.
Veba-IR-Broschüre (2000): Investor Relations, Abteilung Investor Relations, Düsseldorf.
Vitols, Sigurt (2000): The Reconstruction of German Corporate Governance: Reassesing the Role of Capital Market Pressures, Paper presented at the Wissenschaftszentrum Berlin für Sozialforschung, Conference 23-24. Juni 2000.
Vitols, Sigurt/Casper, Steven/Soskice, David/Woolcock, Stephen (1997): Corporate governance in large British and German companies, Anglo-German Foundation, York.
Voigt, Fritz (1962): Die Mitbestimmung der Arbeitnehmer in den Unternehmungen, in: Weddingen, W. (Hg.): Zur Theorie und Praxis der Mitbestimmung, Bd. 1, Berlin.
von Pierer, Heinrich (1999): Im Spiegel-Gespräch, Der Spiegel 7/1998, S. 98f.
von Weizsäcker, Carl Christian (1999a): Logik der Globalisierung, Göttingen.
von Weizsäcker, Carl Christian (1999b): Mitbestimmung und Shareholder Value, in: Gewerkschaftliche Monatshefte, 50, 3, S. 177-184.
von Weizsäcker, Carl Christian (1998): Alle Macht den Aktionären, in: Frankfurter Allgemeine Zeitung vom 27.6.1998.
von Weizsäcker, Carl Christian (1984): Was leistet die Property Rights Theorie für aktuelle wirtschaftspolitische Fragen?, in: Neumann, Manfred (Hg.): Ansprüche, Eigentums- und Verfügungsrechte, Berlin, S. 123-152.
Wagschal, Uwe (1999): Statistik für Politikwissenschaftler, München.
Windolf, Paul (2001): The Transformation of Rhenanian Capitalism. First version, Univer-

sität Trier. Wird veröffentlicht in: Kölner Zeitschrift für Soziologie und Sozialpsychologie, Sonderband 2002.
Windolf, Paul (1994): Die neuen Eigentümer. Eine Analyse des Marktes für Unternehmenskontrolle, in: Zeitschrift für Soziologie 23, 2, S. 79-92.
Windolf, Paul/Beyer, Jürgen (1995): Kooperativer Kapitalismus — Unternehmensverflechtungen im internationalen Vergleich, in: Kölner Zeitschrift für Soziologie und Sozialpsychologie, Jg. 47, S. 1-36.
Windolf, Paul/Nollert, Michael (2001): Institutionen, Interessen, Netzwerke—Unternehmensverflechtungen im internationalen Vergleich, in: Politische Vierteljahresschrift (PVS), 42, Heft 1, S. 51-78.
Witte, Eberhard (1981): Die Unabhängigkeit des Vorstandes im Einflußsystem der Unternehmung, in: Schmalenbachs Zeitschrift für betriebswirtschaftliche Forschung, 33 (4), S. 273-296.
Witte, Eberhard (1980a): Das Einflusspotential der Arbeitnehmer als Grundlage der Mitbestimmung, in: Die Betriebswirtschaft, 40, S. 3-26.
Witte, Eberhard (1980b): Der Einfluß der Arbeitnehmer auf die Unternehmenspolitik, in: Die Betriebswirtschaft, 40, S. 541-559.
Wolf, Joachim (1994): Unternehmensdiversifizierung und ihre Messung, in: Zeitschrift für Planung, Nr. 5, S. 347-368.
Young, Richard (1997): Restructuring Europe: an investor's view, in: Owen, Geoffrey/Richter, Ansgar (Hg.): Corporate restructuring in Britain and Germany, York, S. 41-57.
Zeitlin, Johnathan (2000): Introduction: Americanization and Its Limits: Reworking US Technology and Management in Post-War Europe and Japan, in: Zeitlin, J./Herrigel, G. (Hg.): Americanization and Its Limits: Reworking US Technology and Management in Post-War Europe and Japan, S. 1-52.
Ziegler, Werner (1998): Die Kreditvergabepolitik der deutschen Banken, in: Naßmacher, Karl-Heinz/von Stein, Heinrich/Büschgen, Hans et. al. (Hg.): Banken in Deutschland— Wirtschaftspolitische Grundinformationen, Opladen, S. 138-152.
Zugehör, Rainer (2001): Mitbestimmt ins Kapitalmarktzeitalter? Restrukturierung bei VEBA AG und Siemens AG, in: Die Mitbestimmung, 47, 5, S. 38-42.

Interviews
Interview 1: Dresdner Kleinwort Bendson (London)
Interview 2: DWS
Interview 3: Investor-Relations-Abteilung DaimlerChrysler
Interview 4: Investor-Relations-Abteilung Mannesmann
Interview 5: Investor-Relations-Abteilung Veba
Interview 6: Arbeitnehmervertreter Siemens (Ⅰ)
Interview 7: Arbeitnehmervertreter Siemens (Ⅱ)
             (Telefoninterview 2. Mai 2001)
Interview 8: Arbeitnehmervertreter VEBA
Interview 9: Arbeitnehmervertreter Veba (Telefoninterview am 3. Mai 2001)
Interview 10: Arbeitnehmervertreter Mannesmann
Interview 11: Arbeitnehmervertreter RWE

付属資料

1. 研究プロジェクト：
「国際化の影響下にあるドイツ的労使関係システム」

　1999年1月1日以降，マックス・プランク社会学研究所内に，「国際化の影響下にあるドイツ労使関係システム」研究プロジェクトが組織された。同プロジェクトの研究対象はドイツの100大企業である。研究対象となった期間は，1986年から1990年代末までである。

　同研究プロジェクトは，ハンスベックラー財団の資金助成を受けた4つの博士号取得奨学金と，ドイツ学術振興会（DFG）の助成を受けた1つの研究プロジェクトとから構成されている。4つの博士号取得プロジェクトは，国際化と資本市場が，以下のような労使関係の個別テーマに与える影響に関わっている。すなわち，事業所内の報酬制度（アントゥジェ・クルデルブッシュ），生産拠点保証のための経営協定（ブリッタ・レーダー），株主価値政策（マルティン・フェプナー）ならびに，企業の投資行動の変化（ライナー・ツーゲヘア）の4つのテーマである。

　ドイツ100大企業の経済的な国際化をさまざまなインディケータに基づいて描写する企業データバンクの構築は，この研究プロジェクトの基本要素となる。このデータバンクは，一般的傾向の評価とケース・スタディの精緻な局所化のために使用される。またこれは，共同決定，協約締結ならびに労働組合の影響力に関して企業の労使関係を特徴付けるためのいくつかのインディケータを含んでいる。

　プロジェクトの研究活動はヴォルフガング・シュトレーク教授とアンケ・ハッセル博士の指導を受けて行われた。

2. 研究プロジェクトの企業データバンク：
「国際化の影響下にあるドイツ的労使関係システム」

このデータバンクは以下の2つの目的に役立つ。すなわち，第1にはドイツ100大企業の国際化の諸次元を描き出すことである。このデータバンクによって，企業の全体像が捉えられ，その中で特定の問題が定量的な方法で扱われうる。第2は，ケース・スタディに基づいて定性的に研究されるケースを選択するためのヒューリスティックな道具として役立つことである。データバンクにおいては，独立変数も従属変数も描写されている。それゆえ，このデータバンクは，前述した4つの博士号取得プロジェクトの出発点となったものでもあり，またドイツ的労使関係システムにおける企業行動に関する未加工の情報バンクでもある。

データバンクの概要と構造は以下の通りである。

ドイツ100大企業

このデータバンクは，独占委員会の100大企業分析に対応している。企業の選択基準は，付加価値額である。この付加価値額が，規模のメルクマールとして売上高よりも選好される。というのも，これによって金融機関ならびに保険会社が100大企業に算入されうるからであり，また個々の部門でのさまざまな価格動向の影響が排除されるからである。独占委員会データの長所は，外国のコンツェルン企業のドイツ子会社で100大企業にリストアップされている企業の場合にも，部門別コンツェルン決算書の欠如とグローバル企業のコンツェルン決算書の作成を通じて生じるデータの不確実性とを，独占委員会のデータが企業アンケートにより相殺していることにある。その限りでは，独占委員会のデータは，全ての企業の営業報告書には含まれていない国内の年次決算データを徹底的に把握した結果を提供するものである。

データバンクにおいては，1986年と1996年との，その時々の100大企業ランキングが取り上げられている。したがって，両年度のランキング表は部分的にしか合致していないため，結果として全部で140社からなるものとなった。全ての企業は，その所在地，ランキング表における順位，法的な企業形態なら

びに設立年，さらには事業を終息させた年次まで記載されていた。そのほか，企業は産業部門別に分類されている。

　加えて，データバンクはその時々の企業の（出資持分50％以上の）ドイツ国内の資本参加企業の名鑑も包含している。

独立変数としての国際化

　付加価値額に占める海外シェアを通じて国際化を描写するという伝統的なやり方は，経済の国際化の現実のプロセスを正確に表するものではない。政治的な問題が圧力を強める領域では，経済の国際化が企業に及ぼす顕著な作用は，このインディケータを通じて明白にはされない。というのも，このインディケータはメーカーの生産サイドのみを重視するに留まり，利益実現，企業金融ならびにコンツェルン管理の代替的形態が考慮されていないからである。このデータバンクでは，それゆえさまざまな次元での国際化のメルクマールが把握される。

付加価値

　データバンクのこの部分では，従業員の数についての記述，グローバル・レベルと，国内と海外に分けた（海外データの場合，さらに欧州とその他の地域とでも区別される）売上高ならびに企業の投資額についての情報を包含する。さらに，海外製造拠点，支社あるいは資本参加企業といった，企業のグローバルのプレゼンスについての情報が集められている。全ての情報は1986年と1996年について蒐集されている。

財務

　財務関係の次元は，その時々の企業の全債務における外国の債務の割合についてのデータも内容として含む。その際，外国の金融機関，また資本結合関係にある企業ならびに資本参加企業に対する債務が中心となっている。

所有者構造

　所有者構造の国際化の傾向を調査するために，株式所有における外国人の保

有分が，これはさらに分散所有，個人所有ならびに機関投資家ごとに分けてデータバンクに取り入れられた。同様に，国内外の取引所への上場に関するデータも収蔵されている。

企業管理

ドイツの巨大企業の所有者構造の国際化と並んで，企業グループ管理の新たな形態が企業管理における国際化を示している。ここでは国際的に調整された企業構造を指摘しうるメルクマールが把握されることになる。このメルクマールには，外国のコンツェルンの上位会社の存在ないし中心的機能（販売・製造・財務）における海外の意思決定レベルの存在が含まれるであろう。

事業モデル

国際的な提携の存在あるいは「グローバル・プレーヤー」としての企業の自己評価は，企業政策の国際化度の指標となるであろう。

ドイツ大企業の国際化を5つの次元に区別することは，企業の国際化プロセスの最も精確かつ質的に高い価値のある記述を可能にするものとなる。しかしながら，企業の国際化プロセスを測定するために本書で考えられてきた次元が，伝統的インディケータよりもよい結果を導き出すことを保証するものでは決してなく，例えば，企業金融の諸形態が変化していないといった，利用可能な成果が全く生まれないこともありうる。さらに，こうした問題に答える，確かな（社会科学的な）知識はほとんど存在しない。

協約政策ならびに共同決定

データバンクのもう1つの部分には，「協約政策ならびに共同決定」という，複合的テーマに関するデータが含まれている。ここでは，1986年と1996年の，その時々の共同決定形態，1996年の監査役会と労働組合とのそれぞれの構成員の数が挙げられている。欧州企業・使用者連盟の全会員ならびにブリュッセルにおける代表機関の調査が計画された。欧州経営協議会の存在はその設立年月の一覧表が作成されている。このデータバンクの労働協約の締結に関するデータは，博士号取得プロジェクトの4つの内の2つにとってはとりわ

け重要である。加えて，研究プロジェクトの枠内で「共同決定インディケータ」が開発された。そのために，例えば，同意義務のある業務の数と監査役会内各種委員会において占める委員構成のような変数に関するデータが蒐集された。

従属変数

　従属変数はプロジェクトごとに選び出され，またそれに関するデータも蒐集された。それに対応して，生産拠点保証協定，報酬システムならびに選定された企業の投資行動あるいは株主価値行動に関するデータ一覧表が作成された。その際，投資行動（例えば，研究開発投資や投資水準の動向）について，可能な場合には1990年代における時系列データが蒐集された。

データの源泉

　独占委員会のデータと並んで，それ以外に特に2つの原典資料が我々にとって重要となる。すなわち，ベルリンの国際経済産業技術政策研究共同体（FAST）の「国際投資モニター」という伝統的な国際化インディケータの領域におけるデータがそれである。これは，外的変化（海外企業の買収）と内的変化（企業の成長）とを区別しながら，海外のドイツ企業の従業員の数の変化を把握している。貸借対照表および損益計算書（GVR）の領域では，ホッペンシュテッド貸借対照表データバンクが，我々にとっての重要な情報たる，ドイツの株式会社の年次報告書の全ての指標を包含していた。共同決定の次元では，以前に行われた共同決定プロジェクト（「共同決定と新しい企業文化」）で蒐集されたデータが用いられている。それ以外に，1986年と1996年の企業の営業報告書が活用され，またデータの蒐集のために新聞ならびにインターネットによる調査が使われた。補完的に書面による企業アンケートが計画された。

　データバンクは，アクセス・フォーマットの形式で作成され，さらになお作成中のものを含んでいる。それ故，検出されねばならない指標の数は，完成したものとも，あるいは最終的なものとも見なすことはできない。

【松田　健　訳】

3. 共同決定インディケーター（Mitbestimmungs－Indikator）

因子数規準値を除いた16共同決定変数の因子分析：説明可能全分散

因子	回転前の個有値 計	分散寄与率(%)	累積寄与率(%)	抽出後の負荷量平方和 計	分散寄与率(%)	累積寄与率(%)	回転後の負荷量平方和 計	分散寄与率(%)	累積寄与率(%)
1	8.498	53.111	53.111	8.498	53.111	53.111	4.680	29.249	29.249
2	1.504	9.401	62.512	1.504	9.401	62.512	4.426	27.663	56.912
3	1.086	6.787	69.299	1.086	6.787	69.299	1.982	12.387	69.299
4	0.895	5.595	74.894						
5	0.867	5.422	80.316						
6	0.607	3.792	84.107						
7	0.546	3.411	87.518						
8	0.451	2.822	90.340						
9	0.399	2.492	92.833						
10	0.384	2.402	95.234						
11	0.231	1.446	96.680						
12	0.183	1.142	97.822						
13	0.123	0.769	98.591						
14	0.113	0.709	99.300						
15	7.027E-02	0.439	99.739						
16	4.181E-02	0.261	100.000						

抽出方法：主因子法（SPSSを使用）。

因子マトリックス

	因子1	因子2	因子3
企業計画	0.698	0.327	3.503E-02
収益目標の設定	0.772	3.526E-02	4.227E-02
新規事業分野への進出	0.744	0.384	-0.293
事業分野の撤退	0.757	0.167	-0.227
事業分野の買収	0.835	0.257	-0.242
事業分野の売却	0.788	0.332	-0.224
設備投資	0.767	3.677E-02	6.011E-02
研究・開発	0.783	-5.617E-04	0.101
職業教育と継続教育	0.735	-0.182	6.593E-02
有価証券の取得	0.793	-0.465	-7.297E-02
有価証券の売却	0.811	-0.469	-3.855E-02
投機的ビジネス	0.737	-0.440	-0.118
社債と借入れ	0.676	-0.402	-5.189E-03
監査役会副会長	0.596	0.455	0.438
労務担当重役	0.652	9.165E-02	0.247
投資委員会	0.401	-5.931E-02	0.738

抽出方法：主因子法。これにより3因子が抽出された（SPSSを使用）。

標準値1での16共同決定変数の因子分析：説明可能全分散

因子	回転前の個有値 計	分散寄与率(%)	累積寄与率(%)	抽出後の負荷量平方和 計	分散寄与率(%)	累積寄与率(%)
1	8.498	53.111	53.111	8.498	53.111	53.111
2	1.504	9.401	62.512			
3	1.086	6.787	69.299			
4	0.895	5.595	74.894			
5	0.867	5.422	80.316			
6	0.607	3.792	84.107			
7	0.546	3.411	87.518			
8	0.451	2.822	90.340			
9	0.399	2.492	92.833			
10	0.384	2.402	95.234			
11	0.231	1.446	96.680			
12	0.183	1.142	97.822			
13	0.123	0.769	98.591			
14	0.113	0.709	99.300			
15	7.027E-02	0.439	99.739			
16	4.181E-02	0.261	100.000			

抽出方法：主因子法（SPSSを使用）。

4. 事業再編インディケータの因子分析

説明可能全分散

因子	回転前の個有値 計	分散寄与率(%)	累積寄与率(%)	抽出後の負荷量平方和 計	分散寄与率(%)	累積寄与率(%)
1	2.043	68.091	68.091	2.043	68.091	68.091
2	0.875	29.152	97.243			
3	8.271E-02	2.757	100.000			

抽出方法：主因子法（SPSSを使用）。

5. 上場企業と非上場企業とにおける，資本市場の影響力と事業再編の程度との関連の算出

	上場企業 (exposed) 事業再編の程度	非上場企業の (sheltered) 事業再編の程度
1994/96年の企業の多角化度	0.38*** 決定係数=0.75 正規ベータ値=0.87 t値=9.1	0.15 決定係数=0.05 正規ベータ値=0.3 t値=1.6
統計的制御の下での以下の項目の多角化度		
旧東独国営企業	0.34*** 決定係数=0.82 正規ベータ値=0.78 t値=8.4	0.14 決定係数=0.02 正規ベータ値=0.3 t値=1.5
工作機械部門	0.39*** 決定係数=0.79 正規ベータ値=0.9 t値=9.74	0.17 決定係数=0.04 正規ベータ値=0.35 t値=1.7
自動車部品部門	0.37*** 決定係数=0.74 正規ベータ値=0.87 t値=8.76	0.16 決定係数=0.03 正規ベータ値=0.34 t値=1.65
商業部門	0.35*** 決定係数=0.76 正規ベータ値=0.86 t値=8.6	0.16 決定係数=0.02 正規ベータ値=0.32 t値=1.6
エネルギー部門	0.32*** 決定係数=0.78 正規ベータ値=0.73 t値=6.76	0.15 決定係数=0.11 正規ベータ値=0.31 t値=1.65
電機部門	0.35*** 決定係数=0.81 正規ベータ値=0.81 t値=9.1	0.18 決定係数=0.05 正規ベータ値=0.36 t値=1.8
サービス部門	0.38*** 決定係数=0.76 正規ベータ値=0.87 t値=8.88	0.16 決定係数=0.03 正規ベータ値=0.32 t値=1.6
化学部門	0.34*** 決定係数=0.77 正規ベータ値=0.89 t値=9.2	0.15 決定係数=0.01 正規ベータ値=0.31 t値=1.53
建設部門	0.38*** 決定係数=0.74 正規ベータ値=0.87 t値=8.7	0.14 決定係数=0.02 正規ベータ値=0.3 v=1.5
自動車部門	0.37*** 決定係数=0.77 正規ベータ値=0.87 t値=8.9	0.13 決定係数=0.04 正規ベータ値=0.28 t値=1.4
企業規模（1996）	0.34*** 決定係数=0.77 正規ベータ値=0.79 t値=7.42	0.15 決定係数=0.01 正規ベータ値=0.3 t値=1.5
N（全て回帰方程式）	27	25

重回帰分析により，非正規ベータ値が与えられ，有意水準は以下の通りである．
*＝10％水準有意，**＝5％水準有意，***＝1％水準有意．

資本市場の影響力と研究・開発費支出の推移との関連

	上場企業 (exposed) 事業再編の程度	非上場企業の (sheltered) 事業再編の程度
企業の多角化度	0.83 決定係数=-0.4 正規ベータ値=0.11 t値=0.47	-0.50 決定係数=-0.1 正規ベータ値=-0.05 t値=-0.15
統計的制御の下での以下の項目の多角化度		
旧東独国営企業	0.61 決定係数=-0.1 正規ベータ値=0.08 t値=0.28	-1.18 決定係数=-0.24 正規ベータ値=-0.01 t値=-0.03
工作機械部門	0.75 決定係数=-0.1 正規ベータ値=0.1 t値=0.4	0.55 決定係数=-0.25 正規ベータ値=0.03 t値=0.1
自動車部品部門	1.21 決定係数=-0.02 正規ベータ値=0.15 t値=0.66	-0.22 決定係数=-0.24 正規ベータ値=-0.01 t値=-0.04
エネルギー部門	-0.75 決定係数=-0.04 正規ベータ値=-0.1 t値=-0.32	-0.18 決定係数=-0.24 正規ベータ値=-0.01 t値=-0.03
電機部門	0.73 決定係数=-0.1 正規ベータ値=0.09 t値=0.38	2.28 決定係数=0.55 正規ベータ値=0.14 t値=0.67
サービス部門	1.79 決定係数=0.1 正規ベータ値=0.23 t値=1.0	―
化学部門	0.32 決定係数=-0.08 正規ベータ値=0.04 t値=0.16	1.89 決定係数=-0.1 正規ベータ値=0.12 t値=0.35
自動車部門	0.78 決定係数=-0.08 正規ベータ値=0.1 t値=0.43	0.33 決定係数=-0.25 正規ベータ値=0.02 t値=0.1
企業規模（1996）	0.45 決定係数=-0.08 正規ベータ値=-0.06 t値=0.22	-0.88 決定係数=-0.22 正規ベータ値=-0.08 t値=-0.2
N（全て回帰方程式）	21	11

重回帰分析により，非正規ベータ値が与えられ，有意水準は以下の通りである。
*＝10％水準有意，**＝5％水準有意，***＝1％水準有意。

6. 上場企業と非上場企業における資本市場の影響と投資資産の展開との関係の測定

	上場企業 (exposed) 事業再編の程度	非上場企業の (sheltered) 事業再編の程度
企業の多角化度	1.37** 決定係数=0.14 正規ベータ値=0.41 t値=2.5	-0.03 決定係数=-0.3 正規ベータ値=-0.01 t値=-0.4
統計的制御の下での以下の項目の多角化度		
旧東独国営企業	1.36*** 決定係数=0.2 正規ベータ値=0.54 t値=3.0	-0.04 決定係数=-0.06 正規ベータ値=0.01 t値=0.05
工作機械部門	1.25*** 決定係数=0.2 正規ベータ値=0.5 t値=3.0	-0.08 決定係数=-0.06 正規ベータ値=-0.02 t値=-0.08
自動車部品部門	1.21*** 決定係数=0.19 正規ベータ値=0.48 t値=2.9	-0.17 決定係数=-0.05 正規ベータ値=-0.02 t値=-0.12
商業部門	1.24*** 決定係数=0.18 正規ベータ値=0.49 t値=2.9	-0.01 決定係数=-0.06 正規ベータ値=-0.003 t値=-0.01
エネルギー部門	1.42*** 決定係数=0.19 正規ベータ値=0.56 t値=2.8	1.46 決定係数=-0.04 正規ベータ値=0.03 t値=0.15
電機部門	1.03** 決定係数=0.28 正規ベータ値=0.4 t値=2.5	0.26 決定係数=-0.04 正規ベータ値=0.05 t値=0.26
サービス部門	1.25*** 決定係数=0.27 正規ベータ値=0.5 t値=3.2	0.33 決定係数=0.03 正規ベータ値=0.06 t値=0.35
化学部門	1.17*** 決定係数=0.2 正規ベータ値=0.5 t値=2.8	0.06 決定係数=0.02 正規ベータ値=0.01 t値=0.06
建設部門	1.26*** 決定係数=0.18 正規ベータ値=0.5 t値=2.9	0.05 決定係数=-0.07 正規ベータ値=0.01 t値=0.05
自動車部門	1.28*** 決定係数=0.36 正規ベータ値=0.5 t値=3.4	0.04 決定係数=-0.07 正規ベータ値=0.01 t値=0.04
企業規模（1996）	0.41 決定係数-0.4 正規ベータ値=0.12 t値=0.7	-1.87 決定係数=0.08 正規ベータ値=-0.04 t値=-0.24
N	31	33

重回帰分析により，非正規ベータ値が与えられ，有意水準は以下の通りである。
*＝10％水準有意，**＝5％水準有意，***＝1％水準有意。

7. 企業共同決定の強さと多角化度の間の関連

	多角化度 1998/99	多角化度 1996/97	多角化度 1992/93
企業の共同決定の強さ	1.21*** 決定係数=0.17 正規ベータ値=0.43 t値=3.34	0.99** 決定係数=0.1 正規ベータ値=0.33 t値=2.17	1.59*** 決定係数=0.17 正規ベータ値=0.44 t値=2.7
統計的制御の下での以下の項目の共同決定の強さ			
企業規模(1996年)	0.84* 決定係数=0.2 正規ベータ値=0.28 t値=1.9	0.80* 決定係数=0.16 正規ベータ値=0.26 t値=1.8	1.46** 決定係数=0.2 正規ベータ値=0.4 t値=2.6
株式上場企業	0.75 決定係数=0.18 正規ベータ値=0.26 t値=1.6	0.76 決定係数=0.14 正規ベータ値=0.25 t値=1.65	1.40** 決定係数=0.2 正規ベータ値=0.4 t値=2.2
所有者構造に占める 最低75%の分散所有 比率(1998/1996/1992)	0.67 決定係数=0.24 正規ベータ値=0.23 t値=1.5	0.56 決定係数=0.2 正規ベータ値=0.17 t値=1.1	1.61** 決定係数=0.15 正規ベータ値=0.4 t値=2.2
株主価値の強さ	0.70 決定係数=0.06 正規ベータ値=0.25 t値=1.14	0.94 決定係数=0.18 正規ベータ値=0.26 t値=1.3	1.88* 決定係数=0.14 正規ベータ値=0.43 t値=2.0

重回帰分析により,非正規ベータ値が与えられ,有意水準は以下の通りである。
*＝10%水準有意, **＝5%水準有意, ***＝1%水準有意。

8. 企業の共同決定の強さと事業再編措置との関連

	リストラの程度
共同決定の強さ	0.43 決定係数=0.06 正規ベータ値=0.29 t値=1.74
統計的制御の下での以下の項目の共同決定の強さ	
外国企業グループのドイツ子会社	0.40 決定係数=0.04 正規ベータ値=0.27 t値=1.54
旧東独国営企業	0.37 決定係数=0.03 正規ベータ値=0.25 t値=1.28
食料・飲料品部門	0.41 決定係数=0.03 正規ベータ値=0.28 t値=1.64
工作機械部門	0.42 決定係数=0.03 正規ベータ値=0.29 t値=1.63
自動車部品製造部門	0.39 決定係数=0.04 正規ベータ値=0.27 t値=1.57
商業部門	0.41 決定係数=0.1 正規ベータ値=0.27 t値=1.6
エネルギー部門	0.32 決定係数=0.32 正規ベータ値=0.21 t値=1.48
電機部門	0.50 決定係数=0.08 正規ベータ値=0.34 t値=2.02

	リストラの程度
サービス部門	0.48 決定係数=0.03 正規ベータ値=0.31 t 値=1.8
化学部門	0.42 決定係数=0.05 正規ベータ値=0.27 t 値=1.6
建設部門	0.42 決定係数=0.06 正規ベータ値=0.28 t 値=1.7
自動車部門	0.41 決定係数=0.05 正規ベータ値=0.28 t 値=1.66
株式上場企業	0.34 決定係数=0.08 正規ベータ値=0.23 t 値=1.32
株主価値の強さ	0.31(hier N=20) 決定係数=0.18 正規ベータ値=0.16 t 値=0.76
発行済み株主資本の75％以上の 分散所有比率(1998年)	0.34 決定係数=0.06 正規ベータ値=0.23 t 値=1.31
企業規模 (1996年)	0.33 決定係数=0.22 正規ベータ値=0.21 t 値=1.4
N（全て回帰方程式）	38

重回帰分析により，非正規ベータ値が与えられ，有意水準は以下の通りである。
＊＝10％水準有意，＊＊＝5％水準有意，＊＊＊＝1％水準有意。

9. 企業の共同決定の強さと 1990 年代の設備投資水準の変化との関係

	1990 年代の設備投資レベルの変化
共同決定の強さ	-1.17 決定係数=-0.01 正規ベータ値=-0.12 t 値=-0.74
統計的制御の下での以下の項目の共同決定の強さ	
外国企業グループのドイツ子会社	-1.66 決定係数=-0.03 正規ベータ値=-0.15 t 値=-0.9
旧東独国営企業	-1.68 決定係数=-0.03 正規ベータ値=-0.17 t 値 t=-0.94
食料・飲料品部門	-1.12 決定係数=-0.04 正規ベータ値=-0.11 t 値=-0.7
工作機械部門	-1.27 決定係数=-0.04 正規ベータ値=-0.13 t 値=-0.76
自動車部品製造部門	-1.25 決定係数=-0.01 正規ベータ値=-0.13 t 値=-0.8
商業部門	-1.27 決定係数=-0.01 正規ベータ値=-0.13 t 値=-0.81
エネルギー部門	-1.23 決定係数=-0.04 正規ベータ値=-0.13 t 値 t=-0.76
電機部門	-1.03 決定係数=-0.03 正規ベータ値=-0.1 t 値=-0.64

	1990年代の設備投資レベルの変化
サービス部門	−1.11 決定係数=−0.04 正規ベータ値=−0.11 t値=−0.67
化学部門	−1.14 決定係数=−0.03 正規ベータ値=−0.12 t値=−0.78
建設部門	−1.25 決定係数=−0.03 正規ベータ値=−0.13 t値=−0.78
自動車部門	−0.99 決定係数=0.04 正規ベータ値=−0.1 t値=−0.64
株式上場企業	−1.58 決定係数=−0.02 正規ベータ値=−0.16 t値=−0.96
株主価値の強さ	−2.33 決定係数=0.03 正規ベータ値=−0.34 t値=−1.36
発行済み株主資本の75％以上の分散所有比率（1998年）	−3.41 決定係数=0.22 正規ベータ値=−0.3 t値=−1.5
企業規模（1996年）	−2.73** 決定係数=0.57 正規ベータ値=−0.28 t値=−2.6
N（全て回帰方程式）	40

重回帰分析により，非正規ベータ値が与えられ，有意水準は以下の通りである。
*＝10％水準有意，**＝5％水準有意，***＝1％水準有意。

10. 企業の共同決定の強さと研究・開発費の変化との関連

	1996年と1998年の研究・開発費の変化(%)
共同決定の強さ	12.80** 決定係数=0.13 正規ベータ値=0.41 t値=2.15
統計的制御の下での以下の項目の共同決定の強さ	
外国企業グループのドイツ子会社	10.47* 決定係数=0.43 正規ベータ値=0.32 t値=2.0
旧東独国営企業	17.11** 決定係数=0.17 正規ベータ値=0.56 t値=2.62
工作機械部門	10.24* 決定係数=0.18 正規ベータ値=0.34 t値=1.81
自動車部品製造部門	13.35** 決定係数=0.12 正規ベータ値=0.45 t値=2.25
エネルギー部門	10.82* 決定係数=0.12 正規ベータ値=0.36 t値=1.84
電機部門	10.94* 決定係数=0.13 正規ベータ値=0.37 t値=1.9
サービス部門	14.22** 決定係数=0.3 正規ベータ値=0.48 t値=2.74
化学部門	12.56** 決定係数=0.11 正規ベータ値=0.42 t値=2.2

	1996年と1998年の研究・開発費の変化(%)
自動車部門	12.31** 決定係数=0.1 正規ベータ値=0.41 t値=2.13
株式上場企業	12.71* 決定係数=0.15 正規ベータ値=0.43 t値=1.82
発行済み株主資本の75%以上の 分散所有比率（1998年）	15.19* 決定係数=0.17 正規ベータ値=0.4 t値=1.7
企業規模（1996）	14.27** 決定係数=0.17 正規ベータ値=0.47 t値=2.3
N	24

重回帰分析により，非正規ベータ値が与えられ，有意水準は以下の通りである。
*＝10%水準有意，**＝5%水準有意，***＝1%水準有意。

表-35 「事業再編度」ランキング

企業名	事業再編指標	企業名	事業再編指標
VEBA	3.78	Otto Versand	-0.35
RWE	3.33	Deutsche Unilever	-0.37
Siemens	3.23	Alcatel	-0.37
VIAG	1.72	Boehringer Sohn	-0.37
Hamburger Beteilig.-Gesell.	1.29	Südzucker	-0.40
Thyssen	1.09	Deutsche Bahn	-0.41
Daimler-Benz	0.93	REWE	-0.43
Preussag	0.91	AVA	-0.50
VEW	0.61	Bosch-Siemens	-0.50
Mannesmann	0.50	Spar Handels Gesell.	-0.50
Ruhrgas	0.41	Volkswagen	-0.51
Degussa	0.33	Ford-Werke	-0.52
Krupp, F.	0.26	Flughafen Frankfurt	-0.53
Hoechst	0.25	Linde	-0.53
Axel Springer	0.25	Walter Holding	-0.54
MAN	0.15	ZF Friedrichshafen	-0.56
Metallgesellschaft	0.06	Beiersdorf	-0.57
ABB	-0.08	Bayer	-0.58
Nestle Deutschland	-0.08	IBM Deutschland	-0.61
Holzmann	-0.11	Schering	-0.67
Bertelsmann	-0.12	Karstadt Warenhaus	-0.73
Deutsche Lufthansa	-0.16	Continental	-0.73
Bosch, R.	-0.19	Opel	-0.73
Schickedanz	-0.25	Freudenberg	-0.82
Berliner Kraft und Licht	-0.25	Philips	-0.84
BASF	-0.28	BMW	-0.91
Carl-Zeiss-Stiftung	-0.32	Miele	-0.99
Diehl GmbH	-0.33	Bilfinger + Berger	-1.06
Henkel	-0.33		

N=57

表-36 監査役会における人的結合関係（1992/1993 年）

	1	2	3	4	5	6	7	8	9	10	11	12	13	14	15
1	–	1	2	3	2	1	2	1	2	1	2	1	4	1	1
2	1	–	2	2	1	1	1	1	2	2	2	2	1	1	2
3	1	2	–	1	2	2	4	1	2	2	1	1	2		
4	3	2	1	–	1	1	2	1	1	2	2		1		5
5	2	1	2	2	–	2	1		1	1	2		1		5
6	1	1	2	1	2	–	2	3	1	1	1		2	1	
7	1	1	4	2	1	2	–	2	1	3		1	2	3	2
8	1	1	2	1		2	2	–	2	1	1	1	2	1	
9	2	3	2	1	1	1	1	3	–	2	1	3			
10	1	2	2	2	1	1	3	1	2	–		1		1	
11	2	2	1	2	2	1		1			–	1	1		
12	2	2	1	1	1		1	1	2	1	2	–			
13	1	1	2		1	2	2	1				1	–	2	
14		1	2		1	1	2	1		1			2	–	
15	1	3		5	1		3		1	1					–

1=RWE, 2=VEBA, 3=Karstadt, 4=Allianz, 5=Daimler Benz, 6=Linde, 7=Thyssen, 8=MAN, 9=Münchener Rück, 10=Volkswagen, 11=Degussa, 12=Dresdner Bank, 13=Hochtief, 14=Commerzbank, 15=Deutsche Bank; Ditchte: 0.79 (dichotomisiert)
Erläuterung: Die Ziffern in den weißen Kästchen nennen die Anzahl der Personen, die jeweils beiden Aufsichtsräten angehören. Beispiel: 5 Personen gehören gleichzeitig den Aufsichtsräten der Allianz (4) und der Deutschen Bank (15) an.
Quelle: Windolf (2001).

表-37 監査役会における人的結合関係（2000 年）

	1	2	3	4	5	6	7	8	9	10	11	12	13	14	15
1	–		2	3	1		2	1	1			2	2		1
2		–	2	2		2	2		3	4	3	1	1	1	2
3	2	2	–	1	1	2		2		1			1		
4	3	3	1	–		2	2		3	1		2			3
5	1			2	–		1				1				1
6		2	2	1		–	2	1	1			1	1	1	1
7	2	3		2		2	–	2	1	1	1	2		2	1
8	1		2			1	1	–				1			
9	1	2		2		1	1		–	1		3	2		
10		3	1	1					2	–	1		1		1
11				1		1			1	1	–			1	
12	1	2	1	1		1	2	1	2	1		–	1		
13		1				1			2	1		1	–	2	
14	1		1			2	1	2			2		3	–	
15	1	3		3	1	2	2		1			1			–

1=RWE, 2=E.on(VEBA), 3=Karstadt, 4=Allianz, 5=Daimler Benz, 6=Linde, 7=Thyssen, 8=MAN, 9=Münchener Rück, 10=Volkswagen, 11=Degussa, 12=Dresdner Bank, 13=Hochtief, 14=Commerzbank, 15=Deutsche Bank; Ditchte: 0.58 (dichotomisiert)
Quelle: Windolf (2001).

表-38 企業の共同決定の強さのランキング

企業	企業の共同決定の強さ	企業	企業の共同決定の強さ
Klöcknerwerke	2.17	Gerling-Konzern AG	-0.29
RAG AG	2.02	Südzucker AG	-0.29
Thyssen-Krupp AG	2.02	BfG Bank	-0.33
Flughafen Frankfurt	1.87	DaimlerChrysler AG	-0.38
Salzgitter AG	1.82	Dresdner Bank AG	-0.43
Volkswagen AG	1.81	BASF AG	-0.44
Aachener u. Mün.	1.66	VEW AG	-0.49
Metro Holding	1.56	Ford-Werker AG	-0.51
VEBA AG	1.49	Nestle Deutschland GmbH	-0.63
Deutsche Bahn	1.37	Hochtief AG	-0.63
Karstadt AG	1.24	Alcatel AG	-0.76
ABB AG	0.87	Deutsche Bank AG	-0.76
Preussag AG	0.73	Münchner Rück AG	-0.76
Hamburger B. Ges.	0.64	Hewlett-Packard GmbH	-0.77
Deutsche Lufthansa	0.62	Deutsche Unilever GmbH	-0.93
Babcock-Borsing AG	0.55	Opel, Adam AG	-0.95
Bayer AG	0.53	Hypo Vereinsbank AG	-0.99
Beiersdorf AG	0.42	Merck KGaA	-1.00
VIAG AG	0.40	BMW	-1.09
Continental AG	0.29	Bosch, Robert GmbH	-1.09
Philip Morris GmbH	0.28	Bosch-Siemens	-1.09
Stadtwerke Munch.	0.26	Commerzbank AG	-1.09
Kaiser's Kaffee AG	0.26	Michelin KGaA	-1.09
Bilfinger + Berger AG	0.25	Otto Versand GmbH & Co.	-1.09
Reemtsma GmbH	0.04	Philips GmbH	-1.09
Mannesmann-Sachs	0.03	Procter & Gamble GmbH	-1.09
Deutsche Shell AG	-0.02	Roche Diagnostics GmbH	-1.09
Spar Handelsgesell.	-0.03	Siemens AG	-1.09
Volksführsorge AG	-0.13	Wacker-Chemie GmbH	-1.09
ZF Friedrichshafen AG	-0.16	Batig AG	-1.20
Strabg AG	-0.27		

N=61

付属資料 225

表-39 同意義務のある業務（監査役会における労働者代表の権限）相関マトリックス

	企業計画	収益目標の設定	新規事業分野への進出	事業分野の撤退	事業分野の買収	事業分野の売却	設備投資	研究・開発	職業教育と継続教育	有価証券の取得	有価証券の売却	投機的ビジネス	社債と借入れ
企業計画	1.000	.615***	.504***	.419***	.516***	.507***	.487***	.484***	.481***	.403***	.443***	.434***	.321***
収益目標の設定		1.000	.402***	.486***	.543***	.519***	.506***	.527***	.645***	.526***	.560***	.543***	.352***
新規事業分野への進出			1.000	.813***	.734***	.704***	.448***	.422***	.309***	.430***	.388***	.378***	.346***
事業分野の撤退				1.000	.595***	.570***	.447***	.509***	.481***	.520***	.512***	.443***	.329***
事業分野の買収					1.000	.930***	.557***	.544***	.444***	.512***	.497***	.442***	.445***
事業分野の売却						1.000	.502***	.504***	.420***	.442***	.445***	.391***	.404***
設備投資							1.000	.817***	.462***	.532***	.547***	.426***	.506***
研究・開発								1.000	.587***	.545***	.591***	.465***	.527***
職業教育と継続教育									1.000	.505***	.537***	.387***	.389***
有価証券の取得										1.000	.948***	.688***	.611***
有価証券の売却											1.000	.732***	.581***
投機的ビジネス												1.000	.626***
社債と借入れ													1.000

*＝10％水準有意，**＝5％水準有意，***＝1％水準有意。

監訳者あとがき

　本書は，R. Zugehör, *Die Zukunft des rheinischen Kapitalismus, Unternehmen zwischen Kapitalmarket und Mitbestimmung*, Leske＋Budrich, Opladen, 2003 の全訳である。

　著者のライナー・ツーゲヘア氏は，1970年デュッセルドルフ生まれ，ドイツのトゥリア大学で学び，2002年に博士（経済学）学位を取得した。本書はこの博士学位請求論文を基に加筆・修正して公刊されたものである。彼は，ティッセンクルップ・エレベーター社（ThyssenKrupp Elevater AG）及びアウディ社（Audi AG）の人事管理部門で勤務した後，ベルリンでインターネットによる人材募集広告ビジネスを専門とする，ジョッブ TV24 社（JobTV24 GmbH）を創業し，同社の最高業務執行責任者（Geschäftsführer）を務め，現在に至っている。

　本書は1990年代におけるドイツ資本市場の変化と企業の共同決定（監査役会レベルの労働側代表の参加）が企業行動と戦略（とくに企業の投資行動）にどのような影響を及ぼしているのかをドイツ（付加価値額上位）100大企業を対象として実証的に研究し，こうしてドイツ型企業統治（Corporate Governance）システムの1990年代以降の具体的変貌のあり様を描き出そうとした研究として捉えることができる。

　1990年代初頭，MITが組織したIMVP（国際自動車研究プログラム）から生まれた，ウォマック（Womack, J.P.）らの提唱した「リーン生産方式（lean production）」論はドイツの政・労・使に極めて大きな衝撃を与えるところとなった（拙著『ドイツ的生産モデルとフレキシビリティ』中央経済社，1997年，第7章に詳しい）。ウォマックらは主としてトヨタを中心に日本の自動車メーカーによって生み出されたフレキシブル生産システムのなかに「大量生産の最良の特徴（スピード・コスト）」と「クラフト生産の最良の特徴（フレキシビリティ・品質）」とを結び付けた「新しい生産構想」を認め，これを「リーン生産

方式」と呼んだ。彼らはこの「リーン生産方式」を「唯一最善の方法 (one best way)」としての「21世紀の次世代生産方式」と認め，これを採用する以外に今後のグローバル競争には生き残れないものと主張したのであった。一方，この主張に対して，ドイツの労働社会学を中心とする研究者は多くの実態調査を基礎として，それぞれの制度的条件の下では固有の競争上の優位性を持つ多様な生産モデルの可能性【「多くの最良の方法」(many best practices)】があるのであり，各国における異なる「経路依存性」に基づいて生産モデルの独自的進化パターンが確認されるものと主張し，ドイツ固有の生産モデルの競争上の優位性を主張するところとなったのである。

その後，日本経済が長期に亘るデフレ不況に苦しむなかで，日本モデルに代わって，アングロサクソン型市場原理主義が新たに普遍主義的モデルとして世界で大きな注目と議論を集めることとなった。これは，90年代半ば以降，米国企業が「情報通信技術 (ICT)」分野を中心にラディカル・イノベーションを席巻し，これにより生産性の持続的な向上を達成し，しかも創業間もないベンチャー・ビジネスが続々と株式市場で巨額なリスクマネーを集め，事業を発展させ，その結果「ニューエコノミー」とも称される経済の持続的成長を実現したことに大きな関心が集まったからに他ならない。

しかし，こうしたアングロサクソン・モデルの普遍主義化の主張に対してこれを批判し，「資本主義の多様性」を主張する研究も国際的比較制度分析の中から生まれてきた。なかでも米国のハーバード大学のホール (Hall, Peter) と英国のロンドン・スクール・オブ・エコノミックスのソスキス (Soskice, David) は各国固有の制度上の補完性が各国固有の資本主義タイプないし各国固有の生産モデルを生み出すことを明らかにした研究を発表し【例えば，P. Hall and D. Soskice, *Varieties of Capitalism*, 2001 (本書の第1章から5章までの翻訳は遠山弘徳ほか『資本主義の多様性－比較優位の制度的基礎』ナカニシア出版 2007年)，多くの関心と議論を集めるところとなった。このホールとソスキスの主張によれば，西側先進工業国で，それぞれ「制度的適合」をなす2つの制度ないし生産クラスター (「自由主義的市場経済」と「調整された市場経済」) が形成され，独自の資本主義タイプをなすものとされ，ドイツ固有の各種制度的条件の下では「ライン型資本主義」(ドイツ的生産モデル) が独

自の相対的優位性を持つことが主張されることになった。

　こうしたホールとソスキスの主張に対して，ドイツの資本市場が構造的に大きく変化し，その市場主義化が進展しており，従来の「ドイツ株式会社」は解体に向かいつつあることを明らかにしながらも，ドイツ的生産モデルの独自性が今後も残されるとして，ホールとソスキスの主張に実証的批判を加えようとしたのが本書である。

　ツーゲヘアは，従来のドイツ的資本主義タイプを「高度の調整と協調」で際立った「ライン型資本主義」と呼ぶと共に，これが政府・銀行・企業の緊密なネットワークにより支えられているものと捉えている。特に法人所有と株式相互持合いによる安定的な株式保有，銀行借入れを中心とする間接金融，政・労・使のコーポラティズム的諸関係，国家の大きな役割などが従来の「ライン型資本主義」を支えてきた。

　しかし，ツーゲヘアはこうした「ライン型資本主義」を支えてきた制度，とくに資本市場が，1990年代以降のグローバル化の進展に伴い，大きく構造的に変化を遂げている事態に注目する。ドイツ資本市場における機関投資家の台頭，法人（銀行を含む）・国家による大株主の後退，企業支配権市場の出現などが経営者に対する外部コントロールの可能性を高めている。

　こうした資本市場の構造的変化は「ライン型資本主義」を支えてきた「企業の共同決定」（監査役会への従業員・労働組合代表の参加）にどのような影響を及ぼすのであろうか？あるいはそれは企業の行動と戦略にどのような影響を与えるのであろうか？

　ツーゲヘアはドイツ100大企業のデータに基づいて，1）資本市場が企業の投資行動（多角化・脱多角化の程度，研究開発費そして投資総額）に及ぼす影響，2）共同決定が投資行動に及ぼす影響を回帰分析に基づく実証的分析を行っている。さらにシーメンス社とフェーバ社のケース・スタディに依拠して，両社の大規模なリストラクチャリング（事業再編）に及ぼす資本市場と共同決定の影響が定性的に分析されている。

　その結果，ドイツの資本市場は機関投資家の台頭によりますます「市場主義化」し，アングロ・サクソン・モデルに近づいており，これが「株主価値重視経営」を促し，上場企業の大規模な事業再編（「脱コングロマリット化」）を

迫っているものの，投資行動の長期志向の時間軸や投資総額には影響を及ぼしていないこと，企業の共同決定には大きな変更は認められず，「高度の連続性」によって特徴付けられること，そして特に労働側の共同決定規制の強い企業ほど労使協調的な事業再編が行われていることが明らかにされている。同時にある一国内の多様性はある一つの生産モデル内でもますます高まっているものと主張している。

こうした一連の考察を通して，ツーゲヘアによれば，1990年代において確認される，ドイツの資本市場の「市場主義化」と企業の共同決定の制度的安定性・連続性が新たな「制度的適合」をもたらしており，この新たな制度的編成は決して効率低減的作用をもたらすのではなく，引き続き「アングロ・サクソン的生産モデル」に対するドイツ的生産モデルの「比較優位性」を生み出しているものと捉えている。

こうしたドイツ的企業統治内でのアングロ・サクソン的株主行動への適応とドイツ固有の共同決定制度の調和的並存を彼は「ハイブリッド化」なる概念で捉えている。

以上のツーゲヘアの研究は，「資本主義の多様性」論争に新たな視座を提示するものとして高く評価しなければならないように思われる。

しかし，監訳者には以上のツーゲヘアの分析において首肯しがたい以下の3つの論点があることを認めざるを得ない。

第一の論点は，1990年代末にドイツ大企業において推し進められている，コア・ビジネスへの集中と事業の再構築（リストラ）がもっぱら資本市場の圧力によるものとツーゲヘアが見なしている点である。現在，我が国をはじめ世界的規模での業界再編・事業再編は，事業の収益性を求める資本市場の圧力という一面も認められねばならないにしても，何よりもまず製品市場でのグローバルな競争圧力こそが，こうした業界再編・事業再編を企業の経営者に迫っているようにも思われる。グローバルな製品市場での競争優位性の確立を目指してコア・ビジネスへの集中と事業再編が進んでいるように思われる。

第二の論点は，ツーゲヘアの研究が主たる対象としている1990年代末から2000年代初頭にかけての状況特殊性である。この時期，ドイツでも，米国同様に，株式ブームがあり，ITを中心としたビジネス・モデルが喧伝された時

期でもあった。そのなかで1998年にはダイムラー・クライスラーの「世紀の合併」が成立し，1997年にはフランクフルト取引所内に，新興企業向けの資金調達の場としての「ノイア・マルクト」が開設され株式公開ブームが起き，同時にドイツ・テレコム等の民営化の過程で株式公開が起こった時期でもあった。しかし，周知のように，ドイツでもっとも熱烈な「株主価値重視経営」の擁護者であったといわれた，ダイムラー・クライスラー社の最高経営責任者（CEO）のユルゲン・シュレンプはその後「企業価値の破壊者」としてその地位を追われ，この合併は結局破綻しクライスラーは売却された。また2001年には株価の急落により株式ブームも終わり，2003年には「ノイア・マルクト」も閉鎖された。こうした動きのなかで，ドイツでも「株主価値重視経営」への反発・反省も生まれている。

　第三の論点は，ドイツ労使関係制度の変化である。ツーゲヘアによれば，ドイツの共同決定の高度の安定性が確認されているが，1990年代以降ドイツの労使関係の変化は急激に進んでいることも認めないわけにはいかない。例えば，労働組合の組織率は1990年の37.7％から2002年には26.6％へと低下し，使用者団体の組織率も金属産業の使用者団体であるゲザムト・メタル（Gesamtmetall）で見ても1991年の70.6％から1998年の62.2％へと低下している。とくにこの経営者団体の組織率の低下により，「企業別労働協約が増加し，ドイツ労働協約システムの危機が言われるようになっている」し，企業の大規模なリストラにより経営協議会委員数の減少や労働組合の経営協議会への影響力の低下が指摘されてきた。【この点については，高橋友雄稿「研究ノート　2002年ドイツ従業員代表選挙の結果について」を参照。出所：http://www.rengo-soken.or.jp/dio/no171/kenkyuu-nouto.htm（最終アクセス日2008年5月29日）】こうした事態の進行をどのように捉えるべきなのか，ツーゲヘアの主張にはなんら答えを見出すことはできない。

　以上の3つの論点は，今後さらに検討を深めていかねばならないように思われる。

　本書の翻訳を思いついたのは，監訳者がドイツの企業統治に研究関心を深める中で出合った書物の1冊で，我が国でも十分紹介する価値があるものと判断したためである。というのも，ドイツの企業統治についてはドイツ固有の企業

体制の下での共同決定については多くの紹介があるものの，法的側面からのアプローチに偏っているか，その実態調査の場合でも1980年代までの研究がほとんどであり，本書の対象とする1990年代以降の動向については十分な情報が入手できないこと，そして1990年代にドイツ資本市場のグローバル化をも背景として機関投資家の急速な台頭が進んでいる状況においてドイツ資本市場と企業統治との関連を実証的に考察している研究の紹介は非常に不足していると判断したからに他ならない。

　当初，監訳者1人で翻訳に取り組むつもりでいたが，幸い私の大学院の研究室出身でドイツの企業統治に研究関心を持つ松田　健君と清水一之君の協力の申し出を受けて2人と私の翻訳分担で2007年春から翻訳作業を進めた。翻訳分担は，風間信隆は緒言・パートⅠとパートⅢ（1節から6節），パートⅤそしてパートⅥ，松田　健は日本語版への序文，パートⅡ，パートⅢ（7節と10節）および付属資料，清水一之はパートⅣと参考文献の邦訳の確認を担当した。こうして提出された翻訳をさらに監訳者が訳語の統一に配慮しながら，なるべく平易に分かりやすい文章になることに努めながら，さらに推敲を重ね完成したのが本訳書である。この間，訳語については多くの方々のご教示を受けることができた。こうした多くの方々のご協力に対して心より感謝申し上げたい。しかし，翻訳上の誤りが残されているかもしれないとしても，全ての責任は監訳者にある。

　幸い，翻訳者3人がいずれも，明治大学においてオープン・リサーチ・センター推進事業として2007年度から展開されている「経営品質科学研究」プロジェクト（研究代表者：山下洋史　明治大学商学部教授）に所属し，この研究計画の一環としてこの翻訳作業を行うことができたこともあって，2008年3月には翻訳者3人でベルリンに著者のツーゲヘア氏を訪問し，原文の意味の確認など翻訳作業の細部の調整を行うことができた。こうした機会を頂いた同プロジェクトの山下教授をはじめとする全てのメンバーに感謝申し上げたい。

　最後に出版事情の厳しい折，とりわけ本書のような市場性の乏しい書物の刊行は，ひとえに文眞堂専務取締役の前野　隆氏のご厚意なしには考えられなかった。前野氏には翻訳権の取得から本書の完成に至るまで大変お世話になっ

た。同氏の温かいご配慮・ご支援に心よりお礼申し上げたい。

2008 年 7 月

監訳者
風間信隆

事項索引

〈欧文〉

DAX 対象企業　51
E.ON　151
RWE 社　63

〈ア行〉

アングロ・アメリカ型資本主義　1, 188
アングロ・サクソン
　──企業　29, 30, 40
　──資本市場　4, 86
　──的資本市場　23
　──的資本主義　4
　──的モデル　43
　──・モデル　1
意図せざる制度的適合　182
イノベーション戦略パターン　10, 27
因子負荷行列　36
因子分析　36
エージェンシー・コスト　14, 66
エージェンシー理論　14, 15, 65, 68, 70, 71, 131

〈カ行〉

外的コントロール　171, 173
外部監視　72
外部資本市場のコントロール　24, 176
確実性と安定性連合　161, 172, 176, 186
確証的因子分析　127
株式の相互持合い　xi, 171
株主価値志向　76
我慢強い投資家　2, 175
我慢強くない投資家　31
関係志向的な（ステークホルダー志向的）企業統治システム　8
監査役会　7, 60, 89, 123, 175
監査役会会長　89
監査役会内各種委員会　116, 129
監査役会の事前同意権　117
監査役会副会長　114
機関投資家　45, 46, 50, 52, 84, 148, 172
企業間結合関係　171
企業間ネットワーク　56, 57
企業間の人的結合関係　57
企業共同決定　112, 156
　──の強さ　113, 127, 130, 132
企業支配権市場　43, 58, 67, 68, 72, 75, 171
企業統治　8, 143
　──システム　3, 44, 161, 175
企業による内的コントロール　172
企業の多角化度　139
企業の内部監視　171
企業ハンドブック　20, 35
「企業領域におけるコントロールと透明性に関する法律」（KonTraG）　58
企業レベルの共同決定　88
寄託議決権　58
キャピタルゲイン非課税措置　58, 58
競争的資本主義　56, 59
競争と協調　56
協調的資本主義　56, 59, 62, 65, 173
共同経営者　166, 184
共同決定（1976 年）　22, 88, 94, 96, 177
　──政府委員会　89
　──政府委員会の報告書　98
　──ディスカウント　163, 182
　──に関する実証的研究　98
　──の強さ　135, 138
共同マネジメント　159, 160
共同マネージャー　4
協約自治　87, 173
銀行　172
金属労組（IG メタル）　155
グリル・パーティ　54
経営協議会　7, 89
経営体制法（1952・72 年）　89, 107
経路依存性　167

233

234　事項索引

コア・コンピタンス　87
コア・ビジネス　31, 60, 158
　　――への集中　53, 122, 131, 135, 139, 142, 143, 179, 183
合意志向的事業再編プロセス　176
合意志向的な事業再編　162
公務・運輸・交通労働組合（ÖTV）　154
個人株主　47
コングロマリット企業　33, 74, 76, 142
コングロマリット・ディスカウント　74, 140, 146
コントロール　171
コンフリクト志向的な事業再編　162

〈サ行〉

最良の方法　12
ザルツギッター社　62
残余請求権　93
事業再構築　25
事業再編　29, 30, 36, 39, 68, 163
　　――インディケータ　38
　　――措置　149, 153, 157, 158
　　――プロセス　164, 176, 178
　　――ランキング　38
事業の再構築　30
市場志向的（株主志向的）企業統治　8
　　――企業統治モデル　186
　　――なインセンティブ・システム　182
事前同意義務　111
　　――のある業務　116
執行役会　123
資本市場　22, 44, 171
　　――から隔離されている企業　73
　　――志向的事業再編　140, 142, 156, 159, 160, 164
　　――適合的な事業再編　169
　　――に晒されている企業　73
　　――の影響力　77
　　――の外的コントロール　23, 30, 139, 166, 168, 170, 172, 175, 177, 178
　　――の市場主義化　13, 185
資本主義の多様性　3, 12, 14, 16, 16, 25, 31, 42, 43, 59, 167, 170, 174, 182, 185, 186
シーメンス　18, 51, 142
自由意思による交換テスト　92

従業員株主　47
従業員持ち株プログラム　47, 52
自由主義的経済　171
自由主義的市場経済　10, 167, 169, 174
自由主義的生産体制　181
出資持分の変動　34
商業・銀行・保険業労組（HBV）　154
上場企業　73
食事会　54
所有権理論　14, 15, 87, 90, 93, 94, 96, 132, 136, 139, 141, 162
新古典派経済学　184
新古典派経済理論　45
新古典派ミクロ経済学　91
新古典派理論　12, 186
人事・労務担当役員　89, 115
生産体制　6
制度的適合　9
制度の比較優位性　12, 187
制度補完性　169, 186
設備投資水準　135
1976年共同決定法　88, 107, 154
　　――適用企業　90
1952/1972年経営体制法　89
専業企業　73, 76

〈タ行〉

退出　45, 68, 84, 145
対立的事業再編プロセス　177
ダウンサイジング　40
多角化企業　73, 76
多角化度　27, 29, 30, 33, 39, 68, 130, 132, 133
多元主義体制　5, 185
多重共線性　138
脱多角化　36, 37, 38, 40, 149, 158, 159, 166, 176
多様化された高品質製品　10
炭鉱・化学・エネルギー産業労組（IGBCE）　154
探索的因子分析　127
従業員持株プログラム　52
忠誠　45, 145
調整されざる資本主義　8
調整された経済　13, 171, 174
調整された市場経済　8, 10, 26, 167, 169, 173, 182
調整された生産体制　181

事項索引　235

積み重ねのイノベーション　10, 11
敵対的企業買収　54, 59, 64, 65, 67, 85, 133, 140, 146, 147, 149, 171, 172, 173, 175
ドイツ型資本主義　1
ドイツ株式会社　55, 59, 60, 62, 173
ドイツ企業　29, 40
　　――統治システム　26, 186
ドイツ資本市場　4, 86
ドイツ職員労組（DAG）　155
ドイツ炭鉱・化学・エネルギー産業労組（IGBCE）　154
ドイツ的企業統治システム　4, 176
　　――のハイブリッド化　4
ドイツ的資本市場　23, 86
ドイツ的資本主義　4
ドイツ的生産体制　5
ドイツ的生産モデル　5, 6, 10, 12, 13, 169, 180, 181, 184
ドイツ100大企業　19
ドイツ・モデル　1, 64
同意義務　154, 158, 160
統一サービス業労組（Verdi）　154
同意留保権　111
投資銀行業務　60
投資行動　17, 22, 27
投資政策の時間軸　27, 38, 39
投資総額　27, 32, 38
投資ファンド　50
投資リスクの多様化　85
独占委員会　19, 20, 32, 33, 34, 48, 58, 133
　　――報告書　28, 35, 130, 131
独立従業員の会（AUB）　155

〈ナ行〉

内的コントロール　23, 173
内部モニタリング　61
内部労働市場　30
年金ファンド　50

〈ハ行〉

ハイブリッド化　26, 167, 169, 186, 187

破綻リスク　29
発言　45, 66, 145
バリマックス法　36
ビジネス・リスク　91, 93
非上場企業　73
100大企業の所有構造　21
ファンド・マネージャー　46, 53, 54
フェーバ　18, 51, 142
フリー・キャッシュ・フロー　28, 32, 71
プリンシパル－エージェンシー理論　65
プリンシパル－エージェントのジレンマ　57
プロイサーク社　62
分散所有　48, 50
米国の一般会計基準　147, 148
ボーダフォン・エアタッチ　58
ポートフォリオ・マネージメント　28, 31, 34, 35, 36, 37, 39, 41, 42, 53

〈マ行〉

マンネスマン　58
メインバンク　61
　　――制度　60
持ち株プログラム　47
モンタン共同決定法（1951年）　88, 107, 129

〈ヤ行〉

唯一最善の方法（ベスト・プラクティス）　185

〈ラ行〉

ライン型資本主義　1, 188
ラディカル・イノベーション　10
労資同権　89
労働組合　89
労働者共同決定　2, 12, 90, 140, 153, 155, 164, 164
労働者代表の権限　113, 116
労働者代表のポジション　113, 114
　　――と権限　127

人名索引

〈ア行〉

アディソン，ジョン　95
アルバッハ，ホルスト　60
ヴィッテ，エバーハルト　101, 102, 103, 104, 105, 106, 107, 109, 111, 113, 114
ヴィンドルフ，パウル　59
オルセン，マンクァー　66

〈カ行〉

キルシュ，ヴェルナー　107, 108
クルーゲ，ノルベルト　89
ゲルム，エルマー　109, 110, 111, 112, 113, 121, 122, 125, 126, 127, 138
コノリー，ロバート　97
コース，ロナルド　91

〈サ行〉

ジェンセン，マイケル　72, 92
シャドウスキー，ディーター　100
シュタイガー，マックス　52, 53
シュタインマン，ホルスト　109, 110, 121
シュトレーク，ヴォルフガング　1, 100, 107
シュレーダー，ゲルハルト　63
ショール，ヴォルフガング　107
シュモールド，フーベルトス　154
ソスキス，デービット　6, 8, 16, 167, 168, 169, 171, 176, 181, 183, 185, 187

〈タ行〉

チャンドラー，アルフレッド　56
デア，ドナルド　95, 97
ティーマン，ヨェルグ　109
デ・ヨング，ボウター ヘンク　57

〈ナ行〉

ノルベルト，クルーゲ　89

〈ハ行〉

パウル，ギュンター　107
ハーシュ，バリー　95, 97
ハーシュ，リンク　97
ハーシュマン，アルベルト　45, 52
ハッセル，アンケ　89
バーリ，アドルフ　66
ハルトマン，ウルリッヒ　148, 152
バンベルク，ウルリッヒ　109, 110, 114
フィッツロイ，クラフト　97
フェース，ヴェルナー　110
フェブナー，マルティン　133
フォン・アッペルドーン，バスティアン　55
フォン・ピエラー，ハインリッヒ　146, 147, 150
ビュルガー，ミヒャエル　109
ブリンクマン＝ヘルツ，ドローテア　98
フンダー，マリア　98
ベイヤー，ユルゲン　59
ベネリ，ジュゼッペ　93
ポーター，マイケル　27
ボロナース，ステファン　95, 97
ホール，ピーター　6, 8, 16, 167, 168, 169, 171, 176, 181, 183, 185, 187

〈マ行〉

マルテンス，ヘルムート　109
マン，ヘンリー　67
マーンコプフ，ブリギット　109
ミーンズ，ガーディナー　66
メックリング，ウィリアム　92

〈ラ行〉

リンク，アルバート　97

翻訳者・監訳者紹介

風間信隆

1951年生まれ，1979年明治大学大学院商学研究科博士後期課程修了，博士（商学），現在明治大学商学部教授

主要著作：『ドイツ的生産モデルとフレキシビリティ』（中央経済社刊，1997年）（工業経営研究学会「学会賞」受賞）他。

翻訳書：ギュンター・シャンツ著『現代経営学方法論』（森川八洲男との共訳）（白桃書房，1991年），W.-R.ブレツケ著『構成主義経営経済学—意思決定モデル形成の方法的基礎—』（栗山盛彦との共訳）（文眞堂，1986年）他。

翻訳者

松田　健

1969年生まれ，2004年明治大学大学院商学研究科博士後期課程修了，博士（商学），現在駒澤大学経済学部教授

主要著作：「ドイツにおける企業統治と銀行の役割」『ガバナンスと政策—経営学の理論と実践—』経営学史学会編（文眞堂，2005年）

「ドイツの企業と資本構造の変化（第3章）」『コーポレート・ガバナンスの国際比較—米・英・独・仏・日の企業と経営—』高橋俊夫編著（中央経済社，2006年）

「エアバス：汎欧州企業（第7章）」『EU企業論—体制・戦略・社会性—』高橋俊夫編著（中央経済社，2008年）他。

翻訳書：「ドイツおよびヨーロッパにおけるトヨティズム論争」（監訳　平澤克彦，翻訳　清水一之）（『工業経営研究』工業経営研究学会編，Vol.21, SEPTEMBER 2007, p.28-p.53）他。

清水一之

1971年生まれ，2007年明治大学大学院商学研究科博士後期課程修了，博士（商学），現在明治大学商学部准教授

主要著作：「ドイツのコーポレート・ガバナンス—株式所有構造の変容と監査役会機能—（第4章）」『コーポレート・ガバナンスの国際比較—米・英・独・仏・日の企業と経営—』高橋俊夫編著（中央経済社，2006年）

「フォルクスワーゲン—共同決定法と資本市場—（第5章）」『EU企業論—体制・戦略・社会性—』高橋俊夫編著（中央経済社，2008年）他。

翻訳書：「ドイツおよびヨーロッパにおけるトヨティズム論争」（監訳　平澤克彦，翻訳　松田　健）（『工業経営研究』工業経営研究学会編，Vol.21, SEPTEMBER 2007, p.28-p.53）他。

ライン型資本主義の将来
―資本市場・共同決定・企業統治―

2008年9月20日　第1版第1刷発行	検印省略
2017年5月10日　第1版第5刷発行	

監訳者	風	間	信	隆
翻訳者	風	間	信	隆
	松	田		健
	清	水	一	之
発行者	前	野		隆

発行所　東京都新宿区早稲田鶴巻町533
株式会社　文　眞　堂
電話 03 (3202) 8480
FAX 03 (3203) 2638
http://www.bunshin-do.co.jp
郵便番号 (162-0041) 振替00120-2-96437

印刷・モリモト印刷　製本・イマキ製本所
© 2008
定価はカバー裏に表示してあります
ISBN978-4-8309-4633-2　C3034